アメリカ
一日一言

American
Life and History
Quoted

シリーズ・デザイン	川島 進（スタジオ・ギブ）
装丁	三木和彦（Ampersand works）
写真	齋藤 明
本文デザイン	林 みよ子（Ampersand works）
編集協力	Alan Campbell
	Dawn Lawson
	戸村裕子
図版協力	OLA Co. LTD

Published by Japan Book Inc.
3-17-85 Akitsucho, Higashi-Murayama City, Tokyo 189-0001
No part of this publication may be reproduced in any form or
by any means without permission in writing from the publisher.
Copyright © 2012 by Ohmura Kazuichi, Terachi Goichi
All rights reserved. Printed in Japan.

First Edition, 2012

EJ対訳

アメリカ一日一言

American Life and History Quoted

Ohmura Kazuichi ・ *Terachi Goichi*
大村数一 ・ 寺地五一 [編著]

Japan Book

はじめに「言葉」があった

　いま手元に1冊の本がある。タイトルは『狂乱の1920年代』。発行は1964年、定価290円。著者は大原寿人となっているが、裏表紙に載っている「著者近影」はまぎれもなく、のちに『遠いアメリカ』で直木賞作家となる常盤新平である。この本で出会った「Say it ain't so, Joe. ＝ウソだと言ってよ、ジョー」という言葉が本書『アメリカ一日一言』を作らせることになった。
　この言葉の説明は「9月28日」に入っているが、かいつまんでいえば、1919年のワールド・シリーズで八百長試合が行われ、これに連座したシカゴ・ホワイトソックスの選手8人が球界から永久追放された。そのひとりが生涯打率.358、ベーブ・ルースやタイ・カッブも彼の打撃フォームを学んだという名選手、"シューレス"・ジョー・ジャクソンだった。そしてこの言葉は彼のファンだった少年が、「（八百長なんて）ウソだと言ってよ」とジョーに投げかけた悲痛な叫びで、全米の話題になったのだった。
　十数年前、私は編集者として出張したロサンゼルスで3人のアメリカ人と食事をしていた。そのとき話が野球におよんで、ひとりが「私はホワイトソックスのファンなんだが、ホワイトソックスなんて知ってるかい」というので、「じゃ、Say it ain't so, Joe. を知ってるかい」と返した。そのときの彼のビックリした顔は忘れられない。他のふたりは知らなかったので、彼はとくとくとしてこの言葉の説明をした。そしてたどたどしい英語で会話していた日本人は、この知識のおかげでなんとか彼らの仲間に入れてもらえたように感じたのだ。「名言」の力を知った出来事だった。

◆

　それからまた『アメリカの小学生が学ぶ歴史教科書』という本を編纂したのだが、これはE・D・ハーシュという大学教授が、小学生にアメリカの生きた歴史を学んで欲しいと願って書いたもので、知っておきたい歴史上の人物たちの言葉が数多く載せられている。「6月17日」の項で載せた「Don't fire until you see the whites of their eyes. ＝敵の白目が見えるまでは撃つな」は、独立戦争のとき乏しい弾薬を節約するために、アメリカ軍の隊長が兵士に命令した言葉だが、この本で知った。

しばらくして、『タイム』誌を読んでいたら、韓国と北朝鮮がにらみあう板門店で、ガラス1枚へだてた向こう側からこちらをのぞきこんでいる北朝鮮兵士の顔のアップが載っていた。その写真のキャプションが「Whites of their eyes」だったのだ。この一言で、この写真の持つ意味と強さが何倍にも増幅されている。──敵兵がこんな間近にいるという驚異を強調するとともに、この敵がかつては同じ国の同胞だったという悲しみまでも含んでいるのかもしれない。ここでも「名言」の力を実感した。

◆

　こんな体験から、アメリカの歴史に残り、生活のなかに生きている言葉を集めた本をいつか作ってみたいと思いはじめた。しかし私は編集者であり、アメリカに関する本はいろいろ読んできたが、系統だてて勉強したことはない。とてもひとりでは書けないと半分あきらめかけていたときにグッド・ニュースがあった。大学時代の英米語学科の級友で、大学の仕事に忙殺されていた寺地五一が大学を早期退職し、この企画にかかわる時間ができたのだ。アメリカに関する豊かな知識を持つ専門家であり、ともにアメリカという国の面白さに共感した仲間である。こんな心強い相棒はない。

　それから悪戦苦闘の2年間がはじまった。ふたりで何冊もの名言集に目を通し、関連の情報にあたり、両者が納得したものを366本に絞り込んだ。しかし、ここにとりあげた言葉を見て、いったいどんな基準で選んだのだろうと思われるかもしれない。

◆

　私たちは、アメリカ人と話すときに、ちょっと振りかけると、コミュニケーションに妙味が生まれる「会話のスパイス」になるような本を作りたかった。彼らの国の成り立ちや、そこから生まれた考え方を浮き彫りにする言葉を会話にはさめば、より深いコミュニケーションが生まれるだろう。

　そのため、選んだ言葉は「名言」に限定しなかった。たとえば4月30日には「ルイジアナ購入」にまつわる言葉を入れたが、これは言葉そ

5

のものよりも、アメリカの国土がいっきょに2倍の大きさになった事件を紹介するために、これにたずさわったリビングストンの感想を入れたものである。砂金を発見してゴールド・ラッシュを引き起こしたマーシャルの言葉も苦労して探し、1月24日に入れた。

　したがってこの本は、スピーチに役立つような澄まし顔の名言集ではない。喜び、悲しみ、苦しみ、怒り、哀切、矜持、失望──建国以来、アメリカ人たちが事にあたって発した多様な言葉をとりあげて、その言葉を語った人と等身大の生身のアメリカを切り出そうとした。絞首台に立つ直前の血を吐くような叫びがあれば、日常生活のなかから生まれたウィティーな駄洒落もある。そして、ひとつひとつの言葉の裏にはアメリカの人間ドラマがあった。

◆

　冒頭に挙げた"シューレス"・ジョーの話にはこんな後日談がある。球界を追放されたジョーは故郷に帰って酒屋をやっていた。そこに、かつてのライバルで、いまや球界の名士となったタイ・カッブが立ち寄った。しかしジョーはタイに気付いたそぶりをまったく見せない。バーボンを買ったカッブは帰り際にたずねる。「俺を覚えていないのか、ジョー」。ジョーは答えた。「もちろん覚えているさ、タイ。でも、あんたが今の俺と知り合いになりたいのか分からなくてね」──

人気絶頂のころのタイ（左）とジョー

Say it ain't so, Joe.
Don't fire until you see the whites of their eyes.

　　言葉の裏をさぐっていくのはたいへんな作業だったが、こんな心打たれるドラマにたびたび出会うことができた。
　　良くも悪くも現代世界を先導してきたアメリカという国の多様な姿を、多様な人々が発した言葉を楽しみながら知っていただければ幸いである。そして、それがアメリカの人たちとのコミュニケーションのささやかな「スパイス」となってくれたら、これにまさる喜びはない。

2012年4月8日

著者　大村数一
　　　寺地五一

注記

＊マークについて
名言は、その言葉が言われたり書かれたりした日付がわかる限り、そこに入れた。日付が不明の言葉に関しては話者、著者の生没年月日に合わせて割り振った。またどうしても日付が特定できないものや、同じ日に2つ、3つとダブってしまい別の日に入れたものは、日付の後ろの小見出しの冒頭に＊(アステリスク)を入れて、それを表示した。

→マークについて
「NOTES」の文中や文末の→マークは関連する事項がある日付を指す。

JANUARY
1月

1 1892年のこの日、エリス島で移民の入国審査始まる
「人種の坩堝(るつぼ)」という言葉はここから

イズレイル・ザングウィル
Israel Zangwill (1864–1926)　イギリス人の作家、劇作家

America is God's crucible, the great melting pot, where all the races of Europe are melting and re-forming. . . . Germans and Frenchmen, Irishmen and Englishmen, Jews and Russians—into the crucible with you all! God is making the American!

I・ザングウィル

> アメリカは神が作った大きな坩堝だ。ヨーロッパのすべての人種がいま溶け合い、形を変えている。ドイツ人とフランス人、アイルランド人とイングランド人、ユダヤ人とロシア人、みんなが坩堝に投げ込まれる。神がいまアメリカ人を創っているのだ。(crucible＝坩堝)

NOTES　1892年のこの日、ニューヨーク市、ハドソン川の河口にあるエリス島で移民の入国審査が始まった。1954年にその役目を終えるまで、約1200万人の移民がこの「新世界への玄関口」を通り、アメリカ人になっていった。

ザングウィルはイギリス人の作家だが、この状況を1908年に『坩堝(るつぼ)＝ The Melting Pot』という演劇にし、アメリカで大当たりをとった。1909年にワシントンで上演されたときには、セオドア・ローズベルト大統領が貴賓席から身を乗り出して、「That's a great play, Mr. Zangwill, that's a great play.」と叫んだという。

自由の女神に迎えられる移民船

Frank Leslie's Illustrated newspaper

上記の言葉はその劇の一節。「アメリカは人種の坩堝（るつぼ）」という言葉はここに由来している。（→12月15日、12月31日）

2　＊アメリカのモットー
国章や貨幣に書かれたこの文字は

U. S. Motto

E Pluribus Unum. (Out of many, one.)

> 多から、ひとつへ。

In God We Trust.

> われら神を信ず。

アメリカの国章

NOTES　「*E Pluribus Unum.* ＝多から、ひとつへ」というラテン語はアメリカの「国章＝Great Seal」の表面に使われている言葉。国章の中央にいるワシは13枚の葉のあるオリーブの枝を右足で握り、13本の矢を左足で握って、口には帯状のものをくわえている。この言葉はその帯に書かれている言葉である。ワシの頭上には13の星、胸には13本のストライプが描かれている。13という数字は独立時の州の数で、これら多くの州が集まって、ひとつの国を作ろうということを象徴した言葉である。

「In God We Trust. ＝われら神を信ず」は現在すべての紙幣や硬貨に使われているが、フランシス・スコット・キーが作詞した国歌『星条旗』の4連目にある「And this be our motto: In God is our trust」から採られたもの。なお、「*E Pluribus Unum.*」は事実上のアメリカのモットーであったが、1956年に「In God We Trust.」が正式なモットーとして法制化された。（→6月20日）

3　1959年のこの日、アラスカが49番目の州に
アラスカを買ったときは、こんなに馬鹿にされた

キャドワラダー・C・ウォシュバーン
Cadwallader C. Washburn (1818–82)　連邦下院議員、ウィスコンシン州知事

It is proposed to pay $7,200,000 for a country where none but malefactors will ever live, and where we are likely to be at constant war with the savages.

> 将来犯罪者しか住まないような、おまけにいつも野蛮人と戦う羽目になりそうな地域を購入するのに、720万ドルも支払うという提案がなされている。

NOTES 1959年のこの日、アラスカが49番目の州となった。もともとはロシア領だったが1867年、クリミア戦争の戦費がかさんでアメリカへ720万ドルで売却された。当時は何もない氷原地帯と考えられていたアラスカ購入を、領土拡大主義者の国務長官 W. H. シュワードが強力に進めたので、「シュワードの愚行＝Seward's folly」、「シュワードの冷蔵庫＝Seward's icebox」などと揶揄された。購入を決める議会ではこのウォシュバーンのような意見が出て、一票差という僅差でかろうじて可決された。

アラスカ購入を推進したシュワード

しかし19世紀末には金が発見され、20世紀には石油も出てテキサス州について第2位の生産を誇る。さらに森林資源、水産資源も豊富であることを考えれば、1エーカー（1224坪）当たり約2セントで売り出されたアラスカは超お買い得物件だった。

4 1877年のこの日、死去
鉄道で世界一の金持ちになった男の「脅迫状」

コーネリアス・ヴァンダービルト
Cornelius Vanderbilt (1794–1877) 鉄道王
Gentlemen: You have undertaken to cheat me.
I won't sue you, for law is too slow. I'll ruin you.
—Yours truly, Cornelius Vanderbilt

C・ヴァンダービルト

> 拝啓　あなたたちは私を欺こうとしている。しかし訴えはしない。法律なんてまだるっこしいからだ。それより、私はあなたたちを破滅させてやる。　敬具　コーネリアス・ヴァンダービルト

NOTES ヴァンダービルトは農家の息子だったが、11歳のときから小船をあやつり、ニューヨーク湾内で渡し舟の仕事をしていた。ところがちょうど米英戦争（1812–15）が起こり、その物資を運ぶ仕事で利益をあげ、蒸気船を手に入れると、それをあっという間に100隻以上の船を持つ大会社にしてしまった。

彼の商売方法は徹底したローコストで既存の航路に割り込み、競争相手を倒産させて、そこを独占するというものであった。彼の船には保険もかけられておらず救命具さえもなかったという。そんな彼が1860年代には鉄道業に乗り出し、同じ手法で鉄道王国を築き上げる。当時躍進めざましかった北西部の大都市を結んで流通を一手ににぎり、巨万の富を手にしたのだった。死んだときは世界一の金持ちだったといわれる。

この脅迫まがいの手紙は自分を裏切ったふたりの経営者たちに宛てたものだが、「Ruin-you letter＝破滅させる手紙」として有名なもの。この言葉どおり、ふたりは倒産に追い込まれた。

5

1939年のこの日、死亡宣告

女性版リンドバーグ、アメリア・イヤハート

アメリア・イヤハート
Amelia Earhart (1897–1937?)　女性飛行士のパイオニア
[夫のジョージ・パットナムに]
Would you mind if I flew the Atlantic?

もし私が大西洋横断飛行をしたいといったら、気になさる？

A・イヤハート

NOTES　リンドバーグが大西洋を横断して英雄になってからわずか5年後の1932年、2度目に大西洋単独横断飛行をなしとげたのがアメリア・イヤハートである。女性であったためにセンセーションを巻き起こし、リンドバーグが「ラッキー・リンディ」と呼ばれたのに対し、「レディー・リンディ」として有名になった。その後も数々の飛行記録を打ちたてて女性飛行士のパイオニアとなったが、彼女はまた女性解放を目指したフェミニストでもあった。1937年、赤道上世界一周飛行に挑戦したが、あと4分の1を残した南太平洋で行方不明となり、2年後のこの日死亡が宣告された。

6

1919年のこの日、死去

「テディ・ベア」の誕生

セオドア・ローズベルト
Theodore Roosevelt (1858–1919)　第26代大統領
I don't think my name will mean much to the bear business, but you're welcome to use it.

この漫画からテディ・ベアが生まれた

私の名前が「熊の商売」に、あまりお役に立つとは思えませんが、ご希望でしたらどうぞお使いください。

NOTES　1902年、ローズベルトは熊狩りに誘われたが、3日間の狩りで1匹も仕留められなかった。そこで、主催者は1匹の熊を追いつめて撃ってもらおうとしたが、ローズベルトは「アンフェア」だと言って拒否した。このエピソードが政治風刺漫画になり新聞に載った。漫画では熊が実際より小さい子熊に描かれていて、それを見たモーリス・ミクサムという男が子熊のぬいぐるみを作ることを思いついた。名前をローズベルトの愛称「テディ」を取って「テディ・ベア」としたいと考え、許可を求める手紙を出した。それへの返事が上記の文章である。この玩具は大当たりとなり、この会社は今でもテディ・ベアを作り続けている。

7

*日本に一度も来ないで書かれた、日本論の名著『菊と刀』

日本は「しかしまた＝ but also」の国

ルース・ベネディクト
Ruth Benedict (1887–1948) 人類学者

The Japanese have been described in the most fantastic series of 'but also's' ever used for any nation of the world.

> 日本人について書かれたものには「しかしまた」という言葉が信じられないほど多く出てくる。これは世界のどんな民族にもないことである。

NOTES 日本という国はアメリカが戦争をしたはじめての非西洋国家だった。交戦相手が何を考え、何を行動の規範としているのかを知るのが喫緊の課題となった。そんな問いに答えるべく日本研究に着手したのが人類学者ルース・ベネディクト。交戦中の日本に行くことはできず、彼女が資料として使ったものは日本に関する文献と、日系移民からの聞き取りだけだった。この研究は終戦の翌1946年に、『菊と刀＝ The Chrysanthemum and the Sword』として出版され、日本論の名著となった。彼女は西洋が「罪の文化」であるのに対し、日本は「恥の文化」であると説いている。

上記の言葉はその巻頭に出てくるもの。「日本人は類例がないくらい礼儀正しい。しかしまた、不遜で尊大である」「日本人は古いものごとに固執する。しかしまた、どんな新奇なものにも容易に順応する」、「日本人はロボットのように従順である。しかしまた、命令に服さず反抗することもある」などなど。『菊と刀』というタイトルも「菊作りに秘術をつくす国民が、しかしまた、刀を崇拝する国民である」という日本人の二面性を表している。

World Telegram

R・ベネディクト

8

＊1935年の作品のなかで

ヘミングウェーが考えるアメリカ文学の最高峰は

アーネスト・ヘミングウェー
Ernest Hemingway (1899–1961) 作家

All modern American literature comes from one book by Mark Twain called *Huckleberry Finn*. . . . There was nothing before. There has been nothing as good since.

> すべての現代アメリカ文学は、マーク・トウェーンが書いた一冊の本から始まっている。『ハックルベリー・フィン』だ。──この前にはなにもない。この後にもこれほどのものはない。

NOTES

19世紀には、ハーマン・メルビルの『白鯨= *Moby-Dick*』(1851年)をはじめ、数々の名作が生まれているが、イギリス文学の伝統と一線を画した真のアメリカ文学はマーク・トウェーンの『ハックルベリー・フィンの冒険』(1885年)に始まるとヘミングウェーは言うのだ。この作品こそが「偉大なるアメリカ小説」の源流だと考える。

『ハックルベリー・フィンの冒険』は南北戦争のあとも根強く残る「人種差別」を背景に、奔放な白人少年ハックが黒人奴隷のジムを助けようとする物語。ふたりでミシシッピ川を下る物語を通して、自由への欲求、無垢の精神と文明社会との対立というアメリカ的経験を描いている。さらにもうひとつ重要なことは、イギリス英語とはまるで異なるアメリカ方言、話し言葉で書かれていることである。

『ハックルベリー・フィンの冒険』初版本の挿絵

9 *改名前は「ほら吹きクレイ」と呼ばれていた
さすがのアリもギャフン

モハメド・アリ
Muhammad Ali (1942–)　ボクサー
[客室乗務員からシートベルトをするように促されて]

Muhammad Ali: Superman don't need no belt.
Cabin attendant: Superman don't need no airplane, either.

M・アリ

> モハメド・アリ：おれはスーパーマンだから、シートベルトなんか必要ないよ。
> 客室乗務員：スーパーマンなら飛行機に乗る必要もないんじゃないですか。

NOTES

ボクシングのヘビー級チャンピオンだったモハメド・アリは、デビュー当時はカシアス・クレイという名前だったが、1964年にネーション・オブ・イスラムに参加し、リング・ネームも本名もモハメド・アリに変えた。「俺がもっとも偉大だ=I'm the greatest」と叫び、「ほら吹きクレイ」と呼ばれていた彼のことだから、自分のことをスーパーマンと言っても不思議ではないが、それに対する客室乗務員の返しが見事だ。

「don't need no belt」は二重否定なので、文法通りに解釈すると肯定になるが、ここでは「need no belt」という否定を強調している。また主語が三人称単数なので、本来は「doesn't」とすべきところを「don't」としている。いずれも口語英語や黒人英語に見られる使い方。普通なら客室乗務員が乗客にこんな言い方をするはずはないが、アリに合わせているところがこの会話のもうひとつの面白さ。

10 1776年のこの日、『コモン・センス』出版
アメリカを独立に導いた1冊の本

トマス・ペイン
Thomas Paine (1737–1809)　革命理論家

I offer nothing more than simple facts, plain arguments, and common sense.

> 私がここに提示するのは、単純な事実、明白な主張、そして常識だけである。

NOTES　ペインはイギリスのコルセット職人の子として生まれ、教育をうけたのは小学校の6年間だけだった。船員、収税吏、教師などいろいろな職業を転々としたが、1774年ロンドンでフランクリンに出会い、彼の紹介状を持ってアメリカに移住した。フィラデルフィアで雑誌の編集長となり才能を発揮する。

そして1776年のこの日、出版したのが『コモン・センス＝Common Sense』であった。1775年4月から独立戦争は始まっていたが、一般の植民地人たちはイギリス人であるという意識や、国王への忠誠心から、いまひとつ踏み切れないでいた。そんな人たちに向けて、英国の君主制を批判し、その国から「独立するのはコモン・センス（常識）である」ということを、明快に説いたのだ。この本は独立を正当化する理論的指導書としてベストセラーとなり、植民地の人たちを独立へと駆り立てた。（→12月23日）

T・ペイン

11 ＊植民地人のなかには独立に反対のものもいた
英国に忠誠を誓う王党派の牧師の意見

メイザ・バイルズ
Mather Byles (1706–88)　王党派の牧師

Which is better, to be ruled by one tyrant three thousand miles away, or by three thousand tyrants not a mile away?

> 3000マイルも離れたところにいるひとりの暴君に支配されるのと、1マイルと離れていないところにいる3000人の暴君に支配されるのとでは、どちらがいいのだろうか。

NOTES　1770年3月5日、ボストンでイギリス兵士と住民のあいだの小さないざこざが暴動に発展した。イギリス兵は暴徒に向かって発砲し、4人のボストン住民が死亡した。「ボストン虐殺事件＝Boston Massacre」である。4名の葬列には数千

ボストン虐殺事件

人の住民が参加した。それを見ていた牧師のバイルズは上記のようにもらした。「1マイルと離れていないところにいる3000人の暴君」、つまりボストンの暴徒に支配されるよりは、「3000マイルも離れたところにいるひとりの暴君」である英国王に支配されるほうがましではないかというのである。この言葉から分かるように、バイルズは英国への忠誠を誓う王党派であった。独立戦争時には植民地人の15〜20パーセントは王党派だったと考えられている。バイルズはイギリス軍撤退後、牧師の資格を剥奪された。

12　1588年のこの日、生誕
理想のキリスト教社会をめざした清教徒

ジョン・ウィンスロップ
John Winthrop (1588–1649)　マサチューセッツ湾植民地初代総督

We shall be as a city upon a hill.

我ら必ず丘の上の町とならん。

J・ウィンスロップ

NOTES　1620年にプリマス植民地をひらいたピルグリム・ファーザーズに続いて、1630年マサチューセッツに植民地をひらいたピューリタン（清教徒）たち。ウィンスロップはこの植民地の初代総督だった。この言葉は聖書の「丘の上の町」という言葉をひいて、誰から見られても恥ずかしくないキリスト教徒の町を作ろうと呼びかけた言葉。彼のおかげでボストンを中心としたこの植民地は発展し、1636年には早くもハーバード大学ができている。「丘の上の町」という言葉は、あるべきアメリカのイメージとして、ケネディ、レーガンをはじめとする多くの政治家が演説のなかで使っている。

13　1864年のこの日、死去

貧困と孤独のなかで死んだ「アメリカ音楽の父」

スティーブン・フォスター
Stephen Foster (1826–64)　アメリカ音楽の父
[*Beautiful Dreamer*＝夢路より]

Beautiful dreamer, wake unto me,/ Starlight and dew-drops are waiting for thee;/ Sounds of the rude world heard in the day,/ Lull'd by the moonlight have all pass'd away!...

S・フォスター

> 美しき夢見る人よ、目覚めておいで私のもとに／星の光と露のしずくがあなたを待っている／騒々しかった昼の世の音は／月光にあやされ、跡形もなく消えてしまった
> (thee ＝ you を意味する古語)

NOTES　1864年のこの日、『おおスザンナ』『草競馬』『金髪のジェニー』『故郷の人々』『ケンタッキーの我が家』『オールド・ブラック・ジョー』など数々の名曲を書いた「アメリカ音楽の父」フォスターが、ニューヨークの安宿で孤独のうちに死んだ。37歳の若さだった。彼の歌曲すべてが彼の作詞・作曲によるものであったが、著作権が確立していなかった時代でもあり、1曲100ドルなどという値段で買い取られ、貧困に苦しんだ。最後はアルコール中毒になり、妻からも見放されていた。

　この最後の代表作『夢路より』は死後に楽譜出版社から発表されたもので、「死の数日前に書かれたものである」ということが記載されている。静謐感ただよう白鳥の歌である。

14　1943年のこの日、カサブランカ会談

名画『カサブランカ』の名セリフ

ジュリアス・J・エプスタイン
Julius J. Epstein (1909–2000)　脚本家
Here's looking at you, kid.

> 君の瞳に乾杯。

イルザを演じるイングリッド・バーグマン

NOTES　これは不朽のラブロマンス『カサブランカ＝*Casablanca*』（1942年）の主人公リック（ハンフリー・ボガート）が、再会した元恋人イルザ（イングリッド・バーグマン）に対して言うセリフ。『カサブランカ』はアメリカ映画協会（AFI）アメリカ映画ベスト100（2005年）の2位に選ばれ、このセリフは同協会のアメリカ映画台詞ベスト

100の第5位に入っている。「Here's ～」は「～に乾杯」という意味。「君を見つめることに乾杯」という意味のこのセリフを「君の瞳に乾杯」と訳したのは映画字幕訳者の高瀬鎮夫。映画が再公開されたときに清水俊二がこの訳があまりにも有名なのでそのまま使ったことから、清水俊二訳と誤解されている。

映画の舞台となった第2次世界大戦下のカサブランカ（モロッコ）はヨーロッパ戦線の重要な戦略的拠点で、ストーリーもドイツに対するレジスタンス運動を背景にして展開する。映画公開の翌1943年のこの日、ローズベルトやチャーチルなど連合国の首脳が集まり、カサブランカ会談が開かれた。

15 1953年のこの日、議会での証言
50年以上前のこの言葉がまた脚光を浴びた

チャールズ・E・ウィルソン
Charles E. Wilson (1890–1961)　ゼネラルモーターズ社長

For years I thought what was good for our country was good for General Motors and vice versa. The difference did not exist.

> わが国にとっていいことはゼネラルモーターズ社にとってもいいこと、またその逆も真なりと、私は長年考えていました。両者は一体だったのです。

NOTES　1953年、ゼネラルモーターズ（GM）の社長だったチャールズ・E・ウィルソンはアイゼンハワー大統領によって国防長官に指名されたが、上院での指名承認の公聴会では、国防長官としてGMの利害に反する決定をすることができるかということが問題になった。この有名な言葉はそれに対する彼の回答である。つまり、国家とGMの利害が相反することはないと言い切ったのだ。

シボレーなどの大衆車から高級車キャデラックまで幅広く車種を揃えたGMは世界一の自動車会社として君臨したが、60年代から始まった小型車志向に対応できずに、世界のトップの座から滑り落ち、ついに2008年9月のリーマン・ショックで破産にいたる。この言葉は、かつて権勢を誇ったGMの凋落ぶりを際立たせる言葉として再びマスコミを賑わすことになった。しかし破産後、政府所有の会社となった新生GMは立ち直り、2010年には生産台数でトヨタを抜き、2011年には過去最高の純利益を計上して世界トップの座を奪還した。

C・E・ウィルソン

16 ＊1863年のリンカーンの言葉
大酒飲みグラント将軍の解任を迫られて

エイブラハム・リンカーン
Abraham Lincoln (1809–65)　第16代大統領

Let me know what brand of whiskey Grant uses. For if it makes fighting generals like Grant, I should like to get some of it for distribution.

> グラントがどんな銘柄のウィスキーを飲んでいるのか教えてもらいたいものだ。そのウィスキーを飲めばグラントのような闘魂たくましい将軍になれるのなら、みんなに配給したいから。

NOTES　ユリシーズ・グラントが、米墨戦争で戦果をあげながらも退役に追い込まれたのは飲酒癖のせいであった。父親の革製品の店で働いていたが、1861年に南北戦争が始まると志願兵を組織して参加。苦戦する北軍のなかで戦果をあげ続け、1864年にはリンカーンにより総司令官に任命された。大酒飲みのグラントはその任にふさわしくないとして、連邦議員の一団が彼の解任を迫ったときのリンカーンの答えがこれである。グラントは飲酒癖はあったが、それで作戦に失敗したことはなかった。（→7月23日）

リンカーン（右）とグラント（中央）
George Peter Alexander Healy

17 1925年のこの日、演説で
すべてが沸き立っていた「黄金の20年代」

カルヴィン・クーリッジ
Calvin Coolidge (1872–1933)　第30代大統領

The chief business of the American people is business.

> アメリカ人の主たる関心事（ビジネス）は商売（ビジネス）である。

C・クーリッジ
Notman Photo Co.

NOTES　クーリッジはハーディング大統領の急死にともない副大統領から大統領に昇格した。在職期間（1923年から1929年）のアメリカは「黄金の20年代」と呼ばれ、第1次世界大戦後、債務国から債権国に転じたアメリカの経済は絶好調だった。科学技術も発展し、ニューヨークに摩天楼が林立し、クルマに象徴される大量生産されたアメリカ製品が世界を席巻した。「文明と利益は手をつないで進行する＝

Civilization and profits go hand in hand.」というクーリッジの言葉はこんな状況を語ったものである。しかし彼が1929年3月に職を退いた半年後の10月には「大恐慌」が始まる。

資本主義を高度に発展させたアメリカも、「アメリカのビジネスはビジネス」と手放しで豪語できた時代は、クーリッジの20年代とアイゼンハワーの50年代しかない。

18　1936年のこの日、死去
これだから、ハンバーガーが出来たんだ！

ラジャード・キプリング
Rudyard Kipling (1865–1936)　イギリスの作家、ジャーナリスト
The American does not drink at meals as a sensible man should. Indeed, he has no meals. He stuffs for ten minutes thrice a day.

R・キプリング

> 分別のある人間なら食事のときイッパイやるものだが、アメリカ人は飲まない。そもそも食事なんかしない。1日3回、10分間でガツガツ詰め込むだけなのだ。

NOTES　私たちには『ジャングル・ブック』でなじみ深いイギリスの作家キプリングは、1907年に41歳という若さで、「英語作家」として初めてノーベル文学賞を受賞するという輝かしい経歴を持っている。キプリングがこの観察を書いたのは、1889年にアメリカ各地を旅して回ったときのこと。アメリカのフロンティア消滅1年前のことだから、アメリカ人は開拓に忙しく、食事どころではなかったのかもしれない。しかし、この傾向は今も続いていて、ある統計によると、現代のアメリカ人が1日に食事に費やす時間は70分強、メキシコ、カナダについで短い。国民肥満率は世界最高だ。ちなみに、日本人は120分弱で、イタリア人よりも若干長い。フランス人は135分。

19　1807年のこの日、生誕
今なお愛される南軍の名将、リーの最後の言葉

ロバート・E・リー
Robert E. Lee (1807–70)　南部連合総司令官
Strike the tent.

> テントをたため。（strike＝旗、帆、テントなどをおろす）

R・E・リー

NOTES 　南北戦争が始まったとき、どちらの軍を指揮するかでリーは悩んだ。合衆国の軍人として北軍の指揮をとるべき立場にいながらも、バージニア人として南部を相手に戦うわけにはいかない。リーは南軍を指揮した。優れた戦術家であり、高潔な人格者であったリーはすべての人から慕われ、今でも崇拝者がいるほどである。戦後は大学の学長となり教育に力をそそいだ。彼は戦争が始まる以前に所有していた奴隷を解放したが、北軍を指揮したグラントは夫人の実家の遺産である奴隷を所有していた。

　この言葉は彼の臨終の言葉として有名だが、生涯の大半を戦場で過ごし、最後に敗北した彼の心情をおもんぱかった創作であるともいわれている。

20 1961年のこの日、就任演説で
大統領就任演説の極めつけはやはりこれ

ジョン・F・ケネディ
John F. Kennedy (1917–63)　第35代大統領

And so my fellow Americans: ask not what your country can do for you—ask what you can do for your country.

> そして、我が同胞のアメリカ人よ、国があなたに何ができるかを問うのではなく、あなたが国に何ができるかを問おうではないか。

NOTES 　このケネディの就任演説については、ほとんどがケネディの手になるという説と、スピーチライターのセオドア・ソレンセンが書いたという説がある。いずれにしても、上記の言葉だけはまぎれもなくケネディのものである。というのはケネディが通った名門私立学校チョート・スクールの校長の口癖、「大事なのはチョートが君たちに何ができるかではなく、君たちがチョートに何ができるかだ」がもとになっているからだ。

　就任直後からキューバ危機、ベルリン危機を乗り越え、平和部隊創設、黒人差別との闘いなど、新鮮な政策を次々と打ち出したが、1963年11月22日、テキサス州ダラスで暗殺された。大統領就任後わずか2年10ヵ月、46歳だった。（→11月22日）

大統領就任の宣誓をするケネディ

21

1966年のこの日、『タイム』誌に

生物学者、キンゼイ博士の研究によると

アルフレッド・キンゼイ
Alfred Kinsey (1894–1956) 生物学者、性科学者

The only unnatural sex act is that which you cannot perform.

> 唯一、不自然なセックスとは、あなたが実行出来ないセックスのことである。

NOTES 　1948年、タマバチを研究していた地味な昆虫学者がアメリカ人の性行動を分析した「キンゼイ・レポート（男性篇）」を発表して、一躍マスコミの寵児となる。800ページにのぼる大部な本が50万部も売れた。女性篇が翌年続いた。アメリカではまだ古い性道徳が幅をきかせ、同性愛が犯罪だった時代だ。同性愛、マスタベーション、セックスの頻度、不倫といったタブーについてアメリカ人の性行動を赤裸々に発表したものだから、文字通り蜂の巣をつついたような騒ぎになった。約1万3000人にインタビューし、統計的に解析するという科学的手法も斬新だった。性をタブーから解放した功績は大きい。

キンゼイを特集した『タイム』誌

22

＊実はレジスタンスを支援する少女だった

ユニセフ親善大使となったヘップバーン

オードリー・ヘップバーン
Audrey Hepburn (1929–93)　イギリス人のハリウッド女優

Giving is living. If you stop wanting to give, there's nothing to live for.

> 与えることは生きることです。与える気持ちがなくなれば、生きている意味もなくなってしまいます。

NOTES 　1989年、60歳で映画界を引退したヘップバーンは国際連合児童基金（ユニセフ）の親善大使となってソマリヤやスーダンの子供たちを慰問した。『ローマの休日』の王女役を演じた、清楚で、気品に満ち、妖精のような彼女には似つかわしくない役目のようにも思えるが、じつは第2次世界大戦のときには、ドイツ占領下のオランダで栄養失調に苦しみながら、反ナチのレジスタンス運動を支援し

A・ヘップバーン

たという経験を持っている。十代の彼女は、靴の底に秘密の文書を隠して地下組織に運ぶメッセンジャーをしたり、得意のバレエを披露して資金作りに協力していたのだ。

　戦後になって、同じオランダで同じ年齢だったアンネ・フランク（1929–45）のことを知り、心を痛めたという。

23 ＊政治における「詩」と「散文」とは
ヒラリー・クリントンが引用して有名に

マリオ・クオモ
Mario Cuomo (1932–)　ニューヨーク州知事
You campaign in poetry. You govern in prose.

M・クオモ

選挙は詩で行い、実際の政治は散文で行う。

NOTES　2008年1月、民主党大統領候補者指名争いで、バラク・オバマと激しい闘いを演じていたヒラリー・クリントンは、マリオ・クオモのこの言葉を引用した。オバマの名前を挙げたわけではないが、「選挙では美しい言葉を並べてもいいが、実際の政治はもっと現実的なものだ。あなたには無理だ」と彼を攻撃したことは誰の目にも明らかだった。この「詩 vs 散文」はその後、ふたりの政治家としてのスタイルの違いを表す言葉としてしばしば使われることになる。やり手で実務家のクリントンは「散文」で、過去の実績を強調し明晰な口調で事実を語る。一方、理想家のオバマは「詩」で、チェンジをキーワードに未来に希望を託し、シンボリックな言葉でビジョンを語る。どちらもうまい演説家だったが、アメリカ国民が選んだのは「詩」のほうだった。

24 1848年のこの日、カリフォルニアで金発見
ゴールド・ラッシュが始まった

ジェームズ・W・マーシャル
James W. Marshall (1810–85)　開拓者、大工
I then collected four or five pieces and went up to Mr. Scott and said, "I have found it." "What is it?" inquired Scott. "Gold," I answered.

J・W・マーシャル

私は4つか5つの粒を拾ってスコットさんのところに行った。「見つけたよ」。「それは何だ」とスコットさん。「金さ」と私は答えた。

NOTES マーシャルはカリフォルニアで大農園を経営していたジョン・サッターにやとわれ、アメリカン川のほとりに製材工場を建設していたが、1848年のこの日、川の底にキラキラ光る粒があることに気づいた。石でたたいてみると変形はするが割れない。「金だ」とマーシャルは直感し、一緒に働いていたスコットに見せ、サッターに報告した。サッターは従業員を集めて金が発見されたことを話し、秘密にするように命令した。しかし目の色を変えた従業員たちはすぐ金探しに奔走しはじめ、金発見のニュースは世界中に知れ渡る。これがゴールド・ラッシュのはじまりであった。

25 1947年のこの日、死去
ギャングスター、アル・カポネの嘆き

アル・カポネ
Al Capone (1899–1947)　ギャングスター

I've been accused of every death except the casualty list of the World War.

A・カポネ

世界大戦の戦死者以外はぜんぶ俺が殺したことにされちまうんだ。

NOTES 世界一有名なギャングスター、アル・カポネの嘆きである。イタリア系移民の子としてニューヨークに生まれ、無法の世界に入った。シチリア出身でなかったためマフィア主流にはなれなかったが、転機は1920年、禁酒法時代（1919-33）のシカゴに移ったときにやってきた。つぎつぎとライバルを抹殺し、酒の密造・密売を中心にさまざまな違法行為で巨額の利益をあげた。その金で縄張りをひろげ、政治家、警察官などを買収して「闇の市長」と呼ばれる存在になり、全国に悪名をとどろかせる。

しかし有名なわりには活躍（?）期間は長くない。1931年には脱税で起訴されて有罪となり、懲役11年、罰金8万ドルを言い渡される。そして39年に出所したときには梅毒に神経を冒されていて、その療養中の47年に死去した。

26 1880年のこの日、生誕
「老兵は死なず、ただ消え去るのみ」

ダグラス・マッカーサー
Douglas MacArthur (1880–1964)　陸軍元帥

I am closing my 52 years of military service. . . . I still remember the refrain of one of the most popular barracks ballads of that day, which proclaimed most

D・マッカーサー

proudly that, "Old soldiers never die. They just fade away." And like the old soldier of the ballad, I now close my military career and just fade away.

> ここに私は52年間にわたる軍人としての役目を終えます。──あのころ兵舎でよく歌われていたバラードの繰り返し部分を今でもよく覚えています。「老兵は死なず、ただ消え去るのみ」と誇らしげに謳い上げていました。このバラードの老兵のように、私はいま軍人としての生涯を終え、消え去ります。

NOTES 1951年、トルーマン大統領によって朝鮮戦争の国連軍最高司令官を解任されたマッカーサーが議会で行った退任演説の一節である。解任の理由はマッカーサーが、朝鮮戦争を拡大し、中国領の満州を爆撃、さらには核攻撃しようと主張して、戦線拡大は第3次世界大戦につながるとしたトルーマンと対立したためであった。世論は圧倒的にマッカーサーの味方だった。この演説の後のワシントン市内パレードでは50万人、翌日のニューヨークでは700万人が祝福したという。ギャラップ世論調査ではマッカーサー支持率が69パーセントに達し、ホワイトハウスには解任に抗議する電話が殺到した。

27 1973年のこの日、ベトナム戦争終結
「検閲」のない戦争は

ウィリアム・ウェストモーランド
William Westmoreland (1914–2005)　ベトナム駐留米軍最高司令官

Vietnam was the first war ever fought without censorship. Without censorship, things can get terribly confused in the public mind.

> ベトナム戦争は検閲なしで戦われた最初の戦争だった。検閲がないと、人心はひどく混乱してしまう。

NOTES 戦争には報道規制、情報統制がつきものだが、ベトナム戦争ではなぜか報道規制がまったくなかった。テレビ・カメラは戦場のどこで何を撮影してもよかった。その結果、アメリカ軍の苦戦ぶりや戦火に逃げまどうベトナム人の姿が、そのまま居間のテレビに映し出された。悲惨な戦争の現実を目の当たりにして、人々はアメリカがベトナム戦争に介入することが正しいことなのかどうか疑問を持ち始め、反戦気運が高まっていった。1964年から68年までベトナム駐留米軍最高司令官として全作戦を指揮したウェストモーランドにはそうした状態が人心の混乱と映ったのだ。

湾岸戦争では「人心を混乱」させないように、厳しい報道管制がしかれた。軍提供のハイテク・ミサイルが正確に目標を攻撃するシーンばかりがテレビに流され、イラク市民の姿はほとんど伝えられなかった。

28 1986年のこの日、スペースシャトル爆発
死んだ7人の宇宙飛行士への哀悼の辞

ロナルド・レーガン
Ronald Reagan (1911–2004)　第40代大統領

We will never forget them, nor the last time we saw them this morning, as they prepared for the journey and waved goodbye and 'slipped the surly bonds of earth' to 'touch the face of God.'

> 私たちは彼等のことを、そして今朝私たちが最後に見た彼等の姿を忘れることは絶対にないでしょう。旅立ちの準備をし、手を振って別れの挨拶をし、「地上の陰鬱な束縛を逃れ」、「神の御顔に触れよう」とする彼らの姿を。(surly＝険悪な)

NOTES

1986年1月28日、レーガン大統領は一般教書を発表する予定を変更してスペースシャトル「チャレンジャー号」の爆発事故で亡くなった7人の宇宙飛行士を追悼する演説を行った。7人のなかには高校の女性教員や日系空軍エンジニアもいた。この言葉はその追悼演説の最後の部分である。

括弧に入ったふたつの言葉は、第2次世界大戦下のイギリスで戦ったアメリカ人飛行士ジョン・ギレスピー・マギー・ジュニアの詩「ハイ・フライト」からの引用である。この詩の「神の御顔に触れた」という言葉は、テスト飛行中、高度1万メートルの上空で突然ひらめいたのだという。マギーはその3ヵ月後に空中衝突事故で命を落とす。19歳だった。空で命を落としたパイロットの言葉を引用することで、神に召された宇宙飛行士たちへのいたわりを感じさせる深みのある追悼演説となった。

チャレンジャー号の乗組員

29 1919年のこの日、禁酒法成立
リンカーンは禁酒法の失敗を予言していた!?

エイブラハム・リンカーン
Abraham Lincoln (1809–65)　第16代大統領

Prohibition goes beyond the bounds of reason in that it attempts to control a man's appetite by legislation and makes crimes out of things that are not crimes.

> 禁酒法というものは法律によって人間の本能的欲望を制限しようというものであり、道理の範囲を超えている。犯罪でもないものを犯罪とするようになってしまうだろう。

NOTES　アメリカでは1919年に禁酒法が成立するずっと以前から禁酒運動が存在した。禁酒といえば禁欲的なピューリタンたちはさぞやと思うが、彼等はアルコールを「神からの賜り物」と考え、飲酒を不道徳なこととは考えていなかった。メーフラワー号には水の3倍の量のビールが積み込まれていたという。

　禁酒運動が本格化するのは、都市化が進み貧困層を中心にウィスキーやラムなど、アルコール度の高い蒸留酒の過度の飲酒が問題化した19世紀の後半からである。

　リンカーンは生涯、酒もタバコもたしなまなかった堅物であった。上記の言葉はリンカーンの演説の一節ということになっているが、ジョージア州で禁酒法に反対する陣営が作ったチラシに、無断で彼の名前を使ったというのが真相のようである。リンカーンの言葉ではないにしても、1920年に施行された連邦禁酒法がわずか13年で廃止されたことを考えると、この言葉は正しかった。

A・リンカーン

30　ジェリービーンズが大好きだったレーガン

＊1981年、『ニューヨーク・タイムズ』に

ロナルド・レーガン
Ronald Reagan (1911–2004)　第40代大統領

You can tell a lot about a fellow's character by the way he eats jelly beans.

ジェリービーンズの食べ方でどんな奴かがかなり分かるんだ。

NOTES　レーガン元大統領は、60年代の初めに禁煙したときに口寂しさを紛らわせるためにジェリービーンズを食べるようになったという。それ以来、大統領執務室にも、大統領専用機エアー・フォース・ワンにも、閣議の卓上にも、ガラスの容器に入ったジェリービーンズが置かれていた。1981年の大統領就任記念パーティでは数千万個のジェリービーンズが振る舞われた。彼によると、ひとつの色だけを選び出して食べるか、無造作にひとつかみにして食べるかが性格の分かれ道だという。レーガン自身はどんな食べ方だったのだろう。好きだったのは、黒のリコリス味だった。

R・レーガン

31 1923年のこの日、生誕

あなたはヒップかスクェアか？

ノーマン・メイラー
Norman Mailer (1923–2007) 作家

One is hip or one is square, one is a rebel or one conforms, one is a frontiersman in the Wild West of American night life, or else a square cell, trapped in the totalitarian tissues of American society, doomed willy-nilly to conform if one is to succeed.

N・メイラー

> 人は、ヒップかスクェアか、反逆者か順応者か、アメリカの夜の生活という荒野に住む辺境の民か、はたまたアメリカ社会の全体主義的組織にからめとられ、成功したいならいやおうなしに順応せざるを得ないスクェアな細胞かのいずれかである。(willy-nilly＝いやおうなしに)

NOTES ノーマン・メイラーの『自分自身のための広告＝*Advertisements for Myself*』(1959年)におさめられているエッセイ「白い黒人」からの引用。メイラーによれば、ヒップとは、街角を曲がればどんな危険が待っている分からない危険に満ちた日々を生き抜く黒人のように、瞬間、瞬間の危機を乗り越える術を身につけた状態のことを言う。そういう人間をヒップスターと呼ぶ。スクェアはその反対、こざっぱりとした郊外の一軒家でぬくぬくと体制に逆らわずに生きている状態だ。ヒップの先輩は50年代の「ビート」で、後輩は60年代の「ヒッピー」だ。ヒッピーは「ヒップの卵」という意味。

2月 FEBRUARY

1

1931年のこの日、『ニューヨーク・タイムズ』紙に

アメリカ人の唯一の欠点は？

G・K・チェスタートン
G. K. Chesterton (1874–1936)　イギリスの小説家、評論家

There is nothing wrong with Americans except their ideals.

アメリカ人には欠点がない。彼らの理想を除けばの話だが。

G・K・チェスタートン

NOTES　チェスタートンは「ブラウン神父シリーズ」の推理小説作家として知られているが、実は警句や逆説を多用する鋭い批評家でもあった。

　ヨーロッパでの宗教迫害を逃れてアメリカに渡った人たちは、アメリカを新しい楽園、自分たちを新しいアダムとイヴと考え、アメリカという新たな「約束の地」に理想の国を作ろうとした。だからアメリカが考えることはいつも善。アメリカ人にはこういう思い込みがあるので、自分たちの考えを他の国に押し付けてしまう。ベトナム戦争も湾岸戦争もこのおせっかいが引き金だ。アメリカ人一人ひとりは善人だが、国としてはこうした独善性が問題だとチェスタートンは見抜いたのだろう。

2

1913年のこの日、ニューヨークのグランド・セントラル駅開業

世界にとって、ニューヨークとは

H・G・ウェルズ
H. G. Wells (1866–1946)　イギリスの作家

To Europe she was America, to America she was the gateway of the earth. But to tell the story of New York would be to write a social history of the world.

ヨーロッパにとって、彼女[ニューヨーク]はアメリカであったし、アメリカにとって、彼女は世界への入り口であった。しかし、ニューヨークの物語を語ることは世界の社会史を書くことである。

NOTES これはウェルズが1908年に発表した『空の戦争＝The War in the Air』のなかで描いたニューヨークである。ドイツとアジア同盟軍（日本と中国）の飛行機と飛行船がアメリカを爆撃し、ナイアガラ瀑布の上空で空中戦を演じる。やがて戦火は拡大し、世界は廃墟と化す。生き残った人類は野蛮人に戻るといった内容のもの。ライト兄弟が初めて飛行に成功した1903年のわずか5年後、飛行機による戦争の時代を予見している。

ニューヨークには多様な民族が集まり、アメリカの縮図であると同時に世界の縮図でもある。そして、高層ビルが現れ始め、現代文明の最先端を走っていたニューヨークは、タイムマシーン、宇宙戦争、透明人間など未来世界を思い描いていたウェルズにとって、未来戦争の格好の舞台だった。

H・G・ウェルズ

3 1994年のこの日、出版された本のなかで
やはり大切なのはいい相談相手

ジョージ・W・ボール
George W. Ball (1909–94)　外交官、弁護士
History is filled with undistinguished leaders who succeeded because they had a flair for selecting sound counselors.

G・ボール

歴史は、信頼できる相談相手を選ぶ才能があるだけで成功した平凡な指導者で満ちている。
（undistinguished ＝平凡な　flair ＝本能的な勘　counselor ＝相談役）

NOTES 本当の賢人は謙虚で、なかなか表に出たがらないものだが、ジョージ・ボールはまさにその典型。ケネディ～ジョンソン政権で6年間国務次官を務め、国連大使を最後に重要な公務から去ったが、カーター大統領からもしばしば外交問題で助言を求められた。彼は長年アメリカ外交政策立案にかかわり、外交危機のトラブルシューターとして海外を飛び回ったが、メディアを大きく賑わすことはなかった。常に2番手に甘んじることをよしとしていた。一貫してベトナム戦争に反対したことでも知られている。

4 ＊これがアメリカ音楽の原点
アメリカ人にとってブルースとは？

Anonymous（作者不詳）

If you don't like the blues, you've got a hole in your soul.

> ブルースが好きじゃないってことは、魂に穴が開いているってことだ。

NOTES ブルースはアメリカ南部の黒人奴隷のつらい人生から生まれた黒人霊歌や労働歌がルーツ。しゃがれ声でしぼり出すような発声、12小節形式、ブルーノート・スケールという5音階での即興演奏などが特徴。ベッシー・スミス、マディー・ウォーターズ、B・B・キングあたりが代表的ブルース・シンガー。ブルースからリズム＆ブルースが生まれ、ロックンロール、ロックへと発展していく。ブルースはアメリカ大衆音楽の原点だ。だから、それが分からないようでは、アメリカ人として魂に穴が開いているのである。

「ブルースの女王」、B・スミス

5 1914年のこの日、生誕
ビート世代の神様、ケルアック

ウィリアム・S・バロウズ
William S. Burroughs (1914–97) 作家、評論家、画家

Kerouac opened a million coffee bars and sold a million pairs of Levis to both sexes. Woodstock rises from his pages.

> ケルアックのおかげで、何百万というコーヒー・ショップが開店し、何百万ものリーヴァイスが男女に売れたんだ。ウッドストックだって彼の本がもとになっているんだ。

NOTES 未曾有の経済繁栄を享受していたアメリカ50年代は、若者にとっては「管理」を押し付ける住みにくい時代だった。ジャック・ケルアックは『路上=On the Road』（1957年）という自伝的な小説で、このうっとうしい50年代に飽き飽きしていた若者の心をとらえた。『路上』の主人公たちは、アメリカ全土を旅しながら、愛し、語り、セックスをし、自由奔放に生きた。彼らのファッションは洗いざらしのTシャツとジーンズ。ギンズバーグなどの詩人がコーヒー・ショップや画廊で詩の朗読会を開いた。コーヒー・ショッ

バロウズ（右）とギンズバーグ

プはビートたちによって文化の拠点となった。そうしたビート運動のなかで10代の青春を送った若者たちが60年代にヒッピー文化の担い手となり、ウッドストック音楽祭（1969年8月）へとつながっていく。

バロウズは作風的にはケルアックやギンズバーグとかなり距離があるが、ビート世代の兄貴分的存在であった。（→3月12日　→4月22日）

6

1895年のこの日、生誕

最高の野球選手といえばこの人

ベーブ・ルース
Babe Ruth (1895–1948)　野球選手

If it wasn't for baseball, I'd d be in either the penitentiary or the cemetery.

ベーブ・ルース

もし野球に出会わなかったら、いまごろは刑務所か墓場のどちらかにいただろうな。

NOTES　圧倒的な人気で野球を国民的なスポーツにした名選手。リンドバーグが大西洋横断飛行をした1927年には、年間60本のホームラン記録を樹立し、「狂乱の20年代=Roaring Twenties」の英雄のひとりだった。童顔だったため「Babe=赤ん坊」という愛称で呼ばれたのが本名のようになってしまった。幼いころ貧しい環境で育ったが、この言葉はそんな生い立ちを語った有名なもの。続けて、「俺は親父や兄貴と同じ激しい気性を持っているんだ。ふたりともボルチモアの街中で喧嘩して、そのケガがもとで死んじまったよ」。

7

＊名警部チャーリー・チャンのセリフ

お金がものを言うときは

チャールズ・ベルデン
Charles Belden (1904–54)　シナリオ・ライター、プロデューサー

When money talks, few are deaf.

金がものを言うときは、耳の聞こえない人はほとんどいない。

NOTES　これは『ホノルル警察のチャーリー・チャン』という映画の主人公チャーリー・チャン警部のセリフである。彼は中国系で、昔の中国の格言を引用して、容疑者を煙に巻きながら、追い詰めていく。1926年から1949年までのあいだに48作ものチャーリー・チャン映画が作られた。原作はアール・デア・ビガーズの小説。ビ

ガーズは当時横行していた「黄禍論=Yellow Peril」と呼ばれた黄色人種差別の風潮に心を痛め、ポジティブな中国人キャラクターを創造したといわれる。中国人というと、怪人フー・マンチューのような不気味な存在か、コック、召使、洗濯屋といったイメージしかなかったなかで、「東洋の英知」で事件を解決していくチャーリー・チャンはアメリカにおける中国人のイメージ・アップに貢献した。

8 *ヒッチコックはブロンド好き
高貴なブロンド美人がサスペンスを盛り上げる

アルフレッド・ヒッチコック
Alfred Hitchcock (1899–1980)

Blondes make the best victims. They're like virgin snow that shows up the bloody footprints.

A・ヒッチコック

> ブロンドは犠牲者として最高なんだ。言ってみれば、血まみれの足跡を浮かび上がらせる処女雪ってとこかな。

NOTES サスペンスの神様ヒッチコックのブロンド好きは有名。それも、マリリン・モンローのようなセクシーなブロンドではなく、気品のあるクールなブロンド。『汚名』(1946年)のイングリッド・バーグマン、『裏窓』(1954年)のグレース・ケリー、『北北西に進路をとれ』(1959年)のエヴァ・マリー・セント、『鳥』(1963年)のティッピー・ヘドレンなどだ。高貴なブロンド美人が恐怖につきおとされることによってサスペンスが盛り上がるというわけだが、ヒッチコックがクール・ブロンドを主役に登用し、撮影期間中、まるで自分の所有物のように支配下においたことを考えると、チビで小太りのヒッチコックのブロンド好きには屈折した心理的な理由があるという説もうなずける。

9 1950年のこの日、演説で
これがマッカーシー旋風の始まり

ジョセフ・マッカーシー
Joseph McCarthy (1908–57)　政治家

I have here in my hand a list of 205 that were known to the Secretary of State [Dean Acheson] as being members of the Communist Party and are still working and shaping the policy of the State Department.

J・マッカーシー

> 今、この私の手のなかに、国務長官［ディーン・アチソン］には共産党員であることが分かっているにもかかわらず、国務省の政策を立案し続けている205人のリストがある。

NOTES　この演説でマッカーシーが手にしていたメモに何が書かれていたかは分かっていない。205という数字も57、81、10、116、1、121、106と変わっていった。再選があやぶまれていた落ち目の共和党上院議員がうった大芝居だったのだ。しかし、この演説でアメリカ社会は「赤狩り＝Red Scare」の旋風に巻き込まれていく。「赤狩り」とは共産主義者とその支援者と思われる人物を摘発すること。非米活動委員会による「赤狩り」は、マッカーシー登場以前の40年代後半から始まり、ハリウッド関係者、政府高官、知識人などがやり玉にあがり、職を追われた。

　1949年には中国で共産主義政権が誕生し、ソ連は原爆製造に成功、そして50年には朝鮮戦争が勃発する。こんな社会的不安のもとで「赤狩り」は一挙に広がったのだ。マッカーシーの強引な「赤狩り」の手法に批判が強まり、上院で彼に対する問責決議が採択されて失脚するのは、1954年になってからのことである。

10　1993年のこの日、インタビューで
マイケル・ジャクソンが整形手術について

マイケル・ジャクソン
Michael Jackson (1958–2009)　歌手

You know, let's put it this way, if all the people in Hollywood who have had plastic surgery, if they went on vacation, there wouldn't be a person left in town.

M・ジャクソン

photo by Alan Light

> こういうことじゃないかな。ハリウッドで整形手術した人がみんな休暇に行けば、町にはだれも残っていないよ。

NOTES　1993年2月10日、自宅の「ネバーランド」で行われたインタビューでトークショーの司会者オプラ・ウィンフリーに語った言葉。「何回ぐらい整形手術をしたの？」というオプラの単刀直入な質問に対する回答だ。鼻の整形だけでも両手の指に余る回数とのこと。肌を白くする漂白手術を受けたのではないかという噂があったが、尋常性白斑（通称しろなまず）という病気のせいだったということをはじめて明かした。

　児童虐待訴訟や借金で音楽活動は停滞し、過去の人になりつつあったが、人生最後と銘打ったロンドン公演に向けて活動を再開した。しかし公演の直前の2009年6月25日に急逝。彼の死後CDの売り上げが急増し、ミュージシャン、エンタテイナーとしての偉大さを世界中の人々が再確認することになった。

11

この日は、エジソンを記念する「発明家の日」

再生可能エネルギーに着目していたエジソン

トーマス・エジソン
Thomas Edison (1847–1931)　発明家

We are like tenant farmers chopping down the fence around our house for fuel when we should be using Nature's inexhaustible sources of energy—sun, wind and tide ... What a source of power! I hope we don't have to wait until oil and coal run out before we tackle that.

> 我々は自分の家の垣根を切って燃料にしている小作農みたいなものだ。ほんとうは無尽蔵にある自然のエネルギーを使わなければならないのに——太陽、風、潮流。なんという動力資源だろう。自然エネルギーに取り組むのに、石油や石炭がなくなるのを待つ必要なんかないじゃないかね。

NOTES　1983年からエジソンを記念して、誕生日のこの日が「発明王の日＝Inventor's Day」に制定された。この言葉はエジソンが1931年にヘンリー・フォードに語ったもの。彼はフォードと協力して、充電式バッテリーで走る電気自動車の開発を試みている。風力発電の実験も行っている。それから80年後のいま、やっと世界はエジソンの考えた方向に動き始めた。エジソンは常に実生活に密着した発明と事業をしてきた。電球を作れば発電機や発電所、配電システムを作り、エジソン・エレクトリック・ライト・カンパニーまで作ってしまう。これが現在世界最大の電機会社ゼネラル・エレクトリックの前身である。（→10月18日）

エジソン（左）とフォード（右）、1914年

12

1983年のこの日、死去

100歳まで生きた？ジャズ・ピアニスト

ユービー・ブレイク
Eubie Blake (1887–1983)　作曲家、ジャズ・ピアニスト

If I'd known I was going to live this long, I'd have taken better care of myself.

> こんなに長生きすると分かっていれば、もっと体を大事にしておくんだった。

NOTES　ブレイクは元黒人奴隷の子供として生まれ、貧しい少年時代を過ごしたが、早くから音楽の才能を開花させ、ブロードウェー・ミュージカルをつくるまでになった。自分では1883年生まれとし、100歳で死んだことになっているが、ほんとうは1887年生まれであった。しかし何歳にせよ、この感慨は含蓄に富んでいる。また、97歳（?）のとき、「何歳で性欲がなくなったか」と聞かれて、「それは私より年上の人に聞くんだな＝You'll have to ask somebody older than me.」

E・ブレイク

13　＊1947年、非米活動委員会について
「赤（共産主義者）狩り」のはげしさを語る

ハンフリー・ボガート
Humphrey Bogart (1899–1957)　俳優
They'll nail anyone who ever scratched his ass during the national anthem.

やつらは国歌演奏中に尻を掻いたっていうだけで、みんな逮捕しちまうんだ。（nail＝逮捕する）

NOTES　ボガートはおなじみ『マルタの鷹』、『カサブランカ』などでタフガイを演じた俳優である。この言葉はいかにも彼らしい口調で「赤狩り」を批判している。「赤狩り」旋風のなかで、アメリカ中が疑心暗鬼になり、少しでも規範にはずれると赤（共産主義者）だと陰口されたり、密告されたりしたのである。とくにユダヤ人が多いハリウッドの映画産業は共産主義が浸透しているとやり玉にあげられた。1947年、非米活動委員会は「ハリウッド・テン」と呼ばれる10人の脚本家・監督らに対して公聴会を開始する。ボガートはヘンリー・フォンダ、キャサリン・ヘップバーンなどと共に思想信条の自由を掲げて、この公聴会反対運動を起こした。しかし、さしものタフガイも「赤狩り」旋風には勝てず、反対運動は腰砕けに終わり、「ハリウッド・テン」は有罪となり、ハリウッドから追放された。

H・ボガート
Yousuf Karsh

14　今日はバレンタインデー
恋が実るのはいいけれど結婚は

Anonymous（作者不詳）
Marriage is a romance in which the hero dies in the first chapter.

結婚とは、ヒーローが第1章で死んでしまう恋物語だ。

NOTES 毎月26ヵ国語で120タイトルが量産される「ハーレクイン・ロマンス・シリーズ」のヒーローには8つのタイプがあるという。ジョン・ウェインのような「親分型」、ジェームス・ディーンのような「悪がき型」、ジェームズ・スチュアートのような「最高のお友達型」、ケーリー・グラントのような「魅力的紳士型」、ハムレットのような「悩める男型」、知性にあふれる「教授型」、インディー・ジョーンズのような「冒険男型」、そして、ブルース・ウィリスのような「戦う男型」だ。でも、しょせんヒーローは空想の産物。「ヒーロー」と思って結婚しても、現実の家庭生活では単なる「亭主」。ヒーローは一夜にして死んでしまうというわけだ。バレンタインの日にしては辛口の言葉だが、チョコレートを贈る前の「ストレステスト」としてどうぞ。

15 1988年のこの日、死去
仏陀の教えにもつながるような名解説

リチャード・ファインマン
Richard Feynman (1918–88)　物理学者

The world looks so different after learning science. For example, trees are made of air, primarily. When they are burned, they go back to air, and in the flaming heat is released the flaming heat of the sun which was bound in to convert the air into tree.

R・ファインマン

> 科学を学ぶと世界がまったく違って見えてきます。たとえば木はもともと空気からできていますね。それが燃やされると、また空気にもどります。そのときに出る炎の熱は、空気から木を作るために閉じ込められた太陽の炎の熱なのです。

NOTES ファインマンは日本では『ご冗談でしょう、ファインマンさん＝*Surely You're Joking, Mr. Feynman*』という愉快な科学者の逸話集で有名だが、1965年には量子電磁力学の分野で朝永振一郎博士らと共にノーベル賞を受賞し、いま話題のナノテクノロジーを提唱した物理学者である。好奇心旺盛でいたずら好き、天衣無縫で権威におもねることのない一本気さなど、魅力あふれる人物であった。科学をやさしい言葉で語ることにかけては彼の右に出る者はいなかった。
　ここにあげた言葉は科学の教科書のキャッチフレーズとしてよく使われるものであるが、「色即是空＝形あるものは空である」とか「因縁生起＝すべてのものは原因や条件によって存在する」というような仏陀の教えにもつながる面白さがある。
　「さすがです、ファインマンさん」。

16

＊アメリカ兵がヨーロッパ戦線で書きまくった
世界でもっとも多く書かれた落書

Anonymous（作者不詳）
Kilroy was here.

キルロイ参上。

NOTES 第2次世界大戦のとき、ヨーロッパ戦線のアメリカ軍兵士たちが行く先々で書きまくった落書の文句。往々にしてこの絵とともに書かれた。世界でもっとも多く書かれた落書といわれるが、このキルロイとは誰なのかが分かっていない。もちろん分からないからこそ、みんなが面白がって書いたわけだが、もっとも流布している説は——キルロイは軍艦を作っていた造船所の検査官で、彼が検査を済ませたところにはサイン代わりにこの文句を書いていた。ヨーロッパ戦線に行く軍艦の中でこのサインを見て、兵士たちが面白がってそのマネをしたのが始まりというもの。

17

1963年のこの日、生誕
これだけ失敗をおぼえているのがスゴイ

マイケル・ジョーダン
Michael Jordan(1963–) バスケットボール選手

I've missed more than 9000 shots in my career. I've lost almost 300 games. 26 times, I've been trusted to take the game-winning shot and missed. I've failed over and over and over again in my life. And that is why I succeed.

M・ジョーダン

生涯で入らなかったシュートが9000以上、負けた試合がほぼ300試合、26回ウィニング・ショットを任されてはずした。これまでに私は何度も、何度も失敗してきた。でも、それが成功の理由なんだ。

NOTES 言わずと知れたバスケの神様、マイケル・ジョーダンの言葉。驚異的な運動能力に恵まれ、ジャンプの滞空時間が長いことから「エアー」という愛称で呼ばれた。ここ一番でシュートを決めるクリンチ・シューターである。「26回ウィニング・ショットを任されてはずした」と言っているが、総出場回数1264のうちのたった26回である。スポーツ界で彼と並び得るのは、ベーブ・ルース、ジョー・ディマジオ、モハメド・アリ、タイガー・ウッズくらいだといわれている。

18 詩とは翻訳も解釈もできないもの
＊アメリカを代表する詩人

ロバート・フロスト
Robert Frost (1874–1963)　詩人

Poetry is what is lost in translation. It is also what is lost in interpretation.

> 翻訳するとなくなってしまうのが詩である。また解釈してもなくなってしまう。

R・フロスト

NOTES　翻訳するとなくなってしまうものが詩だとすると、翻訳しても意味が伝わるのが小説といってもいいかもしれない。詩とは、言葉と言葉のつながりが生み出すリズムであり、言葉と言葉がショートして発生する火花なのだ。その言葉が置き換えられたら、もう詩は意味をなさない。また何を言いたいのかとメッセージを追求したり、解釈してしまうと詩は死んでしまう。

　ロバート・フロストはアメリカを代表する詩人。ピューリッツァー賞を4度受賞している。1961年のケネディ大統領就任式では自作の詩「無条件の贈物」を朗読した。

19 テレビがなかったら、この世は
1978年のこの日、『ニューヨーク・タイムズ』に

ダニエル・ブアスティン
Daniel Boorstin (1914–2004)　社会歴史家

Nothing is real unless it happens on television.

> 何事も、テレビで起こってはじめて現実となるのである。

D・ブアスティン

NOTES　旅に出たときに、訪れた土地の景観、風物を楽しむよりも、事前調査で読んだガイドブックに書かれていることを確認して、やっぱり同じだと納得することに忙しい——そんな経験はないだろうか。情報化の時代には、目的地がすでにイメージとして出来上がっていて、本物の現地はそのイメージを確認する手段という逆転現象が起こる。テレビでも同じことで、ある出来事がテレビで報道されないと、本当に起こったものと感じられない。あるいはテレビのなかで創られたことが現実だと勘違いしてしまう。

　メディアがイベントを作り上げてしまい、我々はそれを現実だと思い込む。そうならないためには、メディアを批判的に読む力、メディア・リテラシーが必要だとブアスティンは説いた。

20 東部3都市、気質の違い
*トウェーンが紹介した市井のジョーク

マーク・トウェーン
Mark Twain (1835–1910)

In Boston they ask, How much does he know? In New York, How much is he worth? In Philadelphia, Who were his parents?

M・トウェーン

ボストンでは、「あいつはどれぐらい知識があるか?」と聞かれる。ニューヨークでは「あいつはどれぐらい金持ちか?」と聞かれ、フィラデルフィアでは「あいつの両親はどこの出だ?」と聞かれる。

NOTES 知識人が多い大学の町ボストン、金融の中心地ニューヨーク、独立宣言が発せられた由緒ある歴史の町フィラデルフィア、それぞれの町の特徴を見事に言い当てている。どの国にも土地柄というものがあるが、アメリカは広い国なので地域差が大きい。ニューイングランド地方の人たちは自立心が強く、中西部の人たちは開放的で親切。西部の人たちは忍耐強く、他人のことには介入しない。南部の人たちは保守的だが、南部的もてなしで知られている。西海岸の人たちは開放的で、新しもの好きだ。

21 アメリカで黒人であるということは
1965年のこの日、凶弾に倒れる

マルコム・エックス
Malcolm X (1925–65)　黒人開放運動のリーダー

If you're born in America with a black skin, you're born in prison.

マルコムX（右）とキング牧師

アメリカで黒人として生まれるのは、牢獄のなかで生まれたということなんだ。

NOTES マルコムXは、黒人と白人の融和を説いたキング牧師とは異なり、黒人至上主義と人種分離主義を唱え、過激な黒人運動を展開した。強盗罪で服役中にブラック・ムスリム運動、ネーション・オブ・イスラムを知り、黒人解放運動に目覚めた。ここで彼は猛勉強をする。入所時には2.0だった視力が0.2になったという。出所後、ネーション・オブ・イスラムの創始者ムハンマドのもとで指導者として活躍するが、1964年に袂を分かち、スンニ派のイスラム教徒となる。1965年、ニューヨークで演説中に凶弾に倒れた。本名はマルコム・リトルだが、黒人の姓は奴隷所有者がつけたもので、本名はわからないという考えから「X」と名乗っていた。

22　1732年のこの日、生誕
ワシントンといえば、この言葉

ジョージ・ワシントン
George Washington (1732–99)　初代大統領

I can't tell a lie, Pa; you know I can't tell a lie. I did cut it with my hatchet.

ラシュモア山のワシントン像

ぼくは嘘をつけない。パパ、ぼくは嘘をつけないよね。ぼくが斧で切ったんだ。

NOTES　父親が大切にしていた桜の木を切ったことを認める、このワシントンの言葉はあまりにも有名だが、じつは作り話である。牧師で作家のメイソン・ロック・ウィームズがワシントンの死の翌年に出版した伝記の第5版（1806年）でつけ加えたもの。第2章「誕生と教育」で、ある婦人の信頼できる話として登場する。ウィームズの意図は、ワシントンを、それ以前の伝記で描かれたような血の通わない、無味乾燥な人間ではなく、人間味にあふれた人物として提示することであった。しかし、この逸話が本当のこととして流布したということは、彼がいかに誠実無私の人であったかを示すものだろう。

23　1945年のこの日、硫黄島の摺鉢山に星条旗が掲げられる
星条旗を立てる海兵隊の写真をとったカメラマン

ジョー・ローゼンタール
Joe Rosenthal (1911–2006)　写真家

I took the photo. The Marines took Iwo Jima.

私は写真をとり、海兵隊は硫黄島をとったのさ。

NOTES　太平洋戦争において、日本本土爆撃の拠点と位置づけられた硫黄島を巡る攻防は戦史に残る大激戦となった。1945年2月19日、アメリカ海兵隊が上陸してから戦闘は3月26日まで続き、日本軍は玉砕した。

星条旗を立てる海兵隊員たち

AP通信社のカメラマンとしてこの作戦に従軍していたローゼンタールは上陸後5日目の23日午後1時ごろ、摺鉢山の頂上に星条旗を立てているという話を聞いてかけつけた。山に登る途中でもう旗は立てられてしまったと言われたが、なおも登って頂上に着くと、最初に立てた旗が小さかったので、大きな旗に立て替えている最中だった。ここで「あの有名な写真」が撮影されたのだった。この写真はグアムで現像され、ニューヨークに電送され、25日、世界中の新聞に掲載された。

24

*1991年3月、『ハーパーズ・マガジン』に

テレビは本より現実に近い。だから……

カミール・パーリア
Camille Paglia (1947–)　作家、評論家

Television is actually closer to reality than anything in books. The madness of TV is the madness of human life.

> テレビは本のなかのどんなことよりも現実に近い。テレビの狂気は人間の暮らしの狂気なのです。

NOTES　新聞や本などの活字メディアは「上から目線」であるとすれば、テレビは「下から目線」だ。前者には主張、建前、長期的視野があるが、後者は刹那的で、視聴者が面白いと思うものを貪欲に取り入れてしまう。だから、テレビは大衆の鏡なのだ。

　カミール・パーリアはフロイト心理学の立場で西欧の文学と美術を論じ、その過激な発言でマスコミを賑わしている。「私は男性の頭脳を持ったレスビアン」などと公言し、フェミニストからもっとも嫌われているフェミストといわれているが、切れ味のいい文化批評にはファンも多い。

25

1964年のこの日、ヘビー級チャンピオンに

名ボクサー、アリのファイティング・スタイル

モハメド・アリ
Muhammad Ali (1942–)　ボクサー

Float like a butterfly, sting like a bee! Your hands can't hit what your eyes can't see.

M・アリ

> 蝶のように舞い、蜂のように刺す。目に見えないものを打つことなんてできない。

NOTES　アリは1964年のこの日、ソニー・リストンを破ってヘビー級のチャンピオンになった。アリの枕詞のようになった「蝶のように舞い、蜂のように刺す」は裏方のドゥルー・バンディーニ・ブラウンがアリのキャッチフレーズとして考え出した言葉だが、この試合の計量のときにアリがはじめて言ったものである。重戦車のぶつかり合いのようなヘビー級ボクシングにあって、アリのボクシング・スタイルは、まさに蝶のように舞い、蜂のように刺す、華麗でスピード感あふれるアウトボクシングだった。

　この試合に勝った直後にブラック・ムスリムの信者であることを公表し、カシアス・クレイ

からモハメド・アリに改名した。この後世界ヘビー級王者のタイトルを19回防衛、奪取するという輝かしい記録を残した。ベトナム戦争徴兵拒否でタイトルを剥奪されたり、黒人差別と闘い、黒人解放運動に取り組むなど、60年代アメリカ社会を語るうえで欠かすとのできない人物でもある。

26 ＊ロックンロールの大御所の言葉
こんな状況は日本も同じですね

ファッツ・ドミノ
Fats Domino (1928–)　ロックンロールのピアニスト、歌手

A lot of fellows nowadays have a B.A., M.D., Ph.D. Unfortunately, they don't have a J.O.B.

F・ドミノ

> いまでは B.A.（学士号）、M.D.（医学博士号）、Ph.D.（博士号）を持っている奴はたくさんいる。残念なことに、奴らは J.O.B.（仕事）を持っていない。

NOTES　まさにいまの大不況のアメリカに当てはまる。2010年のアメリカの失業率は9.6パーセントにまで達した。有名大学の MBA（経営学修士＝Master of Business Administration）の就職先の金融会社は、新卒を採用するどころかベテランを解雇しなければならない状況だ。アメリカの大卒者の採用は、日本のように新卒一括採用ではなく、求人は年間を通して行われる。学生たちの多くは卒業してから就職活動をする。B.A. は Bachelor of Arts（学士号）、M.D. は Doctor of Medicine（医学博士号）、Ph.D. は Doctor of Philosophy（博士号）。J.O.B. はもちろん job（仕事）のこと。

　ファッツ・ドミノはロックンロールの大御所で、1950年代には彼のレコードが6500万枚売れた。これはエルビス・プレスリーに次ぐ記録である。

27　1934年のこの日、生誕
自動車の欠陥を指摘した消費者運動の旗手

ラルフ・ネーダー
Ralph Nader (1934–)　消費者保護運動家・弁護士

Unsafe at any speed.

> どんなスピードでも危険。

R・ネーダー

NOTES これは1965年にラルフ・ネーダーが出版した本のタイトル（邦題は『どんなスピードでも自動車は危険だ』）。彼はこの本で、アメリカの自動車産業がシートベルトの導入など安全対策をしぶっていると告発し、とくにGMを標的にした。巨大産業GMは表向きは駆け出しの弁護士の告発など歯牙にかけぬという態度で無視をきめこんだが、裏では、探偵にネーダーの身辺調査をさせ、スキャンダルを暴こうとした。ところがそれが発覚し、GMは上院公聴会で謝罪させられ、面目丸つぶれになったうえ、プライバシー侵害訴訟で多額の賠償金をネーダーに支払う羽目になった。

彼の告発は自動車の安全性を高める法制度・行政組織の整備に貢献し、後のGM社長リー・アイアコッカをして、「安全性が文字通り我々のビジネスを根こそぎ駄目にしてしまった＝Safety has really killed all our business.」と嘆かせた。

28 ＊1994年、『プレイボーイ』誌に
大富豪も大統領もファーストフード好き

ビル・ゲイツ
Bill Gates (1955–) 　マイクロソフト創業者

In terms of fast food and deep understanding of the culture of fast food, I'm your man.

> ファーストフードとファーストフード文化についての造詣という点では、私の右に出るものはいないよ。(your man= 適任者、望みをかなえる人)

NOTES マイクロソフトの創業者ビル・ゲイツのファーストフード好きは有名。この言葉は1994年7月号の「プレイボーイ・インタビュー」から。クリントンもファーストフードが大好きだった大統領として知られている。金や社会的地位のあるなしにかかわらず、ファーストフードはアメリカ人の生活に根づいていることを物語っている。

ファーストフードはまず家庭から始まった。1953年に販売が開始されたスワンソン社の TV ディナーである。メインからつけ合わせまでがパックされていて、レンジで温めれば食べられるお手軽なディナーだ。その2年後にマクドナルドのハンバーガー・チェーンが誕生し、外食産業としてのファーストフードが全米に普及した。アメリカ人は平均して1週間にハンバーガー3つ、フレンチフライ4つを食べているという。

B・ゲイツ

29 LEAP YEAR ＝うるう年
ひと月に何日あるか、アメリカではこう覚えます

Anonymous（作者不詳）

Thirty days hath September,／April, June, and November.／All the rest have thirty-one,／But February has twenty-eight alone,／Except in leap year, that's the time／When February's days are twenty-nine.

> 9月は30日／4月、6月、11月もそう／あとの月は31日／ところが2月だけは28日／うるう年を除いては／うるう年には2月は29日

NOTES　「二、四、六、九、十一（西向く侍）」と覚えればいい日本語とくらべるとなんというまだるっこしさ！　でも、2行ずつ行の最後の音が韻を踏んでいて、リズミカルで覚えやすいように工夫はされている。握りこぶしを作って、指のつけねの山と谷を数えていくやり方はアメリカにもある。

3月 MARCH

1 1914年のこの日、生誕
生涯に1作しか残さなかった黒人作家

ラルフ・エリソン
Ralph Ellison (1914–94) 作家

I am an invisible man. I am invisible, understand, simply because people refuse to see me.

> 私は見えない人間だ。見えないんだ。分かるかい。理由は簡単。皆が私を見ようとしないからだ。

NOTES これは黒人作家ラルフ・エリソンの代表作『見えない人間＝*Invisible Man*』（1952年）の冒頭の一節。主人公の黒人青年はさまざまな差別を乗り越えて、白人の期待に沿った人間になるのではなく、あるがままの自分に忠実であることが自分の人間性の回復だと悟る。名前を与えられていない主人公は黒人であると同時にひとりの人間でもある。この小説は黒人差別をテーマにしながら、人間のアイデンティティという普遍的な問題を扱っている。『見えない人間』は同年に発表されたヘミングウェーの『老人と海』以上に評価され、1953年全米図書賞を受賞した。

　エリソンが生前に発表した長編小説はこの1作だけだったが、死後発見された2000ページにのぼる原稿が彼の原稿管理人によって編集され、2010年に『*Three Days before the Shooting*』というタイトルで出版された。

R・エリソン

US Information Agency

2

1977年のこの日、ロサンゼルスで
どこが似ているのでしょうか？

ロナルド・レーガン
Ronald Reagan (1911–2004)　第40代大統領

Politics is supposed to be the second oldest profession. I have come to realize that it bears a very close resemblance to the first.

R・レーガン

> 政治は2番目に古い職業といわれているが、いちばん古い職業と非常に似ていることに気がついた。

NOTES　いちばん古い職業といえばもちろん売春。売春婦はお金を受け取り、相手が求める性的なサービスを提供する。政治家は献金を受け取って、献金者の求める政治的サービスを提供する。売春婦は肉体を、政治家は影響力と権力を売る。それが類似点だとレーガンは言いたいのだろう。1977年、ロサンゼルスの財界人の会合で行った演説での言葉。レーガンは1975年にカリフォルニア州知事を辞して、1976年の共和党大統領予備選で現職大統領ジェラルド・フォードに挑戦したが、僅差で敗れている。はじめての政治的敗北が言わしめた言葉か。

3

1931年のこの日、「星条旗」を国旗に制定
「旗のまわりに集まれ効果」とは？

ジョージ・F・ルート
George F. Root (1820–95)　作詞作曲家
[*The Battle Cry of Freedom*]

Yes, we'll rally 'round the flag, boys, we'll rally once again,/ Shouting the battle cry of Freedom.

G・ルート

> そうだ、国旗のまわりに集まれ、みんな。もう一度集まろう。自由を求める戦いの叫びをあげながら。

NOTES　ルートは19世紀半ばに活躍した作詞作曲家。南北戦争に際しては数々のヒット曲を作った。とくにこの『*The Battle Cry of Freedom*』はもともと北軍のために作られた歌であったが、南軍バージョンも作られ両陣営で歌われた。

歌詞の最初の「rally 'round the flag＝旗のまわりに集まれ」という言葉は、アンドリュー・ジャクソン（第7代大統領）が米英戦争のとき、ニュー・オーリンズの戦いで使った言葉とされているが、国旗好きなアメリカ人の心をつかんだ。

46

アメリカには「rally 'round the flag effect＝旗のまわりに集まれ効果」という政治用語がある。これは国際的な事件で国家が危機に陥ると、一致団結して大統領を支えるという現象を指す。愛国心の象徴として国旗があふれる。9.11事件のあとでは、人々が手に手に星条旗を持ち歩き、34パーセントだったブッシュ大統領の支持率が90パーセントに跳ね上がった。これがこの「効果」の典型的な例とされている。

4

1933年のこの日、副大統領になって

ほんとうは大統領になりたかった

ジョン・ナンス・ガーナー
John Nance Garner (1868–1967)　第32代副大統領
The vice-presidency isn't worth a bucket of warm piss.

J・N・ガーナー

副大統領職なんてバケツ一杯の生暖かい小便ほどの価値もない。

NOTES　副大統領になった政治家はみな同じような感慨をもらす。初代副大統領ジョン・アダムズは「最も不要な職」と嘆いたし、フォード大統領のもとで副大統領を務めたネルソン・ロックフェラーも「葬式と地震のお見舞いに行くのが仕事だ」とぐちった。ガーナーは民主党の大統領候補を目指したが、ローズベルトにかなわないことを知り、彼の当選とともに副大統領に就任、1941年までの8年間を務めた。

5

1836年のこの日、日記に

デビー・クロケット、死の前日

デビー・クロケット
Davy Crockett (1786–1836)　開拓者、政治家
Pop, pop, pop! Bom, bom, bom! throughout the day. No time for memorandums now. Go ahead! Liberty and independence forever!

> 「パーン、パーン、パーン、バン、バン、バン！　一日中こうだ！　日記をつけている暇などなし。さあ、やろう！　自由と独立よ永遠なれ！」

NOTES　メキシコ領だったテキサスに入植したアメリカ人の兵士や義勇兵たちが、メキシコ軍と対立したのがテキサス革命（テキサス独立戦

D・クロケット

争）。これはイギリスから独立したアメリカ植民地とまったく同じ図式である。

　そのもっとも有名な戦闘がアラモ砦で行われた。上記の言葉はそこに義勇兵として参加したデビー・クロケットの死の前日の日記から。緊迫感があふれている。クロケットはテネシー州出身の開拓者。「我こそデビー・クロケット。半分は馬で、半分は鰐。かみつき亀の血も混じっている」と自己紹介したというが、若くして西部伝統の「tall tale＝ホラ話」の主人公となり、国民的な英雄であった。下院議員を3期務めたが、1835年議席を失うとテキサスに行き、独立を支援してアラモ砦で戦死。49歳だった。

6　1836年のこの日、アラモ砦陥落
この言葉が "Remember Pearl Harbor!" へ続く

シドニー・シャーマン
Sidney Sherman (1805–73)　テキサス軍大佐
Remember the Alamo!

> アラモを忘れるな！

NOTES　1836年のこの日、トラヴィス大佐に指揮されたアラモ砦が陥落、メキシコ軍のサンタ・アナ将軍は183人の守備軍のすべてを殺し、焼いた。しかしその1ヵ月半後の4月21日、サム・ヒューストン指揮下のテキサス軍はサンジャシントの戦いでサンタ・アナを破り、テキサス独立を認めさせる。「Remember the Alamo!」はヒューストンのもとで戦ったシドニー・シャーマン大佐の戦いの合言葉とされる。これが1898年の米西戦争のときには、爆破されたメイン号に対する「Remember the Maine!」となり、1941年の真珠湾攻撃に対する「Remember Pearl Harbor!」、2001年の同時多発テロに対する「Remember 9.11!」へとつながっていく。(→4月21日)

S・シャーマン

7　1999年のこの日、死去
映画監督キューブリックの言葉

スタンリー・キューブリック
Stanley Kubrick (1928–99)　映画監督
The great nations have always acted like gangsters, and the small nations like prostitutes.

S・キューブリック

48

いつも大きな国家はギャングのように、小さな国家は娼婦のように振る舞ってきた。

NOTES 『博士の異常な愛情』『2001年宇宙の旅』『時計仕掛けのオレンジ』などの監督として知られるキューブリックは人間の愚かさを冷え冷えとした視覚的明晰さで描いた。どの作品にも彼のシニシズムが貫かれている。60年代末に英国に移住して、アメリカに戻らなかったが、プロデューサーの権限が強いハリウッドに嫌気がさしたからだといわれている。権威や体制を嫌う人だった。そんな彼だから、国家に対しても辛らつだ。

8 ＊1945年8月、入団勧誘で
大リーグ初の黒人選手ジャッキー・ロビンソン

ジャッキー・ロビンソン
Jackie Robinson (1919–72) 野球選手
［黒人への野次や嫌がらせに我慢できるかと聞かれて］
You don't want a ballplayer who's afraid to fight back, do you?

やられてもやり返せないような弱虫選手が欲しいのかい。

ブランチ・リッキー
Branch Rickey (1881–1965) 野球選手、球団マネージャー
I want a ballplayer with enough guts not to fight back.

私が欲しいのは、やられてもやり返さないだけのガッツを持った選手なんだ。

NOTES 白人選手しかいなかった大リーグにはじめて黒人選手として入ったのがジャッキー・ロビンソンだった。UCLAでスポーツ万能だったロビンソンに目をつけて入団を勧誘したのが、当時ブルックリン・ドジャーズのジェネラル・マネージャーだったブランチ・リッキー。1945年8月のことである。リッキーはメジャー・リーグ初の黒人選手としてロビンソンが受けるであろう人種差別や侮蔑に耐えられかどうかを心配していた。ロビンソンはリッキーのこの言葉に納得して入団。「綿畑に帰れ」などという野次のなかでめざましい活躍をし、大スターとなり、黒人大リーガーの道を切りひらいていった。

彼の背番号「42」は全30球団で永久欠番になっている。

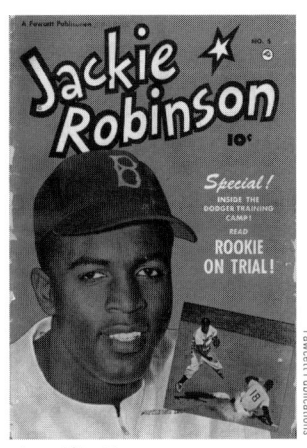

J・ロビンソン

9

1768年のこの日、生誕

アメリカと戦いぬいたインディアンのチーフ

テクムセ
Tecumseh (1768–1813)　ショーニー族首長

These lands are ours. No one has a right to remove us, because we were the first owners. The Great Spirit above has appointed this place for us, on which to light our fires, and here we will remain.

テクムセ

> この大地は我々のものだ。我々を別の場所に移住させる権利は誰にもない。何故なら、我々がこの土地の最初の所有者だからである。天の大いなる精霊はこの場所を我々の地としてお定めになった、我々が火を起こす地として。我々はここにとどまる。

NOTES　テクムセはアメリカ先住民族ショーニーの首長で、西部の部族を連合させ、1812年に始まった米英戦争では2000人の手勢を引き連れて、英国軍に加わり、米軍に打撃を与えた。部族を超えて大同団結すべしという彼の主張は20世紀のアメリカ先住民族自決運動の先駆けとなった。現在、アメリカ先住民族は、国内従属国家（アメリカという国に依存する、アメリカ国内の小さな国）として、居留地内での自治権を認められているが、主流社会との格差は大きい。

10

1876年のこの日、電話完成

電話で話された世界最初の言葉

アレクサンダー・グラハム・ベル
Alexander Graham Bell (1847–1922)　発明家

Mr. Watson, come here, I want to see you.

> ワトソン君、来てくれないか。用事があるんだ。

1892年、ニューヨークからシカゴへ長距離電話をかけるベル

NOTES　1876年のこの日、電話を完成したベルは2部屋離れたところにいた助手のワトソンにこう呼びかけた。これが電話で話された世界最初の言葉である。また電話では話し始めるときに日本語の「もしもし」というように呼びかけの言葉が必要となるが、ベルは水夫たちが使っていた「Ahoy」という言葉がいいと考えていた。しかし友人だった発明王エジソンは「Hello」がいいと主張し定着した。ちなみに、日本語の「もしもし」は、電話交換手が相手への呼びかけとして使っていた丁寧語の「申し」が短縮されたもの。

11 1942年のこの日、フィリピン脱出
日本軍にフィリピンから追われて

ダグラス・マッカーサー
Douglas MacArthur (1880–1964)　陸軍元帥
I shall return.

私は必ず帰還する。

NOTES　マッカーサーは1930年、史上最年少の若さで陸軍参謀総長になったが、1937年には米軍を退役してフィリピン軍の元帥になった。当時フィリピンはアメリカの植民地であり、1946年に独立する予定だったため、国軍創設の軍事顧問となっていたのだ。しかし1941年、日本との関係が悪化したため、ローズベルトによって極東軍司令官に任命され、フィリピンに駐在していた。そして42年のこの日、日本軍にフィリピンを占領され、やむなくオーストラリアに撤退したときの言葉がこれである。この言葉通り44年10月にはレイテ島に上陸して、「I have returned.」と言っている。

1944年、レイテ島に帰還したマッカーサー

12 1922年のこの日、生誕
ビート・ジェネレーションの旗手だった

ジャック・ケルアック
Jack Kerouac (1922–69)　作家
It was the end of a continent. They didn't give a damn.

そこは大陸の果てだった。そんなことは彼らにはどうでもいいことだった。

NOTES　ビート・ジェネレーションの代表的作家、ジャック・ケルアックのデビュー作『路上＝*On the Road*』(1957年) からの引用。「大陸の果て」とは、アメリカ大陸を奔放に旅する2人の若者がたどり着いたサンフランシスコのこと。50年代の閉塞感を打ち破る若者を描いたこの小説は、ボブ・ディラン、ジム・モリソンなど当時の若者に大きな影響を与えた。ケルアックによれば、ビートとは「beaten＝打ちひしがれた」という意味と、「beatific＝幸福に輝いた」という意味を重ね合わせた言葉だという。

J・ケルアック

13 1985年のこの日の発言
引用大好きだったレーガン

ロナルド・レーガン
Ronald Reagan (1911–2004) 第40代大統領
I have only one thing to say to the tax increasers: Go ahead, make my day.

> 増税主義者に対して言いたいことはたったひとつ。やれるものならやってみろ。

NOTES 　1985年のこの日のレーガンの発言。「Go ahead, make my day.」は映画『ダーティ・ハリー』で有名になったセリフの引用である。拳銃をつきつける悪漢に刑事が、「撃てるものなら撃ってみな。その仕返しを楽しむのはオレだから」という意味合い。レーガンは1981年に撃たれて負傷したときも、かけつけたナンシー夫人に「Honey, I forgot to duck.＝腰をかがめるのを忘れちゃったよ」とボクサー、ジャック・デンプシーがヘビー級タイトルを失ったときの有名なセリフを流用して話題となった。俳優出身だけに人をエンターテインするのがうまく、この傷の手術のときも医師団に向かって「みんな共和党員だろうな」（注・レーガンは共和党）と聞いて笑いをとった。

手術後のレーガンとナンシー夫人

14 今日は3.14で円周率の日
英語で円周率の覚えかた

Anonymous （作者不詳）
Yes, I know a number.

> はい、私は数字を知っている。

NOTES 　円周率＝circular constant を覚えるときの語呂合わせ。各単語の文字数を順番に並べると、円周率＝3.1416となる。最後の「6」は四捨五入されたもの。もう少し長い文章として以下のようなものもある。「Can I find a trick recalling pi easily?（3.1415926）」、さらに長いものとしては「May I tell a story purposing to render clear the ratio circular perimeter breadth, revealing one of the problems most famous in modern days, and the greatest man of science anciently known?（3.14159 26535 89793 23846 26433 83279 5）」。
　こういう記憶術のことを mnemonics（ニーモニックス）という。

15 「マン・オブ・アイディア」と謳われた評論家
*1948年の『メンケン名文集』に

H・L・メンケン
H. L. Mencken (1880–1956)　ジャーナリスト、評論家

Puritanism. The haunting fear that someone, somewhere, may be happy.

> ピューリタニズム。誰かがどこかで幸せなのではないかという怖れにつきまとわれること。

H・L・メンケン

NOTES　ジャーナリスト、随筆家、雑誌編集者、風刺作家など多彩な顔を持つメンケンが、ピューリタニズムの宗教的偏狭さを揶揄した言葉である。
　アメリカ建国の祖となったピューリタンたちは、カトリックの色彩を強く残す英国国教会（アングリカン・チャーチ）の権威主義に反対してイギリスを捨て、聖書の教えに基づいて地上に神の国を実現しようとした。彼らはもっぱら禁欲、節制、勤勉にはげみ、スポーツや演劇などの娯楽を悪とみなす。アメリカが時として原理主義的になるのは、建国の原点にある厳格なピューリタニズムの名残りなのだ。

16 こんな彼のウイットがアメリカを救った
*サービス精神旺盛だったフランクリン

ベンジャミン・フランクリン
Benjamin Franklin (1706–90)　アメリカ建国の父

Who is wise? *He that learns from every One.* Who is powerful? *He that governs his Passions.* Who is rich? *He that is content.* Who is that? *Nobody.*

宮廷の人気者だったフランクリン

> 賢者とは誰だ？＝誰からも学ぶことができる人である。強者とは誰だ？＝おのれの激情をおさえることができる人である。富者とは誰だ？＝心満ち足りている人である。それは誰だ？＝そんな奴はいない。

NOTES　フランクリンの格言のひとつである。すべては心の持ちようひとつだと言っているのだが、彼がここでいちばん言いたかったことは最後の一句であろう。ここで読者をどっと笑わせようというサービス精神がいい。アメリカの独立宣言を監修した政治家であり、雷は電気であることを証明した科学者であり、新聞や本を書いて出版した発行者である。肩書きを書ききれないくらい多方面で活躍した才能にプラスしてこんなサービス精神があるのだから只者ではない。

独立戦争が始まると全権公使としてパリに行き、もう70歳を過ぎていた彼が社交界の人気者になった。そして米仏同盟を結んで財政援助の獲得にも成功し、アメリカ独立の大きな助けとなるのだから、まさにかけがえのない人物だった。

17 ＊京都で空手修行をしたことも
恋多き流行作家の言葉ですから……

ジェイ・マキナニー
Jay McInerney (1955–) 作家

I think men talk to women so they can sleep with them and women sleep with men so they can talk to them.

J・マキナニー

> 男はベッドを共にしたいがために女と話をする。女は話をしたいがために、男とベッドを共にする。

NOTES 　上記は、1984年、『ブライト・ライツ、ビッグ・シティ＝ Bright Lights, Big City』で文壇にデビューし、「80年代のサリンジャー」といわれた人気作家ジェイ・マキナニーの言葉。1980年代のアメリカは好景気に浮かれた時代。そんななかで生きる目的を見失って、刹那的に生きるヤッピー（富裕層の若者）たちは「ニュー・ロスト・ジェネレーション」と呼ばれた。ドラッグに耽り、パーティーを飛び歩き、女性と浮名を流す。この小説の主人公の生活はマキナニー自身の生活でもあった。彼は2年間、京都で空手修行をしたこともあり、その経験をもとに『ランサム』という小説を書いている。

18 ＊酒もタバコもやらなかったが
ジョークが大好きだったリンカーン

エイブラハム・リンカーン
Abraham Lincoln (1809–65) 第16代大統領

With the fearful strain that is on me night and day, if I did not laugh I should die.

A・リンカーン

> 日夜恐ろしいほどの重荷を背負っている私は、笑わなかったら、命がもたないだろう。

NOTES 　酒もタバコもやらなかったリンカーンにとって、大統領職の重荷から逃れる唯一の息抜きがジョークを言うことだった。政敵だったスティーブン・ダグラスが、論戦でリンカーンに「あなたはふたつの顔を持っている」と非難したとき、「If I were two-faced, would I be wearing this one? =もし私にふたつの顔があるなら、こんな顔をつけていると思いますか」と応じている。またまずいコーヒーを出されたとき、「If this is coffee, please bring me some tea; if this is tea, please bring me some coffee. = もしこれがコーヒーなら、お茶にしてください。もしこれがお茶なら、コーヒーをお願いします」と言った。こんな日常のささいな気晴らしで南北戦争の重圧を乗り切ったのだ。(→1月16日、3月20日)

19 ＊1909年の短編小説から
カリフォルニアはひとつの国、ひとつの人種

オー・ヘンリー
O. Henry (1862–1910) 作家

East is East, and West is San Francisco, according to Californians. Californians are a race of people; they are not merely inhabitants of a State.

> 「東は東、西はサンフランシスコ」とカリフォルニア人は言う。アメリカの住人ではあるけど、カリフォルニア人はひとつの人種なのだ。

NOTES オー・ヘンリーの短編『都市通信＝*A Municipal Report*』(1909年) の冒頭の一節だが、この言葉は現在もあてはまる。カリフォルニアはひとつの国なのだ。

まず、州知事の顔ぶれをみれば、アーノルド・シュワルツェネッガーがいる。その前には奇人で現実離れをしていたところから「月光知事」と呼ばれたジェリー・ブラウン。ロナルド・レーガンもいた。これだけでも他の州と違うことが分かる。

経済的には、全州トップの州内総生産（2010年は1兆9000億ドル強）を誇り、世界第8位の国に匹敵する。シリコン・バレーを擁し、世界のIT産業をけん引している。ハリウッド、ディズニーランドなどエンターテインメント産業のメッカでもある。

文化的には、開放的で、新しいものをどんどん吸収する。ヒッピー文化の拠点となり、ロックが生まれたのもカリフォルニアだった。ライフスタイルも住民の気質もカジュアルで、フォーマルな東部と対照的だ。

ヒスパニック人口が40パーセント弱で、白人とほぼ並んでいる。アジア系も多く13パーセント。したがって、カリフォルニア州では白人はマイノリティーなのだ。

O・ヘンリー

Lewis Emory Walker

20 1852年のこの日、発刊
『アンクル・トムス・ケビン』についての著者の言

ハリエット・ビーチャー・ストウ
Harriet Beecher Stowe (1811–96)　作家

I did not write it. God wrote it. I merely did his dictation.

> 私が書いたのではありません。神様がお書きになったのです。私はただ筆記しただけ。

NOTES　1852年、『アンクル・トムス・ケビン』が出版されると大反響を呼び「19世紀最大のベストセラー」となった。北部では奴隷廃止論が巻き起こり、南部の奴隷所有者たちは激怒して対立が深まり、南北戦争へとつながっていった。リンカーン大統領がストウ夫人に会ったとき、「この小さなご婦人が、あんな大きな戦争を引き起こしたんですね＝So this is the little lady who made this big war!」と言ったという。

H・B・ストウ

21 *いろいろな騒動を起こすスーパースター
日本ってアフリカにある？

ブリトニー・スピアーズ
Britney Spears (1981–)　歌手

I've never really wanted to go to Japan. Simply because I don't like eating fish. And I know that's very popular out there in Africa

> 日本に行きたいなんて思ったことは一度もないわ。だって、お魚がきらいだから。お魚ってみんな食べるんでしょう、アフリカでは。

NOTES　ブリトニーは16歳のときシングル『Baby One More Time』でデビュー、全世界で915万枚を売った。その後出した5枚のオリジナル・アルバムはすべて全米 No.1となり、世界での売り上げは8500万枚となるスーパースター。

結婚55時間で離婚したり、突然バリカンで頭を剃るなど数々の奇行やお馬鹿発言でもマスコミを賑わしている。

この言葉とは裏腹に、1999年と2008年の2回、来日している。

B・スピアーズ

22 1930年のこの日、生誕
ハーバード大学総長だった人の名言

デレク・ボク
Derek Bok (1930–) 教育者、弁護士

If you think education is expensive, try ignorance.

教育に金がかかりすぎるというのなら、無知がどんなに高くつくか試してみるがいい。

NOTES ボクは1971年、第25代ハーバード大学総長となり、1991年まで在職した。その間に、黒人が教育を受け、白人と同様に社会参加しなければ、本当の人種問題は解決されないとして、黒人学生数を増加させるための政策を打ち出した。この言葉はボクの教育に関する持論のひとつで、80年代にバンパーステッカーにまで使われて有名になった。

23 1775年のこの日、議会で
アメリカ独立の精神に火をつけた演説

P・ヘンリー

パトリック・ヘンリー
Patrick Henry (1736–99) 弁護士、政治家

Is life so dear, or peace so sweet, as to be purchased at the price of chains and slavery? Forbid it, Almighty God! I know not what course others may take, but as for me, give me liberty or give me death!

鎖につながれ、奴隷となってまで手に入れたいほど、命がいとおしいのか、平和がかぐわしいのか。そんなことは断じてない。他人がどういう道を選ぶか知らないが、私はこう言う、「我に自由を与えよ、さもなくば死を」。

NOTES パトリック・ヘンリーは「建国の父＝Founding Fathers」のひとりであり、トマス・ペインとならぶ独立精神の代弁者。弁護士であったヘンリーは雄弁で有名であり、とくにこの火を吐くような言葉は植民地人たちを独立戦争へ団結させる大きな力となった。1775年のこの日、バージニア植民地議会での演説の一節である。翌月の19日に独立戦争が始まった。

演説するパトリック・ヘンリー

24
1947年のこの日、憲法修正第22条（大統領の任期）提案

それでも大統領に4選された人がいます

The Bill of Rights: Amendment 22（憲法修正第22条）
No person shall be elected to the office of the President more than twice . . .

何人も2回を超えて大統領の職に選出されることはない。

NOTES これまで、大統領を何期務めていいかに関する規定はなかった。ただ初代大統領のワシントンが3選を固辞したことから慣例として3期以上は務めないことになっていたのだ。ところがフランクリン・ローズベルトが圧倒的な人気と戦時であるという理由から4選までされてしまった。1947年のこの日、3選を禁止する憲法修正案が出され、1951年2月27日に批准され成立した。このためローズベルトは3選以上された唯一の大統領になった。

4期目の大統領就任演説をするローズベルト

25
1888年のこの日、生誕

こんなセリフを言ってみたい

ジェラルド・マーフィー
Gerald Murphy (1888–1964) 　ビジネスマン、画家
Living well is the best revenge.

優雅に生きることは最高の復讐である。

NOTES フィッツジェラルドの『夜はやさし＝*Tender Is the Night*』のモデルになったジェラルドとサラ・マーフィー夫妻は1921年から33年までフランス、リビエラで暮らした。ふたりが住む「アメリカ荘」には、ピカソ、ジャン・コクトー、ドス・パソス、ストラヴィンスキーなどの芸術家たちが集った。
　どうしてそんなに優雅に暮らすのかと聞かれたジェラルド・マーフィーは、「人生は醜悪なものだ。その人生に復讐するために私たちは優雅に生きようとしている」と答えたという。この言葉はマーフィー夫妻の伝記のタイトルにもなっている。ジェラルドはポップ・アートの先駆者でもある。

26 1959年のこの日、死去

日本ではCMに使われて有名に

レイモンド・チャンドラー
Raymond Chandler (1888–1959) 作家

If I wasn't hard, I wouldn't be alive. If I couldn't ever be gentle, I wouldn't deserve to be alive.

タフでなければ、生きてはいけない。優しくなければ、生きる資格がない。

NOTES チャンドラーの代表作のひとつ『プレイバック=*Playback*』のなかで、ヒロインから「あなたのように強い人がどうしてそんなに優しくなれるの」と聞かれて、私立探偵のフィリップ・マーローはこう答える。フィリップ・マーローといえば、ダシール・ハメットのサム・スペード、ロス・マクドナルドのリュウ・アーチャーと並んで、3大ハードボイルド探偵のひとり。良き精神を宿していた西部の荒野が消滅した20世紀アメリカには、もはや西部劇のヒーローは存在せず、代わって登場したのが、人生の裏通りで悪と闘うシニカルなハードボイルド私立探偵だった。(→8月25日)

27 1886年のこの日、捕まる

「疾(はや)きこと風の如く」

ジェロニモ
Geronimo (1829–1909) 白人への抵抗運動指導者

Once I moved about like the wind. Now I surrender to you, and that is all.

かつては風のように動きまわったものだが、もう、君たちに降伏しよう。言いたいことはそれだけだ。

NOTES アパッチ族のジェロニモは西部劇では悪役インディアンとして登場するが、実際は彼らの土地に侵入してきた白人に対する抵抗運動の指導者だった。この言葉は1886年のこの日、捕まったときに述べたものだが次の日には脱走した。アメリカ軍は42個中隊、メキシコ軍は4000人の兵を出して追い、やっと9月3日に捕まえている。そのまま収監され、囚人として1909年に肺炎で死亡。79歳だった。

米軍の落下傘部隊は飛び降りるときに「ジェロニモ」と叫ぶが、これは騎兵隊に追われたジェロニモが馬に乗ったまま崖下に飛び降りたときに発した言葉とされている。

ジェロニモ

28 1960年のこの日発売の『ニューズウィーク』誌に
9回結婚をした人のお言葉

ザ・ザ・ガボール
Zsa Zsa Gabor (1917–)　女優

A man is incomplete until he has married. Then he is finished.

男は結婚するまでは完全じゃない。でも結婚したら、もうオワリね。

NOTES　『赤い風車』（1952年）という代表作はあるが、ハリウッドでの豪奢な私生活のほうが有名な女優。ハンガリー生まれで、1941年にアメリカに移住。9回結婚しているが、そのなかにはヒルトン・ホテル・チェーンのオーナーやドイツの貴族なども含まれている。結婚したらもうオワリなので次の相手に移るのだろうか。でも、「男のことが本当に分かるのは離婚したあとなの＝You never really know a man until you have divorced him.」とも言っている。現在の夫は1986年に結婚した、26歳年下のフレデリック・フォン・アンハルト。2011年4月、代理母で彼女の子供を産むと発表してマスコミを賑わせた。90歳を超えてもガボールのゴシップネタは尽きない。

ザ・ザ・ガボール

29 ＊1927年、著書に
外交とは

アイザック・ゴールドバーグ
Isaac Goldberg (1887–1938)　ジャーナリスト、評論家

Diplomacy is to do and say the nastiest thing in the nicest way.

外交とは、もっとも嫌らしいことをもっとも上品に、実行したり、言ったりすることである。

NOTES　ゴールドバーグは作家、翻訳家、編集者などとして多彩な仕事をしている。またスペイン語、ドイツ語、フランス語、イタリア語、ポルトガル語を使いこなし、新聞にヨーロッパ文化に関する記事をたくさん書いたが、一度も海外に行ったことはなかった。

　外交とは言葉の戦争という言い方もあるぐらいで、その言葉づかいは diplomatic jargon（外交職用語）といわれる。たとえば、怒鳴りあいの喧嘩をしても、外交的表現では、「率直な会話＝candid conversation」というがごとくである。

30

1992年のこの日、『ワシントン・ポスト』紙に

言い訳の多い大統領でした

ビル・クリントン
Bill Clinton (1946–)　第42代大統領

I experimented with marijuana a time or two. And I didn't like it, and I didn't inhale.

> 1、2度はマリファナをやったことはある。でも好きではなかったし、吸い込んではいない。
> （inhale＝吸い込む）

NOTES　35歳以上で麻薬体験がある人が40パーセント近くにのぼるアメリカでは、政治家といえども、若いときにマリファナの1本や2本は吸ったことがあるだろうと誰しもが思っている。ましてや、カウンター・カルチャー全盛時に青春を送ったクリントンがマリファナを吸ったことがないというほうが不自然だ。それなのに、「吸いこまなかったし、イギリスに留学していたときのことだからアメリカの法律を破ったわけではない」などと言ったものだから、マスコミの餌食になってしまった。

モニカ・ルインスキーとの性的関係が明るみに出て、精液がついたドレスが証拠として提出されたときも、「オーラル・セックスはしたが、それは性的関係でない」と弁明して、またまた墓穴を掘った。

一方、オバマ大統領は上院議員時代に、「子供のころに吸い込んだよ」とあっさりマリファナを吸ったことを認めている。「吸った」ではなく「吸い込んだ」と言ったのは、もちろんクリントンの言い訳を意識してのこと。

B・クリントン

31

1948年のこの日、生誕

地球の「不都合な真実」とは

アル・ゴア
Al Gore (1948–)　第45代副大統領

Although the earth is vast, its most vulnerable point is the atmosphere, which is surprisingly thin. As the late Carl Sagan used to say, it's like a coat of varnish on a globe.

A・ゴア

> 地球は巨大だが、もっとも傷つきやすい部分は、驚くほど薄い大気圏である。亡くなったカール・セーガンもよく言っていたが、地球儀の表面に塗られたニスのようなものだ。

NOTES ゴア副大統領はクリントンのもとで、情報スーパーハイウェー構想によってインターネットの普及に貢献し、大きな業績をあげた。2000年大統領選挙に出馬するが、僅差でブッシュに敗れる。環境問題をライフワークとし精力的な活動をしている。地球温暖化の問題についてみずからが行った講演を内容とするドキュメンタリー映画『不都合な真実=*An Inconvenient Truth*』は長編ドキュメンタリー部門でアカデミー賞を受賞した。環境啓発活動で2007年ノーベル平和賞を受賞。

宇宙から見た地球

4月 APRIL

1 | 1976年のこの日、会社設立
たしかにアップルは世界を変えた

Apple Computer, Inc. (アップル・コンピュータ株式会社)
The people who are crazy enough to think they can change the world are the ones who do.

新製品の説明をするジョブズ

世界を変えるのは、自分が世界を変えられると思っているクレージーな人たちである。

NOTES 　1985年にアップル社を追われた創業者、スティーブ・ジョブズが1997年に復帰するや直ちに着手したのが、「Think Different キャンペーン」と呼ばれるコマーシャルの企画だ。売り上げや企業イメージでマイクロソフト社に大きく水をあけられていたアップル社建て直し策の第1弾だった。アインシュタイン、ガンジー、ピカソ、ジョン・レノン、モハメド・アリなど、現代世界を代表する天才たちの写真が次々と現れる白黒の画面に、「クレージーな人たちに祝杯をあげよう」で始まるナレーションが流れる。上記の言葉はそのナレーションの締めくくりの言葉である。
　この広告は数々の広告賞を受賞し、Think Different は文法的に正しいか、Think Differently ではないかという「言語学的議論」も巻き起こした。

2 | 1917年のこの日、議会で
米国が第1次世界大戦に参戦した理由

ウッドロー・ウィルソン
Woodrow Wilson (1856–1924)　第28代大統領
The right is more precious than peace.

正義は平和より尊い。

ウッドロー・ウィルソン

NOTES 1914年に第1次世界大戦が始まってもモンロー・ドクトリン（ヨーロッパとアメリカ間の不干渉政策）を固持するアメリカは参戦せず、経済的発展を享受していたが、イギリスの客船ルシタニア号がドイツのUボートに沈められてアメリカ人にも犠牲者が出たこと、またドイツがメキシコに対して同盟をもちかけていたことが明らかになり、国内に参戦論が高まった。

ウィルソンは、「我々を戦争に巻き込まなかった大統領」という選挙スローガンで再選を果たし2期目に入ったばかりだったが、1917年のこの日、議会に対して宣戦布告を求める格調の高い演説を行い、参戦を呼びかけた。4日後に議会はドイツに対する宣戦布告を決議した。

沈没するルシタニア号

3 1968年のこの日、暗殺前夜の演説
明日の運命を予知していたのだろうか

マーティン・ルーサー・キング・ジュニア
Martin Luther King, Jr. (1929–68)　牧師、黒人解放運動家

Like anybody, I would like to live a long life. Longevity has its place. But I'm not concerned about that now. I just want to do God's will. And he's allowed me to go up to the mountain. And I've looked over, and I've seen the promised land. I may not get there with you, but I want you to know tonight that we as a people will get to the promised land. . . . So I'm happy tonight. I'm not worried about anything. I'm not fearing any man. Mine eyes have seen the glory of the coming of the Lord.

M・L・キング

Dick DeMarsico, World Telegram

誰しもが望むように、私も長寿をまっとうしたい。長く生きることは意味があることである。しかし、いまはそんなことはどうでもいい。ただ、神の御心に従うだけだ。神によって私は山の頂に登ることを許されたのです。見下ろしたときに、私は約束の地をこの目で見たのです。私はあなたたちと一緒に行くことはできないかもしれない。でも、今夜皆さんに知っていただきたい。私たちはひとつの民として約束の地にたどり着くのだということを……。今夜、私は幸せだ。何の心配もない。誰も怖くない。何故なら、私の目は神の到来の栄光を見届けたのだから。

NOTES 自らの死を予見したかのような、このキング演説は、「私には夢がある」という演説とならんで有名。「私は神によって山に登るのを許され、約束の地をこの目で見たのです」とは、神がモーゼにイスラエルの民に約束された地を山上から見ることを許したという旧約聖書の故事にちなむ。キング牧師は黒人清掃作業員が待遇改善を求めて行っていたストライキを支援するためにテネシー州メンフィスに赴き、この演説をした翌日の1968年4月4日、凶弾に倒れた。39歳だった。

4 1968年のこの日、キング牧師暗殺
キング牧師暗殺を伝えるロバート・ケネディ

ロバート・F・ケネディ
Robert F. Kennedy (1925–68) 司法長官、上院議員

Ladies and Gentlemen,—I have some—some very sad news for all of you—Could you lower those signs, please?—I have some very sad news for all of you, and, I think, sad news for all of our fellow citizens, and people who love peace all over the world; and that is that Martin Luther King was shot and was killed tonight in Memphis, Tennessee.

> みなさん、ちょっとお話しがあります——たいへん悲しいニュースです——ちょっとプラカードを下げていただけませんか——みなさんにとって、全国民にとって、それから平和を愛する全世界の人にとっても、たいへん悲しいニュースです。今夜テネシー州メンフィスでマーティン・ルーサー・キングが撃たれて亡くなりました。

NOTES これは1968年のこの日、インディアナポリスで民主党の大統領候補指名選挙の演説を行おうとしていたロバート・ケネディが、飛び込んできたキング牧師暗殺のニュースを聴衆に伝えた言葉である。このあと彼は「私の兄（ジョン）も白人によって殺されました」と語りながら、黒人と白人の融和を呼びかける即席の演説をした。

キング牧師の暗殺で60以上の都市で暴動が起き43人が死亡したが、インディアナポリスで何も起こらなかったのはこの演説のおかげとされている。

このわずか2ヵ月後、こんどはこのロバートが暗殺されて世界を震撼させる。

R・F・ケネディ

5 *80年前にアメリカの主婦が作った詩
日本でも大人気になりました

メアリー・E・フライ
Mary E. Frye (1905–2004) 主婦、詩人
[*Do not stand at my grave and weep* ＝千の風になって]

Do not stand at my grave and weep,/I am not there, I do not sleep./I am a thousand winds that blow;/I am the diamond glints on snow./I am the sunlight on ripened grain;/I am the gentle autumn's rain.（以下略）

> 私のお墓の前に立って、泣かないで欲しい / 私はもうそこにはいない、眠ることもない / 私は吹き渡る千の風 / 私は雪にきらめくダイヤモンドの輝き / 私は実った穂に降り注ぐ日の光 / 私は優しい秋の雨（以下略）

NOTES 1989年、アイルランド共和軍に殺されたイギリス兵士の手紙のなかに書かれていて話題になった詩。1932年にメリーランド州の主婦、メアリー・フライが作ったものとされているが出版されたことはなく、口伝えで広まった。このような経緯のため、いくつかの違ったバージョンが存在している。日本では新井満が2003年、『千の風になって』というタイトルで翻訳し、曲をつけ、これを秋川雅史が歌って大ヒットとなった。

6 *早稲田大学でも教鞭をとった建築家
日本の家屋がほめられた

バーナード・ルドフスキー
Bernard Rudofsky (1905–88) 建築家、デザイナー、作家

While we spend energy and imagination on new ways of cleaning the floors of our houses, the Japanese solve the problem by not dirtying them in the first place.

> 私たちは家の床を掃除する新しい方法についてエネルギーと想像力を使っているけれど、日本人はそもそも床を汚さないことによって問題を解決している。

NOTES ルドフスキーはオーストリア出身の建築家。ドイツ、イタリア、ブラジルなどで活動をしたのちアメリカ国籍をとった。世界各地の大学で建築学を教えたが、そのなかには早稲田大学も含まれている。機能主義的なモダンなデザインに疑問を持ち、日本の伝統文化に深い関心を寄せ、『キモノマインド』という日本文化についての著作もある。この言葉のように人間生活と建築のかかわりを追及し、日本のトイレにも興

味を持つ一方、アメリカのトイレはなぜいつもバスタブと2、3フィートしか離れていないところにあるのかという「もっともな」疑問も呈している。

7

* 1976年、『プレイボーイ』誌のインタビューで
大統領にしてはあまりにも素直な発言

ジミー・カーター
Jimmy Carter (1924–)　第39代大統領

I've looked on a lot of women with lust. I've committed adultery in my heart many times. This is something that God recognizes that I will do—and I have done it—and God forgives me for it.

J・カーター

私はこれまで多くの女性を情欲の目で見つめてきた。私は心のなかで数多くの不貞を犯した。神は私がそうするだろうとお見通しだ。そして、私はそうしてしまった。しかし、神は私を許してくださっている。

NOTES　カーターが『プレイボーイ』誌のインタビューで語った言葉。激しい宗教体験を通して「生まれ変わったキリスト教徒= a born again Christian」であることを自ら公表した最初の大統領で、「私たちは、今日の午後にもキリスト降臨があるという気持ちで日々を暮らさなければいけない= We should live our lives as though Christ were coming this afternoon.」という言葉も残している。
　信仰心の厚いカーターらしい発言といえるが、大統領が口にすべき言葉としては不適切であった。『タイム』誌の失言ランキングでは5位。ちなみに、1位はニクソン大統領がウォーターゲート事件への関与を否定したときの「私は悪党じゃない」。

8

1962年のこの日、雑誌『パレード』に
たしかに大統領はタイヘンでしょう

ドワイト・D・アイゼンハワー
Dwight D. Eisenhower (1890–1969)　第34代大統領

No easy problems ever come to the President of the United States. If they are easy to solve, somebody else has solved them.

D・アイゼンハワー

合衆国大統領のところに易しい問題がくることはありえない。解決できる問題なら、その前に誰かが解決しているからね。

> **NOTES**　とほうもないほど大きな責任と仕事量を要求される米国大統領だが、その求人広告を出すとすれば、こんな具合になるだろう。

・応募条件：14年以上米国在住で、35歳以上の米国市民
・勤務年数：4年（再選されればさらに4年）
・年俸：40万ドル（その他、経費5万ドル、旅行費10万ドル、娯楽費別途支給）
・住居：132室の豪邸（ホワイトハウス）無償貸与
・業務：国家の元首、行政の最高責任者、軍の最高司令官、政党のリーダーなど

　ちなみに、日本の総理大臣の俸給月額は約200万円で、期末手当などを含めると年俸は約4000万円。円高の昨今では、米国大統領の報酬を上回っている。ただし米国大統領は退職後、年俸の約半分の年金、スタッフ経費、旅行費などが国から支払われる。

9　1865年のこの日、南北戦争終結
南軍のリー将軍、北軍に降伏

ロバート・E・リー
Robert E. Lee (1807–70)　南部連合総司令官
[斥候から周囲を北軍に包囲されていることを伝えられて]

Then there is nothing left for me to do but to go and see General Grant, and I would rather die a thousand deaths.

> それではもうグラント将軍に会いに行くしかないな。1000回死ぬよりつらいがね。

> **NOTES**　1865年のこの日、バージニア州アポマトックスで北軍に包囲され、万策尽きた南軍のリー将軍が北軍のグラント将軍に降伏を申し出た。ここに足掛け5年、戦死者62万3000人におよんだ、アメリカ史上最大の戦争が終わった。

　この言葉は降伏の会談に出かけるときのリーの言葉である。リーもグラントもウェストポイント陸軍士官学校の出身であり、一緒にメキシコと戦った仲だった。アポマトックスの一軒家でふたりは20年ぶりに顔を合わせた。グラントは15歳年上のリーに最大限の敬意をはらい、南軍の兵士たちが帰郷にあたって個人用の武器を携帯したり、馬を連れ帰ることを許可した。また南軍の兵士たちがここ何日もまともな食事をしていないことを知り、すぐに食料を届けさせた。
　リーが去ったあと、歓喜の叫びをあげ、空砲を鳴らして喜ぶ北軍の兵士たちをグラントがいさめた言葉が残っ

会談するリー（中央左）とグラント

ている。「The war is over—the rebels are our countrymen again. ＝戦争は終わった。南軍兵も再び我らの同胞となったのだ」

10 1903年のこの日、ピューリッツァー賞創設
3人の日本人もピューリッツァー賞受賞

ジョセフ・ピューリッツァー
Joseph Pulitzer (1847–1911)　新聞発行人
Our Republic and its press will rise or fall together.

> わが共和国と報道産業は盛衰を共にするだろう。

J・ピューリッツァー

NOTES　1903年のこの日、『ニューヨーク・ワールド』紙の発行人だったピューリッツァーが、死後、コロンビア大学に遺産を寄付してジャーナリズム科大学院を作るとともに、ピューリッツァー賞を設けることに調印した。賞の贈呈は1917年から始まった。
　現在は報道関係14部門、文学芸能関係6部門、音楽1部門で選考される。対象は「アメリカ人によるアメリカに関する作品」に限られているが、ジャーナリズム部門は「アメリカの新聞に載った」ことだけが条件なので、沢田教一など日本人3人が写真部門賞をとっている。
　ピューリッツァーはハンガリーで生まれ、17歳のときにアメリカに渡り、さまざまな仕事を経て、ジャーナリストとして頭角を現した。1883年、『ニューヨーク・ワールド』紙のオーナーとなり、「イエロー・ジャーナリズム」と呼ばれるセンセーショナルな記事、豊富なイラストでアメリカ最大の新聞に押し上げた。
　他方、調査報道という手法で当時のセオドア・ローズベルト政権の不正を暴くなどした気骨ある新聞人であり、真実の報道が国を支えると信じていた。

11 1951年のこの日、マッカーサー更迭を発表
よっぽどアタマにきてたんでしょうね

ハリー・S・トルーマン
Harry S Truman (1884–1972)　第33大統領
I fired MacArthur because he wouldn't respect the authority of the President. I didn't fire him because he was a dumb son of a bitch, although he was.

> 私がマッカーサーを解任した理由は、彼が大統領の権威を尊重しなかったからだ。彼がクソ野郎だったから解任した訳ではない。ほんとうにクソ野郎だったが。

NOTES 1951年のこの日、トルーマン大統領は朝鮮戦争の総指揮をとっていたマッカーサー元帥を更迭した。マッカーサーがトルーマンの命令を無視して戦線の拡大を計ったというのがその理由である。更迭の理由はさておき、マッカーサーとトルーマンはもともと犬猿の仲であった。この言葉はその確執がいかに激しいものだったかを物語っている。

マッカーサーの国民的人気は圧倒的であったが、それはマッカーサーが自己演出に長けていたことにもよる。レイバンのサングラスをかけてコーンパイプをくわえ、降伏したばかりの日本の厚木飛行場に降り立つマッカーサーの写真は5人のカメラマンに撮らせたものだった。こんな行動もトルーマンにとっては鼻持ちならなかったのかもしれない。(→1月26日)

マッカーサー解任を報じる『世界通信』

12

1959年のこの日、講演で

危機＝危険＋機会

ジョン・F・ケネディ
John F. Kennedy (1917–63) 第35代大統領

When written in Chinese, the word *crisis* is composed of two characters. One represents danger and the other represents opportunity.

50セント硬貨のケネディ

中国語で書くと、危機という言葉はふたつの漢字で表されます。ひとつは「危険」という意味で、もうひとつは「好機」という意味なのです。

NOTES 「ピンチはチャンス」というアメリカ人好みの考え方を表現する言葉としてしばしば使われる。「禍を転じて福となす」というレトリックは政治家にとっては好都合のようで、ケネディだけでなく、アル・ゴアなども繰り返し使っている。アメリカには、仕事や人生でやる気を出させる講演を専門にするモチベーション・スピーカーという人たちがいるが、彼らが好んで使う言葉でもある。

13 1945年のこの日、記者団に語る
急死したローズベルトの跡を継いで

ハリー・S・トルーマン
Harry S Truman (1884–1972)　第33代大統領

I don't know whether you fellows ever had a load of hay or a bull fall on you. But last night the moon, the stars and all the planets fell on me. If you fellows ever pray, pray for me.

ローズベルト（左）とトルーマン

諸君が、頭の上に干草や牛が落下してくるような体験をお持ちかどうか知らない。しかし昨夜は月や星や、すべての惑星が私の頭の上に落ちてきたんだ。あなたがたが祈ることがあるなら、私のために祈って欲しい。

NOTES　1944年に4選を果たしたローズベルトが45年の4月12日、脳卒中で死去し、同日、副大統領だったトルーマンが大統領に昇格した。この言葉は翌日の記者会見のもの。トルーマンは大学を出ていない最後の大統領で、牧場で育ち、衣料品店を経営し、郡判事、上院議員、副大統領と這い上がってきた政治家。第2次世界大戦のさなか、それも突然に、政治力も人気も高かったローズベルトの跡を継ぐというのは、とにかく頭の上にいろいろなものが落ちてきたようなものだというのが正直な感想だったのだろう。日本人にとっては、広島、長崎への原爆投下を命じた許せない大統領であるが、米国では、派手ではないが、3軍統合、公民権改革、世界の戦後処理などで堅実なリーダーシップを発揮した大統領とされている。

14 1865年のこの日、リンカーン撃たれる
リンカーンを撃ったのは有名俳優だった

ジョン・ウィルクス・ブース
John Wilkes Booth (1838–65)　俳優

Sic semper tyrannis! (Thus always to tyrants!) The South is avenged!

J・W・ブース

暴君は常にこうなるのだ！　南部の恨み、思い知れ！

NOTES　1865年のこの日、ホワイトハウス近くのフォード劇場で芝居を見ていたリンカーン大統領が撃たれ、翌日死亡した。南軍のリー将軍が降伏したわずか5日後のことだった。（→4月9日）。撃ったのがこのブースで、シェークスピア劇を得意とする役者だった。南部連合の熱烈な支持者で、南部を救うために暗殺集団を作り、リ

ンカーンをはじめとする北部要人の暗殺を計画していたが、リンカーン暗殺のみが実現してしまった。この言葉は、撃ったあと舞台に飛びあがって叫んだもの。シーザーを暗殺したブルータスの気分だったのだろう、ラテン語だった。ブースは用意していた馬に乗って南部を目指したが、12日後、農家の納屋に潜んでいるところを発見され、射殺された。

リンカーンを撃つブース

15 1865年のこの日、リンカーン死去
アメリカを代表する詩人のリンカーンへの挽歌

ウォルト・ホイットマン
Walt Whitman (1819–92) 詩人
[O Captain! My Captain! ＝ああ船長！ わが船長！]

W・ホイットマン

O Captain! my Captain! our fearful trip is done,／The ship has weathered every rack, the prize we sought is won.／――（略）――／On the deck my Captain lies,／Fallen cold and dead.

> ああ船長！ わが船長！ 我らの恐ろしい旅は終わりぬ／船は困難に耐え抜き、我らは望むものを手中にしたり／――（略）――／わが船長は冷たく息絶えて／甲板に横たわる。
> (weather＝風雨に耐える　rack＝破壊)

NOTES　ホイットマンは心からリンカーンを崇拝していた。リンカーンに精神の同一性を見出し、「私たち（リンカーンとホイットマン）は同じ流れに身を任せる者。同じ大地に根を張る者」とまで言っている。その精神の同志、リンカーンの暗殺を嘆いて作ったのがこの詩である。発表されるや人々の心をとらえ、講演などでは必ずこの詩を朗読してくれという依頼があったという。「船」はアメリカ合衆国、「船長」はもちろんリンカーンで、「恐ろしい旅」とは南北戦争のこと。

16 1859年のこの日、死去
このころから対立は始まっていた

アレクシス・ド・トックビル
Alexis de Tocqueville (1805–59) フランス人の政治学者
The danger of a conflict between the white and the black inhabitants perpetually haunts the imagination of the Americans like a bad dream.

> 白人と黒人との対立の危険が、悪夢のような妄想となってアメリカ人につきまとい、消えることがない。

NOTES フランス人アレクシス・ド・トックビルは、友人ボーモンと共に、1831年から翌年にかけて9ヵ月間、アメリカ各地を視察した。この視察旅行の名目はアメリカの監獄制度の調査だったが、古い貴族の家系に生まれ、1830年の七月革命で貴族制から民主制への移行を目の当たりにしたトックビルの真のねらいは、民主制の国として誕生したアメリカの現状を調査し、民主制が将来何をもたらすかを見極めることにあった。帰国後彼が著した『アメリカの民主主義= Democracy in America』(1835年) は、アメリカの民主主義の長所と短所を見事に捉えた名著となり、いまもアメリカ研究の必読書となっている。彼の予言通り、アメリカ社会はいまも白人と黒人の対立を解消しえていない。

A・トックビル

17 1790年のこの日、死去
この有名な言葉もフランクリンだった

ベンジャミン・フランクリン
Benjamin Franklin (1706–90)　建国の父

Keep your eyes wide open before marriage, half shut afterwards.

> 結婚前は目をしっかりと見開き、結婚後は半分閉じておきなさい。

NOTES 1790年のこの日、フランクリンが死んだ。84歳だった。独立戦争が始まったときにはもう70歳近かったが、長老として植民地の連帯をはかり、八面六臂の大活躍をして「建国の父」となった。ここに取り上げた言葉は、われわれ日本人も結婚式の来賓挨拶の中で何度聞かされたことか。これもフランクリンの言葉だった。フランクリンが26歳のときから書き、出版し始めた『貧しいリチャードの年鑑= Poor Richard's Almanac』(1732～57年) のなかに収められている処世訓のひとつだが、この年鑑がベストセラーになり、彼の活動の資金源になっていた。

B・フランクリン

18

1775年のこの日、「リビアの遠乗り」

独立戦争の最初の「伝説」誕生

ヘンリー・ワズワース・ロングフェロー
Henry Wadsworth Longfellow (1807–82)　詩人
[*Paul Revere's Ride* ＝ポール・リビアの遠乗り]

Listen, my children, and you shall hear,/Of the midnight ride of Paul Revere,/On the eighteenth of April, in Seventy-five . . .

ポール・リビア

お聞きよ、子供たちよ／ポール・リビアの深夜の遠乗りを／時は75年4月18日——

NOTES　独立戦争が一触即発の状況になっていたボストンで、イギリス軍の出動を近郊のレキシントンやコンコードまで触れまわる役目を担っていたのが銀細工師、ポール・リビアだった。1775年4月18日の夜、コンコードにあった植民地軍の武器庫を占領するためにイギリス軍が出動し、それを知らせるために、リビアは「深夜の遠乗り＝midnight ride」をしたのだった。この翌日、独立戦争が始まる。実際には伝令役は3人いたのだが、このロングフェローの詩によってリビアのみが歴史に残ることになった。

リビアの遠乗り

19

1775年のこの日、独立戦争始まる

「世界中に鳴り響いた銃声」

ラルフ・ウォルドー・エマソン
Ralph Waldo Emerson (1803–82)　思想家、詩人
[*Concord Hymn* ＝コンコード賛歌]

By the rude bridge that arched the flood,/Their flag to April's breeze unfurled,/Here once the embattled farmers stood,/And fired the shot heard 'round the world.

あふれんばかりの流れに架かる粗末な橋のたもと／彼らの旗は四月のそよ風になびいていた／かつて、この地に戦いを始めた農夫らが立ち／放った銃声は世界中に鳴り響いた

NOTES コンコードで武器庫を捜索するため、前日ボストンを出発したイギリス軍は明け方レキシントンの町に入った。ここで最初の一発が発射され、独立戦争が始まった。その数時間後には、この詩に出てくるようにコンコードの橋のたもとでも戦闘が始まる。武器庫の武器はすでに隠されていたため、むなしくボストンに引きあげるイギリス軍にたいして植民地の民兵（ミニットマン）たちが攻撃を開始した。結局この戦いでは双方で約100人の死者、200人の負傷者が出た。

コンコードの橋での戦闘

20 1999年のこの日、コロンバイン高校銃乱射事件
銃社会アメリカを支える憲法の条項

The Bill of Rights: Amendment 2 （憲法修正第2条）
A well regulated militia, being necessary to the security of a free state, the right of the people to keep and bear arms, shall not be infringed.

> 規律ある民兵が自由な国家の安全にとって不可欠であるから、市民が武器を保有し、また携帯する権利は、これを侵してはならない。

NOTES 1999年のこの日、コロラド州デンバー郊外のコロンバイン高校で生徒2人が4丁の銃を乱射し、生徒12人、教師1人を射殺し、2人も現場で自殺するという事件が起きた。銃所持が憲法によって保証されているアメリカでは、このような学校における銃乱射事件があとを絶たない。毎日全米の学校に持ち込まれる銃は1万3500丁にのぼるという。

この憲法修正第2条は独立から8年後の1791年に制定された。独立戦争時には正規軍がなく、アメリカの独立も住民たちが武器を持っていなかったら勝ち取れなかったという理由からだった。現在のアメリカ社会の暴力性の大きな要因であるにもかかわらず、銃規制が進まないのは、銃による自衛が人々の心に刷り込まれているからである。また「人を殺すのは人であって、銃ではない」をスローガンに銃規制に反対する全米ライフル協会の存在も無視できない。いま全米では2億丁を超える銃が出回っている。

ニューオーリンズの銃砲店

21 1836年のこの日、テキサス共和国独立
「テキサスの黄色いバラ」の伝説

Anonymous（作者不詳）
There's a yellow rose in Texas, that I am going to see . . .

> テキサスには「黄色いバラ」がいる。僕はこれから会いに行くんだ──

サンジャシントの戦い

NOTES 1836年3月6日のアラモ砦全滅のカタキを討つ日は、早くも翌月のこの日に訪れた。現在のテキサス州ヒューストン近郊のサンジャシントで、テキサス軍のサム・ヒューストン将軍がメキシコ軍のサンタ・アナ将軍を破り、捕虜にしたうえテキサスの独立を認めさせてしまったのだ。（→3月5日、6日）

戦いはわずか18分で終わり、1400人のメキシコ軍のうち630人が死に、800人のテキサス軍には9人の死者しか出なかった。こんな圧倒的な戦果の裏には「テキサスの黄色いバラ」にまつわる物語がある。このときサンタ・アナの「慰安婦」として捕らわれていたエミリー・モーガンという女性がテキサス軍を手引きしたというもの。テキサス軍が攻め込んだとき、サンタ・アナはエミリーとベッドにいて、兵士たちはシエスタ中だった。こんな働きをしたエミリーをたたえて『テキサスの黄色いバラ』という歌ができた。エミリーは白人と黒人の混血で、当時は混血で肌の色の薄い黒人は「yellow」と呼ばれていたのだ。

22 今日は「Earth Day＝地球の日」
「誰がこんなひどい星にしたんだ！」

ウィリアム・S・バロウズ
William S. Burroughs (1914–97) 作家
After one look at this planet any visitor from outer space would say "I WANT TO SEE THE MANAGER."

W・S・バロウズ

> この惑星をひと目見たら、宇宙からの訪問者なら誰でも、「マネージャーを呼べ！」って言うだろう。

NOTES 『裸のランチ＝*Naked Lunch*』（1959年）で有名な作家バロウズは、バロウズ計算機（のちにユニシス・コンピュータへと発展）を発明したウィリアム・バロウズ1世の孫として生まれた。ジャンキーにして同性愛者、男友達の気を引こうとして

自分の指を切断したり、メキシコでウィリアム・テルごっこの最中に誤って妻を射殺といったエピソードは有名である。しかしバロウズの代表作を何冊か読破したという人はそれほど多くない。確たるプロットがなく、シュールレアリスティックで、関係のない文章を切り刻んで、つなぎ合わせるカット・アップという手法を用いるなど、前衛性が強い彼の作品は、一筋縄ではいかない。上記の言葉も、政治、経済、環境といった社会問題への言及かと思いきや、「女は男を食いものにする存在、そんな女がはびこっているこの惑星はどうなっているのか」という指摘なのである。

23　1880年のこの日、演説で
これがなんと130年前の言葉でした

ロバート・G・インガーソル
Robert G. Ingersoll (1833–99)　弁護士、演説家

The country that has got the least religion is the most prosperous, and the country that has got the most religion is the least prosperous.

R・G・インガーソル

> 宗教の力が弱い国は繁栄する国であり、宗教の力が強い国は繁栄しない国である。

NOTES　インガーソルは弁護士であり、イリノイ州の検事総長も務めたが、名を成したのは弁士としてであった。演説を聞きに行くことが一般の人たちの楽しみであった19世紀半ばの人気弁士であり、当時としては破格のひとり1ドルの入場料をとり、3時間話しても聴衆をあきさせなかったという。奴隷制度撤廃、女権拡大、避妊容認など、当時の世相と相容れない論を展開し、時代の異端児といわれながらも、ホイットマン、トウェーン、カーネギーなどにいたるまで、多くの人の心をひきつけた。

24　＊1955年の演説で
これ以降の大統領は何を証明したのだろう

ケネス・キーティング
Kenneth Keating (1900–75)　上院議員

Roosevelt proved a man could be president for life; Truman proved anybody could be president; Eisenhower proved you don't need to have a president.

K・キーティング

> ローズベルトは一生大統領でいられることを証明した。トルーマンは誰でも大統領になれることを証明した。そしてアイゼンハワーは大統領なんていなくていいということを証明した。

NOTES フランクリン・ローズベルトは4選され、歴代の大統領でもっとも長く大統領職にとどまった。しかし、4期目のはじめに突然病死し、知名度も期待度も低かったトルーマン副大統領が大統領に昇格した。「偉大な」大統領の後継者としてはあやぶまれたが、堅実に仕事をこなし、「意外な」高評価を得ている。そしてそのあと大統領になったアイゼンハワーは、50年代の未曾有の経済発展に遭遇し、難しいかじ取りは必要なかった。

　上院議員からインド大使、イスラエル大使を歴任したキーティングのこの言葉は、こんな3人の大統領を辛口の皮肉をこめて評価したもの。

25 1890年のこの日、死去
インディアンと日本人は無常観でつながっている？

クロウフット
Crowfoot (c.1830–90)　ブラックフット部族の首長

What is life? It is the flash of a firefly in the night. It is the breath of a buffalo in the wintertime. It is the little shadow which runs across the grass and loses itself in the sunset.

クロウフット

> 命とは何か？　それは夜の蛍のつかのまの光。冬のバッファローの白い吐息。日没とともに命を終える、草むらを走る小さな幻影。

NOTES ブラックフット部族はかつてカナダのアルバータから米国モンタナの北米中央平原で、バッファローを追って暮らしていたアメリカ先住民族。現在はアルバータとモンタナの居留地に住む。人口は約3万2000人。クロウフットは華麗な衣装で白馬にまたがる勇敢な戦士だったが、部族のチーフとなった彼は部族間の抗争では中立を保ち、白人とは協調し、カナダ政府と条約を締結した。表現力がゆたかで、ここに挙げた臨終の言葉も詩情にあふれている。人の命と民族の命運のはかなさに対する切々たる思いは、同じモンゴロイドをルーツとする日本人の感性にも訴えかけてくる。

26 1841年のこの日、日記に
いかにもソローらしい言葉

ヘンリー・デビッド・ソロー
Henry David Thoreau (1817–62)　思想家

The Indian . . . stands free and unconstrained in nature, is her inhabitant and not her guest, and wears her easily and gracefully. But the civilized man has the habits of the house. His house is a prison.

> インディアンは……自然のなかで自由で、のびのびと存在している。自然の住民であり、自然の客人ではない。自然をいともたやすく、優雅に着こなしている。しかし、文明人は家に住むという習慣を持っており、家のなかの囚われ人である。

NOTES 現代文明から離れて、自然のなかに精神の自由を見出そうとしたソローが、自然のなかで生きるアメリカ先住民に魅かれ、彼らこそが自然と一体化した理想の人間であると考えたのは当然のことだった。エマソンによれば、ソローにとっての英雄は、詩人ホイットマン、奴隷廃止論者ジョン・ブラウン、そしてペノブスコット部族のチーフで、メインの森探索旅行のガイドを努めたジョー・ポリスだったという。ソローは膨大な日記を書き残しているが、そのなかに先住民の文化に関するものがたくさんあり、それをまとめたものは『インディアン・ノートブック』と称され、50万語にものぼる。

H・D・ソロー

27 1882年のこの日、死去
「宇宙は驚くべき謎」と感知したエマソンは

ラルフ・ウォルドー・エマソン
Ralph Waldo Emerson (1803–82)　詩人・思索家
Hitch your wagon to a star.

> 荷馬車を星につなげ。(hitch＝牛馬を杭などにつなぐ)

NOTES エマソンは、19世紀のアメリカを代表する詩人、思索家。人は直観によって自然や神と直接交流する力を持つとする超絶主義を唱え、ソロー、ホイットマンなどに影響を与えた。彼の思想は日本にも伝わり、福沢諭吉は彼の考えに触発されて「独立自尊」を唱えた。宮沢賢治もエマソンの影響を受けたといわれる。

　上記の言葉は、エマソンの著書『社会と孤独＝Society and Solitude』（1870年）からの引用で、日常的労働の象徴である荷馬車を日常から遥か離れた、遠い宇宙の星につなげというのは、超絶主義者のエマソンならではの発想。「目標を高く掲げよ」という意味で現在も使われる。

R・W・エマソン

28

1926年のこの日、生誕
日本でも陪審員制度が始まった

ハーパー・リー
Harper Lee (1926–) 作家
A court is only as sound as its jury, and a jury is only as sound as the men who make it up.

> 法廷の健全さはせいぜいその陪審団の健全さでしかなく、その陪審団の健全さも個々の陪審員の健全さでしかないのです。

NOTES ピューリッツァー賞を受賞した、ハーパー・リー作『アラバマ物語＝*To Kill A Mockingbird*』

H・リーとブッシュ大統領

（1960年）の主人公アティカス・フィンチの言葉。弁護士の彼は、白人少女を暴行したかどで逮捕された黒人青年の弁護を引き受けるが、黒人差別がはびこる1930年代の南部アラバマ州の小さな町のこと、陪審団は無実の黒人に有罪の判決を下してしまう。アティカスの言葉は陪審制度の問題を端的に語っている。それでも、英米では法律に素人の市民が陪審員を務めることは、権力に対する市民の権利として何百年も堅持されている。

日本でも、2009年に裁判員制度が導入され、司法の判断に市民感覚を持ち込むことになった。英米の陪審制では、陪審員は有罪か無罪かのみについて評決するのに対して、日本の裁判員制度では、裁判官も加わって評議し、量刑も含めて評決する。

29

1962年のこの日、ホワイトハウスの夕食会で
49人のノーベル賞受賞者が集まっても

ジョン・F・ケネディ
John F. Kennedy (1917–63) 第35代大統領
I think this is the most extraordinary collection of human talent, of human knowledge, that has ever been gathered at the White House—with the possible exception of when Thomas Jefferson dined alone.

J・F・ケネディ

> これほど多くの才能と知識がホワイトハウスに集まったことはかつてなかったでしょう――ま、トマス・ジェファソンがひとりで食事をしていたときは別かもしれませんが。

NOTES ケネディがホワイトハウスに49人のノーベル賞受賞者を招いて晩餐会をしたときのスピーチのジョーク。話題になった第3代大統領、トマス・ジェファソ

ンは法律家、政治家としての活躍はもちろんだが、ラテン語、ギリシャ語、フランス語、イタリア語、スペイン語などをマスターし、考古学、天文学、物理学も深く学んでいた。建築では自宅のモンティセロを設計し、理想の学園としてバージニア大学を創設している。つまり、これほど多くのノーベル賞受賞者が集まっても、その知識の総量ではジェファソンひとりにかなわないでしょうということ。こんなジョークが通用するほど、ジェファソンの博識ぶりは知れわたっていた。

5セント硬貨のモンティセロ

30 1803年のこの日、フランスよりルイジアナ購入
アメリカの国土が2倍になった！

ロバート・R・リビングストン
Robert R. Livingston (1746–1813)　政治家・外交官

We have lived long but this is the noblest work of our whole lives. . . . The United States take rank this day among the first powers of the world.

R・R・リビングストン

長く生きてきたが、これは生涯においてもっとも貴い仕事であった。──今日からアメリカ合衆国は世界の大国のひとつとなったのだ。

NOTES　第3代大統領ジェファソンは、ミシシッピ川の河口で交通の拠点となっていたフランス領のニューオーリンズを買収したいと考え、ジェームズ・モンロー（後の第5代大統領）をパリに派遣、駐仏大使だったリビングストンと共に交渉にあたらせた。ところが当時政権の座にあったナポレオンは、ニューオーリンズだけでなく、ミシシッピ川の西方に広がる広大なルイジアナ全部を売ると言い出したのだ。これはイギリスとの開戦を考えていたので、その戦費調達のためと、ルイジアナがイギリスに攻められれば防御は不可能との判断からだった。ここに210万平方キロ（日本の面積の5.5倍）を1500万ドルで購入する「ルイジアナ購入＝Louisiana Purchase」が決まり、1803年のこの日、調印された。これでアメリカの領土は一挙に2倍となった。

　売った側も買った側もその境界がわからず、ましてそのなかに何があるのかも知らなかった。ジェファソンは翌年、ルイス＝クラーク探検隊を派遣した。（→11月7日）

「ルイジアナ購入」100周年の記念切手

5月 MAY

1 1931年のこの日、エンパイア・ステート・ビルディング完成

ニューヨークという街は

ル・コルビジェ
Le Corbusier (1887–1965)　フランス人建築家

A hundred times have I thought New York is a catastrophe and fifty times: It is a beautiful catastrophe.

ル・コルビジェ

ニューヨークという街は大失敗作だと、100回も思った。そして50回は、美しい大失敗作だと思った。

NOTES　ル・コルビジェは上野の国立西洋美術館のデザインでもわかるように、装飾を排した平面で構成される機能的な建築で知られ、フランク・ロイド・ライトなどと共に「近代建築の三大巨匠」と称される。彼がフランスで建築家として活動を始めた1920年代は、ニューヨークで摩天楼が姿を現しはじめた時期と重なっている。パリ市街を整然と区分けされた高層ビル街にするという構想を持っていた彼の眼には、雑然としたニューヨークは都市計画としては失敗だと映ったのであろう。

しかしアメリカ経済の空前の好調を背景につぎつぎと高層ビルが建てられ、天空を切り裂くように林立する幾何学的な機能美は否定しきれなかったというところか。

30年代初頭のニューヨーク

2 2009年のこの日、死去
結局、お皿を洗うのは？

マリリン・フレンチ
Marilyn French (1929–2009)　作家

"I hate discussions of feminism that end up with who does the dishes," she said. So do I. But at the end, there are always the damned dishes.

「お皿を洗うのはどちらかという話で終わるフェミニズムの議論は大嫌いよ」と彼女は言った。私も同感。でも最後にはいつもいまいましい皿が残っているのだ。

NOTES　マリリン・フレンチは、平凡な大学教師の女性が自立したフェミニストに変わっていく姿を描いた1977年の処女作『背く女 = The Women's Room』で一躍米国のフェミニズムの旗手となった。上記の言葉は同書の主人公の言葉。同じ主人公の「男はみんな強姦魔。そうなのよ。眼、法律、規範で女を犯すの」も有名。生涯、女性を従属させる男性中心主義と闘った。

3 1754年のこの日、母への手紙に
弾丸が飛び交う音はチャーミング

ジョージ・ワシントン
George Washington (1732–99)　初代大統領

I heard the bullets whistle; and believe me, there is something charming in the sound.

弾丸がヒュー、ヒューと音を立てて飛び交うのが聞こえました。信じてもらえないかもしれませんが、どこか魅力的な音なのです。

NOTES　これは、アメリカの植民地をめぐって英仏が戦ったフレンチ・インディアン戦争（1755-63）の端緒となった戦いで、ワシントンが初勝利を得たときの体験。この戦争によりカナダはイギリス領となった。ワシントンは、ジェファソンが「恐れ知らず」と評したように、身の危険を顧みず戦場に立つ勇敢な軍人であった。数々の武功をたて、バージニア民兵軍の司令官となり、20年後の独立戦争で総司令官となる道を歩みはじめる。

G・ワシントン

4

1977年のこの日、テレビで

ニクソン、反省せざるの弁

リチャード・ニクソン
Richard Nixon (1913–94)　第37代大統領

When the president does it, that means that it is not illegal.

大統領がやれば、それは違法ではないということだ。

R・ニクソン

NOTES　1972年に起きたウォーターゲート事件は、建物不法侵入という小さな事件から始まったが、ニクソンの再選委員会との関係が明るみに出、『ワシントン・ポスト』紙の記者、ボブ・ウッドワードが政府内部の密告者「ディープ・スロート」（注・2005年になって当時のFBI副長官だったことが判明）の情報をもとに迫真の記事を書いて、世界中の関心を集めた。ニクソンはこの事件をもみ消そうとやっきになったが、つぎつぎと新しい事実が発覚し、ついには大統領執務室の録音テープが動かぬ証拠となって辞任に追い込まれ、在職中に辞任した唯一の大統領となった。

この言葉はその3年後、ニクソンがテレビのインタビューに答えて、大統領が情報を必要とするなら、家宅侵入も手紙開封も不法ではないと語ったもの。まだ反省していなかったようだ。（→11月12日）

5

1951年のこの日、上院公聴会で

この「日本人12歳説」が物議を呼んだ

ダグラス・マッカーサー
Douglas MacArthur (1880–1964)　陸軍元帥

If the Anglo-Saxon was say 45 years of age in his development, in the sciences, the arts, divinity, culture, the Germans were quite as mature. The Japanese, however, in spite of their antiquity measured by time, were in a very tuitionary condition. Measured by the standards of modern civilization, they would be like a boy of twelve as compared with our development of 45 years.

マッカーサーと昭和天皇

科学、芸術、精神性、文明度などの発展段階を考えると、アングロサクソン人は、そう45歳といってもいいでしょう。ドイツ人はもう成熟しているのです。ところが日本人は歴史だけは古いのですが、まだ学業段階にあります。現代文明の尺度ではかれば、われわれが45歳であるのに対して、彼らはまだ12歳の少年のようなものなのです。（tuitionary＝指導の）

> **NOTES**

1951年、マッカーサーはトルーマン大統領によって、朝鮮戦争の国連軍最高司令官を解任されたが、これはアメリカ国内で大きな問題となった。そのため上院で公聴会が開かれ、朝鮮戦争、占領下の日本、東西冷戦などの問題が議論された。

これはそこでのマッカーサーの証言である。この言葉は「ドイツ人が第2次世界大戦を引き起こしたのは、もう大人なのだから身勝手な犯罪であるが、日本人は民主主義、自由主義的な経験においてはまだ子供で、ちょっと躓いただけなのだ。これからはいい世界国家の一員となれる」という論法で、上から目線ではあるが、日本を弁護するためのものであった。しかし「日本人12歳説」は日本国内に憤激を引き起こした。彼が日本を去るときには大いに惜しまれ、彼を終身国賓にしようとか、マッカーサー記念館を建てようという動きもあったのだが、この一言で立ち消えになってしまった。

6 1964年のこの日、講演で
これが民主主義の「安全弁」なのかも

ロバート・F・ケネディ
Robert F. Kennedy (1925–68)　司法長官、上院議員　　　　R・F・ケネディ

About one-fifth of the people are against everything all the time.

> 5人に1人はいつでも、何事にも反対するのです。

> **NOTES**

ロバート・ケネディの言葉としてもっとも有名なもののひとつ。1964年5月6日、彼はペンシルバニア大学で学生たちにこう語った。「いまこの国では市民権に関する革命が起こりつつありますが、人々は自分の生活が乱されるのは好みません。だから、インディアナ州民の3分の1がウォレス氏に投票したとしても驚くに値しません」。そして、上記の言葉を続けたのだった。ウォレス氏とは、アラバマ州知事就任演説で、「今日も人種隔離、明日も人種隔離、未来永劫に人種隔離を」とぶち上げた筋金入りの人種分離主義者。(→6月11日)

7 ＊1927年、広告専門誌に
日本をマンガ大国にした言葉

フレデリック・R・バーナード
Frederick R. Barnard　(生没年不詳)　広告代理店取締役

One picture is worth ten thousand words.

> 1枚の絵は1万語に値する。

米国で、広告にビジュアル（当時はまだイラストが中心）が多く用いられるようになったのは1920年代のこと。この言葉は、1927年、広告代理店のマネージャー、フレデリック・バーナードが広告専門誌に書いたもの。以後、ビジュアルの効果を表す言葉として盛んに使われるようになった。

　日本でこれと同じ言葉が使われたのは半世紀後の1970年のことである。『少年マガジン』（講談社刊）で大人気となった巻頭図解の構成者、大伴昌司が言い出したのが「1枚の絵は1万字に勝る」という劇画宣言だった。当時の編集長だった内田勝がこの言葉を旗印に『巨人の星』『あしたのジョー』『天才バカボン』などで大ブームを作り、日本はマンガ大国への道を歩み始めた。

8

1884年のこの日、トルーマン誕生

「過つは人の常」ならぬ……

Anonymous（作者不詳）
To err is Truman.

過つはトルーマンの常。

選挙運動中のトルーマン一家

ローズベルト大統領の死によって、1945年、副大統領から米国第33代大統領に昇格したトルーマンは、常にカリスマ的な前任者と比較され、周囲の期待も低く、不人気な大統領だった。この言葉は、イギリスの詩人、アレキサンダー・ポープ（1688–1744）の言葉とされる「To err is human; to forgive, divine. ＝過つは人の常、許すは神の常」をもじってトルーマンをからかったもの。human（人間）が Truman（真実の人間）になっているところはなんとも芸が細かい。1948年の大統領選で、トルーマンの再選を阻止しようとする共和党が選挙戦で使ったスローガンだったが、トルーマンは奇跡的に再選を果たした。

9

＊1952年の大統領選に立候補して

この言い方には前例があった

アドレー・スティーブンソン2世
Adlai Stevenson II (1900–65)　政治家
If they [the Republicans] will stop telling lies about the Democrats, we will stop telling the truth about them.

もし共和党員たちが民主党に関するデマを流すのをやめるのなら、われわれも共和党に関する「真実」を話すのをやめてもいい。

NOTES スティーブンソンは知性的な発言で人気のあった政治家。2度続けて民主党の大統領候補に指名されたが、共和党のアイゼンハワーに敗れた。これは1952年の大統領選挙での言葉。「私に関するデマを流すのをやめれば、私もお前の真実をばらすのをやめよう」は、対立候補のネガティブ・キャンペーンを防御するレトリックで、アメリカの政界ではしばしば使われてきた。

　イエロー・ジャーナリズムで鳴らした新聞王ハーストも1906年、ニューヨーク州知事だったチャールズ・ヒューズを指して「もしヒューズが私にまつわるウソを言い続けるのをやめるなら、私は彼に関する真実を語るのをやめてもいい＝If Mr. Hughes will stop lying about me, I will stop telling the truth about him.」と言っている。

スティーブンソンの選挙ポスター

10　1748年のこの日、入信
奴隷船の船長だった男が作った名曲

ジョン・ニュートン
John Newton (1725–1807)　イギリス人牧師
[*Amazing grace*＝アメージング・グレース]

Amazing grace! how sweet the sound／That saved a wretch like me／I once was lost, but now am found／Was blind, but now I see.

> 驚くべき神の愛！　なんと優しい響き／罪深い私も救われた／一度は迷ったが、いまは神に見出された／一度は盲目だったが、いまは見ることが出来る

NOTES 1725年、イギリスに生まれたジョン・ニュートンは数奇な運命をたどった後、奴隷船の船長になっていた。しかし1748年のこの日、猛烈な嵐で船が沈みそうになって助かったとき、神の愛を実感する。そして船を降り牧師になった。奴隷制度廃止に尽力するとともに、数々の賛美歌を作詞した。そのなかの1曲が『アメージング・グレース』である。「wretch＝恥知らず」だった私まで救ってくれたという一節に、彼の思いがこもっているようだ。

　この歌はとくにアメリカで愛された。南北戦争では両軍の兵士に歌われ、南部では黒人霊歌として定着した。さらにアメリカ先住民族チェロキーにも伝わり、チェロキー語のアメージング・グレースは、チェロキー・ネーションの国歌といわれる。

J・ニュートン

11 *3代の大統領そろって登場
言葉の汚さではどちらが上？

リチャード・ニクソン
Richard Nixon (1913–94) 第37代大統領
People said that my language was bad, but Jesus, you should have heard LBJ!

> みんな俺のことを言葉が汚いっていうけどさ、それならLBJ（ジョンソン大統領）のいうことを聞いてみろよ。

リンドン・B・ジョンソン
Lyndon B. Johnson (1908–73) 第36代大統領
Jerry Ford is so dumb that he can't fart and chew gum at the same time.

> ジェリー・フォード（第38代大統領）は間抜けだ。ガムを噛みながら屁をすることもできないんだ。

NOTES 　ニクソンは、ウォーターゲート事件に絡んで大統領執務室の会話録音テープが公開された際に、言葉づかいがあまりにも下品で汚いのであきれられた。そのニクソンからお墨付きをもらったジョンソンは言葉の汚さでは定評がある。彼の言行録には「shit＝ウンコ」や「piss＝オシッコ」がちりばめられている。
　「歩きながらガムを噛めない＝can't walk and chew gum at the same time」という表現は不器用な人によく使われるが、「歩く」のかわりに「屁をする」としたのがジョンソンのパンチ。ジョンソンはフォードについてこんなことも言っている。「あいつはいい奴なんだが、ヘルメットなしでフットボールをやりすぎたな」。（→10月31日）

L・B・ジョンソン

12 1925年のこの日、生誕
ヨギ・ベラって長嶋さんみたいな人だった

ヨギ・ベラ
Yogi Berra (1925–) 野球選手、監督
It ain't over till it's over.

> 終わるまでは終わらないんだ。

Y・ベラ

NOTES ヨギ・ベラは1946年から1963年までヤンキースの黄金時代にキャッチャーとして活躍した名選手。引退後はヤンキースとメッツの監督となり、初の両リーグ優勝監督となった。この言葉は73年、監督としてメッツを前年の5位から優勝へと導いたときのもの。「勝負は下駄をはくまではわからない」という意味であるが、「迷言の大家」ヨギが言うと妙な含蓄が生まれる。

「誰か死んだら、お葬式に行っとかないと、(その人に) 君の葬式に来てもらえないよ＝Always go to other people's funerals, otherwise they won't come to yours.」「彼らが私のことでつく嘘の半分は本当じゃない＝Half the lies they tell about me aren't true.」「ぼくはいつも1時から4時まで2時間昼寝をするんだ＝I usually take a two hour nap from one to four.」などなど、数々の迷言がある。「今日、初めての還暦を迎えまして──」などの迷言で知られる長嶋茂雄さんみたいな人なのだ。

13 1797年のこの日、手紙に
大統領職を嫌ったジェファソン

トマス・ジェファソン
Thomas Jefferson (1743–1826)　第3代大統領

The second office of this government is honorable & easy, the first is but a splendid misery.

> この政府の第二の職［副大統領職］は名誉ある楽な仕事だが、第一の職［大統領職］は壮大なる悲惨でしかない。

NOTES トマス・ジェファソンが副大統領になった直後に手紙に書いた言葉。この手紙のなかで、大統領選に出馬するとの噂を否定していたが、4年後には第3代大統領としてその「壮大な悲惨」を経験することになる。歩き始めたばかりの連邦をまとめていくのに苦労し、もう思い出したくもないということか、自分で書いた有名な墓碑銘は大統領であったことにはふれていない。

「Here was buried Thomas Jefferson, author of the Declaration of American Independence, of the statute of Virginia for religious freedom, and father of the University of Virginia. ＝アメリカ独立宣言およびバージニア宗教自由条例の起草者であり、バージニア大学の創立者、トマス・ジェファソン、ここに眠る」

T・ジェファソン

14 *どこの国のテレビも同じ？
アメリカでは「広漠たる荒野」

ロバート・ハッチンズ
Robert Hutchins (1899–1977) 教育者

We can put television in its proper light by supposing that Gutenberg's great invention had been directed at printing only comic books.

> テレビのあるべき姿を考えるのなら、グーテンベルグの偉大な発明がマンガを印刷するためだけに使われたとしたらどうなっていたかを想像してみることだ。

NOTES　テレビを「一億総白痴化」のメディアと呼んだのは大宅壮一だったが、アメリカでは「広漠たる荒野＝vast wasteland」と呼ばれた。米国通信委員会の委員長だったニュートン・ミノウはこう言っている。「テレビ放送の開始とともにテレビの前に座って、放送が終了するまで、目を凝らしてテレビを見続けて欲しい。皆さんがご覧になるのは、間違いなく、広漠たる荒野である」。

それから半世紀たった今も事態は変わらない。ある調査では、親が子供と意味のある会話をする時間は1日あたりわずか5.5分しかないのに、子供がテレビを見る時間は4時間という驚くべき結果が出ている。テレビが相変わらず「idiot box＝愚者の箱」「boob tube＝間抜けのブラウン管」と呼ばれるゆえんである。

ハッチンズはシカゴ大学総長として、古典的名著に親しんで教養を高める「グレート・ブックス・プロジェクト＝Great Books Project」を推進したことで知られる。

15 *フロンティアは無法地帯
だから拳銃で自衛しなければならなかった

Anonymous (作者不詳)

Ain't no law west of St. Louis, ain't no God west of Fort Smith.

> セントルイスの西には法律が存在しない。
> フォートスミスの西には神が存在しない。

西部への入口を象徴するセントルイスのゲートウエー・アーチ

NOTES　法執行制度が整わず、無法者が横行していた19世紀のフロンティア、ワイルド・ウェストを当時の開拓者やカウボーイたちはこんな言葉で表現していた。セントルイスは当時の大都市でワイルド・ウェストへの入り口だった。フォートスミスは西部で唯一連邦裁判所が置かれていた町。この町ではアイザッ

ク・パーカーという判事が「Hanging Judge＝縛り首の判事」と呼ばれるほど厳正な裁判で罪人を裁いていた。しかし7万5000平方マイル（日本の国土の約半分）の管轄地域に対して連邦保安官わずか200人という手薄な態勢では十分な取り締まりはできなかった。

16 1914年のこの日、演説で
ハイフン入りの名前なんてフン！

ウッドロー・ウィルソン
Woodrow Wilson (1856–1924)　第28代大統領

Some Americans need hyphens in their names, because only part of them has come over.

W・ウィルソン

> アメリカ人のなかには名前にハイフンが必要な人がいる。まだアメリカ人に成り切っていないからだ。

NOTES　ハイフンつきのアメリカ人（hyphenated American）とは、European-American（ヨーロッパ系アメリカ人）、Italian-American（イタリア系アメリカ人）のように、出身地域や国を表す語とアメリカ人をハイフンで結んだことから生まれた表現。1890年代から1920年ころまで、アメリカよりも出身国に対して忠誠心を持つ、外国生まれのアメリカ人を指す軽蔑語としてしばしば用いられた。ウッドロー・ウィルソン以上にハイフンつきのアメリカ人嫌いとして有名なのは第26代大統領セオドア・ローズベルト。「ハイフンつきのアメリカ人で良いアメリカ人など存在しない＝There is no such thing as a hyphenated American who is a good American.」とまで言っている。

17 1954年のこの日、判決で
公民権の歴史に残る金字塔的判決

アール・ウォレン
Earl Warren (1891–1974)　法律家、最高裁判所長官

We conclude that in the field of public education "separate but equal" has no place. Separate educational facilities are inherently unequal.

E・ウォレン

> 公教育の分野では、「分離するが平等」は存在し得ない。分離された教育施設は本質的に不平等である。（inherently＝本質的に）

NOTES 1950年代、南部ではほとんどすべての学校が、また北部でも多くの学校が白人用と黒人用に分かれていた。「分離するが平等」という、まやかしの法律（差別的にジム・クロウ法と呼ばれる）のもとに、病院や乗り物、トイレにいたるまで分けられていたのだ。1951年 NAACP（全米黒人地位向上協会）の指導のもと、20名の黒人がこんな状況に異を唱えて裁判に訴えた（ブラウン対教育委員会訴訟）。そして1954年、最高裁判所長官、アール・ウォレンが出したこの判決によって人種隔離は廃止されていくことになる。しかし、1957年にはアーカンソー州リトルロック高校に入学した9人の黒人に対し、州知事が州兵を出して学校を閉鎖、これに対抗してアイゼンハワー大統領が空挺師団を出して9人を警護するという事件が起こった。

18 ＊60年代の学生運動のなかから生まれた
高齢化社会にはキビシイお言葉

ジャック・ワインバーグ
Jack Weinberg (1940–)　学生運動指導者
Don't trust anyone over thirty.

30歳以上の人間を信頼するな。

フリー・スピーチ・ムーブメントの記念碑

NOTES この言葉は、1964年カリフォルニア大学バークリー校で始まった学生運動、フリー・スピーチ・ムーブメント（FSM）の指導者ジャック・ワインバーグがスピーチのなかで使ったもの。既成の価値観や体制に異議を唱える60年代の若者のスローガンとなった。この年、公民権法が成立したが、翌年からは北ベトナム爆撃が開始され、全米の大学でベトナム戦争に反対する学生運動がもりあがる。この運動はそのさきがけとなった。

19 ＊1920年代の人気作家だった
楽観主義者と悲観主義者の違いは

ジェームズ・ブランチ・キャベル
James Branch Cabell (1879–1958)　作家
The optimist proclaims that we live in the best of all possible worlds; and the pessimist fears this is true.

J・B・キャベル

楽観主義者は「こんないい世界はない」と主張する。悲観主義者はそれが本当だということを怖れる。

> **NOTES** キャベルは同時代のH・L・メンケンやシンクレア・ルイスから高く評価された作家。そういえば「楽観主義者はドーナッツを見、悲観主義者はドーナッツの穴を見る＝The optimist sees the doughnut; the pessimist the hole.」というオスカー・ワイルドの言葉もありました。

20 ＊風土と歴史が生み出した違い
アメリカ人気質とイギリス人気質

ウィルキー・コリンズ
Wilkie Collins (1824–89)　イギリスの小説家
When an American says, "Come and see me," he *means* it.

W・コリンズ

> アメリカ人が「家にいらっしゃい」と言うときには、本気で言っているんだ！

> **NOTES** イギリスの作家ウィルキー・コリンズの代表作『月長石＝*The Moonstone*』はエドガー・アラン・ポーの作品に続く世界で2番目の推理小説とされ、江戸川乱歩は「古今東西の探偵小説ベスト10に入る傑作」としている。

コリンズは1873年にアメリカを旅行しているが、親友にあてた手紙のなかで、「どこに行っても歓待される。アメリカ人はこれまで会った人のなかでもっとも情熱にあふれ、礼儀正しく、誠実だ」と述べ、上記の例を挙げている。

「我が家は城」としてプライバシーを守るイギリス人と、気楽に自宅に人を招くアメリカ人。この違いは風土と歴史の違いから生まれたものだろう。フロンティアに住む開拓民たちはみんなで力を合わせる必要があったし、プライバシーを守るよりも孤独を解消するほうが先だったのだ。

21 1927年のこの日、大西洋横断飛行
「翼よ、あれがパリの灯だ」

チャールズ・リンドバーグ
Charles Lindbergh (1902–74)　飛行士
I first saw the lights of Paris a little before 10 P.M., or 5 P.M., New York time, and a few minutes later I was circling the Eiffel Tower at an altitude of about four thousand feet.

> 午後10時（ニューヨーク時間の午後5時）少し前、はじめてパリの光が見えた。そして数分後には高度約4000フィートでエッフェル塔の上空を旋回していた。

NOTES
1927年のこの日22時21分、リンドバーグはパリのル・ブールジェ飛行場に着陸した。前日の5時52分にニューヨークを飛び立って以来33時間30分、悪天候や睡魔と戦いながら成し遂げた大西洋横断単独無着陸飛行だった。これにより彼は大西洋横断飛行にかけられていた賞金2万5000ドル（現在の価値にして2億円くらいといわれる）を手にし、「20世紀最大の英雄」となった。

日本では自伝や映画に、『翼よ、あれがパリの灯だ!』というタイトルがつけられているが、原題は『The Spirit of St. Louis』という愛機の名称で、リンドバーグがこんなことを言ったわけではない。

C・リンドバーグ

22 ＊福島原発事故でもこうだった
いくら頭で考えてもダメということ

ネイサン・ミューアボルド
Nathan Myhrvold (1959–) IT技術者

Most decisions are seat-of-the-pants judgments. You can create a rationale for anything. In the end, most decisions are based on intuition and faith.

> ほとんどの決定は勘と経験による。いろいろな理屈をこねることは出来るが、結局ほとんどの決定は直感と思い込みに基づいている。（rationale＝原理的説明、intuition＝直感、faith＝信念）

NOTES
ネイサン・ミューアボルドはプリンストン大学で物理学の博士号を取得し、マイクロソフト社の最高技術責任者を務めた人物。「seat-of-the-pants judgments＝経験と勘による判断」という表現が面白い。「seat of the pants」はズボンのお尻の部分を意味する。計器に頼らず、お尻に伝わる操縦席の振動や感覚の変化を頼りに飛行機を操縦することから生まれた表現。リンドバーグが大西洋横断飛行をしたときも、33時間30分の飛行中、常に「flying by the seat-of-the-pants」だったということを自伝に書いている。

3.11の福島原発事故の修復作業は計器類が役に立たなかったことから、海外のマスコミは「seat-of-the-pants operations」と評した。

N・ミューアボルド

23

1937年のこの日、死去

大金持ちで大慈善家、ロックフェラー

ジョン・D・ロックフェラー
John D. Rockefeller (1839–1937)　石油王、実業家

I believe the power to make money is a gift of God. . . . I believe it is my duty to make money and still more money and to use the money I make for the good of my fellow man according to the dictates of my conscience.

J・D・ロックフェラー

> 金儲けの能力は神から与えられたものだと信じている。——あくなき金儲けをして、その金を良心の命ずるところに従って同胞のために使うことは私の義務であると信じている。

NOTES　ロックフェラーは行商人の息子として生まれたが、1863年、23歳のとき当時発掘された石油に目をつけ精製所を作った。南北戦争の最中であった。それからは持ち前の才気と強引な手法でアメリカの石油産業の90パーセントを傘下におさめ、他産業にも進出して一代で大財閥をきずきあげた。

　しかし、もともと敬虔なクリスチャンであった彼は、1897年、58歳のとき、事業のほとんどを息子にゆずり慈善事業に専念する。1913年にはロックフェラー財団を作り、1937年に亡くなるまで、学術、芸術、文化活動などを援助した。ニューヨークの国連本部の土地購入費を寄付したのも彼である。

24

1941年のこの日、生誕

60年代、世界中が歌ったボブ・ディラン

ボブ・ディラン
Bob Dylan (1941–)　歌手

For the times they are a-changin′.

> なぜなら、時代は変わりつつあるからだ。

NOTES　ボブ・ディランはミネソタのユダヤ系の家庭に生まれた。1962年に作った『風に吹かれて=*Blowin' in the Wind*』が公民権運動で歌われるようになり、「プロテストソングの旗手」となった。新しい時代に備えよ、古い価値観は通用しないと説

バエズとディラン

く『時代は変わる= The Times They Are a-Changin'』は、既成の体制を打破し、変化を求める若者の心をとらえた。「are a-changin'」は「are changing」と同じ意味。「a- 〜 ing」は進行形を表す古い形で、現在も方言として残っている。

彼の歌詞は詩としても評価され、2008年に「卓越した詩の力による作詞がポピュラー音楽とアメリカ文化に大きな影響を与えた」としてピューリッツァー賞特別賞を受賞した。「彼はいつも虹のペンを持っていた」と言ったのは、一時彼と恋仲で、ディランの売り出しに一役買った「フォークの女王」ジョーン・バエズ。

25　1954年のこの日、死去
戦場の最前線に身をおいたカメラマン

ロバート・キャパ
Robert Capa (1913–54)　カメラマン

If your pictures aren't good enough, you aren't close enough.

R・キャパ

あなたの撮った写真が良くなければ、それは被写体に十分寄っていないからだ。

NOTES　「寄り」がいいのか「引き」がいいのか——ベスト・ショットを作る永遠の問いかけであるが、あの『崩れ落ちる兵士』でデビューしたキャパがこう言うと納得させられる。スペイン内戦で背後から銃弾を浴びて倒れる瞬間の兵士の衝撃的な写真だったが、撃たれたのがキャパであってもおかしくないほどの至近距離から撮られたものだった。

その後、日中戦争、第2次世界大戦、第1次中東戦争の報道カメラマンとして名声を確立してゆく。そして1954年のこの日、第1次インドシナ戦争中のベトナムで地雷を踏んで死去。40歳だった。著書『ちょっとピンぼけ= Slightly Out of Focus』は戦場での日々と自らの恋を語った名作である。女優のイングリッド・バーグマンとも恋仲になり結婚を迫られたが、ハリウッドにつなぎとめられるのを嫌って別れた。

26　＊2001年5月、ラジオのインタビューで
「税金引き下げ運動の鬼」の言葉

グローバー・ノーキスト
Grover Norquist (1956–)　税制改革運動家

I don't want to abolish government. I simply want to reduce it to the size where I can drag it into the bathroom and drown it in the bathtub.

> 私は政府を廃止したいとは思わない。ただ政府を浴室に引きずり込んで、浴槽に沈められるくらいの大きさにしたいだけだ。

NOTES 浴槽に沈められる程度の政府ならないに等しいが、政府の権限は最小であるべきだという、アメリカ保守派の伝統的な考え方をうまく表している。ノーキストはレーガン大統領の求めに応じて、1985年に自らが設立した全米税制改革協会の会長として、あらゆる所得税増税政策に反対し、小さな政府を推進するキャンペーンを繰り広げている。

G・ノーキスト

27 1907年のこの日、生誕
アメリカの「沈黙の春」

レイチェル・カーソン
Rachel Carson (1907–64)　生物学者、作家

Over increasingly large areas of the United States, spring now comes unheralded by the return of birds, and the early mornings are strangely silent where once they were filled with the beauty of bird songs.

> 米国では春になっても鳥が戻ってこない地域がますます増えている。かつて美しい鳥の声で満たされていた早朝は不気味に静まり返っているのだ。

NOTES レイチェル・カーソンは連邦漁業局で放送番組の制作や政府刊行物の編集にたずさわっていたが、そのかたわら海に関するエッセイや本を発表していた。『われらをめぐる海』(1951年) がベストセラーとなったことを機に作家として自立。1950年代後半から環境問題に取り組むようになり、1962年に発表した『沈黙の春＝Silent Spring』で社会の注目を浴びた。これは、DDT散布によって鳥が死んだことをなげく友人の手紙に触発されて、農薬が環境破壊をもたらしていることを告発したものだった。この本を読んだケネディ大統領が農薬使用についての調査を命じ、DDTの使用禁止につながった。

環境保護の概念が世界に広まるさきがけとなった1冊である。

R・カーソン

28 1843年のこの日、死去
アメリカ英語を作った男

ノア・ウェブスター
Noah Webster (1758–1843) 辞典編纂者

There *iz* no *alternativ*. Every possible *reezon* that could ever be offered altering the spelling of *wurds*, *stil* exists in full force; and if a gradual reform should not be made in our language, it *wil proov* that we are less under the influence of *reezon* than our ancestors.

N・ウェブスター

> もう他に道はない。単語のつづりを変えなければならないというすべての道理はまだ厳然として残っている。そしてもしわれわれの言語が段階的に改革されていかないとしたら、昔の人よりももっと道理に合っていないと感じることになるだろう。

NOTES ウェブスターは言わずと知れた『アメリカ英語辞典＝*An American Dictionary of the English Language*』(1828年完成)の編纂者。上の文章は彼が合理的と信じていた書き方で書いたものである。イェール大学を卒業して教師をしていたが、国語のひどさに気づく。当時は地域や人によって違う英語を話し、スペルや発音も違っていたのだ。彼は国語の教科書として、スペラー(つづり方、1783年)、グラマー(文法、1784年)、リーダー(読本、1785年)の3冊を出版する。とくにスペラーは『*The Elementary Spelling Book*』として1837年までに1500万部、1890年には6000万部に達するベストセラーとなった。

　ウェブスターは英語本来のスペルの矛盾を正して、アメリカ式のスペルで統一しようとしたのだった。defence → defense、centre → center、waggon → wagon、traveller → traveler、colour → color、favour → favor といった具合である。しかし tongue(舌)を tung としたように広まらなかったものもあった。

29 1903年のこの日、生誕
100人のジョーク作家を抱えていた

ボブ・ホープ
Bob Hope (1903–2003) コメディアン

A bank is a place that will lend you money if you can prove that you don't need it.

銀行とは、融資の必要がないことを証明できる場合にのみ融資してくれるところである。

NOTES ボブ・ホープはミュージック・ホールの芸人から身を起こし、40年代の「腰ぬけ」シリーズ、ビング・クロスビーとコンビを組んだ「珍道中」シリーズでアメリカの国民的コメディアンの地位を不動にする。「冗談の王様＝the king of the wisecrack」と称されたが、ジョークの多くはお抱えの100人のジョーク作家が考えたもの。「死のあるところに、ホープ（希望）あり」といわれるほど、海外の戦場慰問公演に力を入れたことでも知られる。100歳の誕生日を祝った2ヵ月後に死去。

戦場慰問中のホープ

30 ＊現代の情報オーバーロードを予言
「フューチャー・ショック」が世界的話題に

アルビン・トフラー
Alvin Toffler (1928–)　未来学者、評論家

Man has a limited biological capacity for change. When the capacity is overwhelmed, the capacity is in future shock.

変化に対する人間の生物学的許容力は限られている。その許容力が限界を越したときが「フューチャー・ショック」なのだ。

NOTES トフラーは世界的なベストセラー『フューチャー・ショック＝*Future Shock*』（1970年）で、近い将来、人間や社会が適応出来ないほどの急激な変化が起こり、さまざまな問題が起こることを予測した。情報が多すぎて、物事を理解し、決定することが困難になるという「情報オーバーロード＝information overload」という概念は、まさに今の私たちが経験している状況を言い当てている。

トフラーは新聞記者、雑誌編集者などを経て、情報系企業のコンサルタントとなり、最先端テクノロジーと接して『フューチャー・ショック』の執筆を始めた。『第三の波』（1980年）、『パワーシフト』（1990年）が続いた。

A・トフラー

31 1996年のこの日、死去
60年代、ドラッグ・カルチャーの教祖

ティモシー・リアリー
Timothy Leary (1920–96)　ドラッグ文化の教祖
Turn on, tune in, drop out.

［意識の］スイッチを入れ、［世界と］波長を合わせて、そしてドロップアウトせよ。

NOTES　アメリカ60年代のカウンター・カルチャーの潮流のひとつはドラッグによる意識拡大を目指すサイケデリック・ムーブメント。その中心にいたのが「ドラッグ文化の教祖」と称されたハーバード大学の心理学講師、ティモシー・リアリーだった。学生を対象にLSD実験をするといった過激な行動は、ニクソン大統領をして「アメリカでもっとも危険な人物」と言わしめた。1963年には大学を解雇されている。

彼自身の説明によると、「turn on」は意識のスイッチを入れ、意識の多様なレベルに覚醒すること、「tune in」は拡大された意識で周りの世界と調和すること、「drop out」は無意識のうちに従っている価値やルールから距離を置くことを意味しているという。しかし、一般には、ドラッグでハイになり、社会からドロップアウトすることを勧めていると解された。

T・リアリー（後方はレノンとヨーコ）

6月 JUNE

1 | 1926年のこの日、生誕

あまりにも有名な答え

マリリン・モンロー
Marilyn Monroe (1926–62) 俳優
[ヌード撮影のとき、本当に何もつけていなかったのかと尋ねられて]

I had the radio on.

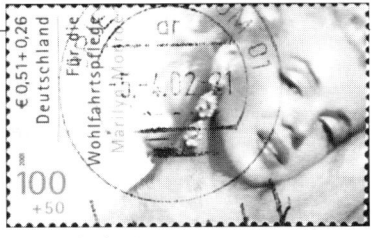

ラジオはつけていたわよ。

ドイツの切手になったモンロー

NOTES これはマリリン・モンローのあまりにも有名な答え。1952年、ようやく名が売れ出した矢先にスキャンダルが持ち上がった。駆け出しのころにカレンダーのヌード・モデルになったことが明るみに出たのだ。彼女と契約していた映画会社は全面否定を迫ったが、彼女はインタビューで「すっからかんだったので、生活のためにお金が欲しかったの」とあっさり認めた。この正直な対応に彼女の好感度はぐっと高まり、『プレイボーイ』誌の創刊号の表紙を飾ることになる。上記の言葉は、そのヌード撮影について記者が質問したときの答え。「What do I wear in bed? Why, Chanel No.5, of course. = ベッドで何を着ているかですって。もちろんシャネルの5番（香水）よ」という言葉とともに、セックス・シンボルとしての地位を勝ち取った一言。

2 | 2002年のこの日、『サンデー・タイムズ』紙に

ウィリアムズ姉妹の強さの秘密は

セレナ・ウィリアムズ
Serena Williams (1981–) テニス・プレイヤー

If you can keep playing tennis when somebody is shooting a gun down the street, that's concentration. I didn't grow up playing at the country club.

道の向こうで誰かが拳銃を撃っているときにテニスをし続けることが出来れば、それが集中力ってものよ。私はカントリー・クラブでテニスをするっていう［お金持ちの］環境で育ったんじゃないの。

NOTES セレナ・ウィリアムズは5人姉妹の5女で、その上が4女のビーナス。この2人の黒人姉妹はテニス界に君臨したが、その先駆けとなったのは、1959年にウィンブルドン選手権と全米選手権を制覇したアリシア・ギブソンだった。それ以降半世紀にわたって黒人の女子スター選手は生まれなかった。テニスは上流階級のスポーツで、黒人の参加が容易でない世界という事情と関係している。そんななかでトップの座についたセレナの自負と反骨精神がうかがわれる発言である。セレナは5回、女子プロ・テニス選手世界ランキング1位に輝いた。

S・ウィリアムズ

3 ＊1844年の『盗まれた手紙』から
推理小説・ホラー小説の元祖

エドガー・アラン・ポー
Edgar Allan Poe (1809–49) 作家
The best place to hide anything is in plain view.

なにかを隠すのにいちばんいい場所は、よく見える場所だ。

E・A・ポー

NOTES 異論はあるにしても、世界最初の推理小説はポーの『モルグ街の殺人事件』(1841年)とするのは衆目の一致するところのようだ。そして推理小説としての完成度がいちばん高いのは3作目、『盗まれた手紙』ということになる。ここにあげた言葉はこの作品に登場する「世界最初の探偵」オーギュスト・デュパンが語るものだが、これこそ現代の推理小説ブームを招いた一言ともいえる。

というのは、このストーリーを換骨奪胎して作ったのがコナン・ドイルの『ボヘミアの醜聞』なのだ。この作品はシャーロック・ホームズものの記念すべき短編第1弾で、1891年に『ストランド』誌に掲載されるや大評判となり、これ以後55本の短編（長編は4本）が書き継がれる。そしてホームズを名探偵におしあげ、そのライバルたちが現れ、推理小説全盛時代につながっていったからである。

4

*「ファースト・ドッグ」と呼ばれています
オバマさんも飼いましたね

Anonymous (作者不詳)
If you want a friend in Washington, buy a dog.

> ワシントンで友達が欲しければ、犬を買え。

NOTES したたかな政治家が集まるワシントンでは、友達になってくれるのは犬ぐらいなものだ——こんな寂しい言葉を残したのはトルーマン大統領だとされている。初代ワシントンから2代目アダムズ、3代目ジェファソンとみんな犬好きで、いつの間にか大統領は犬を飼うという伝統ができあがり、ホワイトハウスになくてはならないものになった。ファースト・レディーにちなんで、ファースト・ドッグと呼ばれる。ホワイトハウスで犬を飼っていなかった大統領は44人中9人だけという。バラク・オバマが大統領になったときも、どんなイヌを飼うのかでメディアは大騒ぎをした。

愛犬ボーと遊ぶオバマ大統領

5

1968年のこの日、ロバート・ケネディ暗殺
いい大統領になっただろうに

ロバート・F・ケネディ
Robert F. Kennedy (1925–68)　司法長官、上院議員
Are we like the God of the Old Testament, that we in Washington can decide which cities, towns, and hamlets in Vietnam will be destroyed?

ケネディ兄弟。左からロバート、エドワード、ジョン

> ワシントンにいながら、ベトナムのどの市や町や村を破壊するか決めることができるなんて、われわれは旧約聖書の神なのだろうか。

NOTES 1968年のこの日、兄ジョンを追って大統領をめざしていたロバート・ケネディが暗殺された。予備選挙のために訪れていたロサンゼルスで、パレスティナ系アメリカ人に銃撃されたのだが、犯行の動機は解明されていない。ロバートは黒人問題、貧困問題と並行してマフィア撲滅に力を注いでいたので、その関連ともいわれるし、KKKや軍需産業、CIAの関連などもとりざたされている。ジョンの暗殺から5年後のことであった。ベトナム戦争へのこんな発言が引き金を引かせた可能性もあるかもしれない。アメリカ軍がベトナムから撤退するのはこれから5年後のことである。

6 1944年のこの日、ノルマンディー上陸作戦
「史上最大の作戦」の前の訓示

ドワイト・D・アイゼンハワー
Dwight D. Eisenhower (1890–1969) 第34代大統領

The eyes of the world are upon you. The hopes and prayers of liberty-loving people everywhere march with you.

> 世界の目は君たちに注がれている。全世界の自由を愛する人々の希望と祈りが君たちとともに行進するのだ。

上陸作戦の指示をするアイゼンハワー

NOTES　1944年のこの日、連合軍によるノルマンディー上陸作戦が敢行された。ドイツに占領されたフランスへの反攻作戦で、じつに5000隻を超える軍用艦艇と、1万4000機の航空機、17万6000人の兵士が参加するという大作戦だった。

　この作戦の総指揮をとったのが、当時ヨーロッパ方面連合軍最高司令官だったアイゼンハワーで、この言葉は作戦に参加した将兵にあたえたもの。この作戦の成功によりアイゼンハワーは国民的英雄になり、1953年に第34代大統領に就任している。

Robert F. Sargent, U.S. Coast Guard

ノルマンディーに上陸するアメリカ軍

7 ＊ホワイトハウスは天国か地獄か
大統領職を嘆く伝統を作った

ジョージ・ワシントン
George Washington (1732–99) 初代大統領

My movements to the chair of government will be accompanied by feelings not unlike those of a culprit who is going to the place of his execution.

> 大統領職につく気持ちというのは、処刑場に向かう犯罪者の気持ちと似ていなくもない。

NOTES　初代大統領に就任したときのワシントンの感想だが、これ以降、多くの大統領が同じような感想をもらしている。「刑務所のなかで、自分が吊るされる絞首台ができていくのを見ている気分だ」と言ったのはアイゼンハワー。また

ラッシュモア山で演説するブッシュ大統領

大統領職を退くときの喜びを語った言葉も多い。15代大統領のブキャナンは次期大統領としてホワイトハウスにやってきたリンカーンに、「あなたがここに来る喜びが、私が出て行く喜びと同じ大きさであるとするなら、あなたは世界一幸せでしょう」と言っている。

そんなに大変なら大統領なんかにならなければいいのにと思うが、フランクリン・ローズベルトは4期も続けたし、グローバー・クリーブランドは22代、24代と2回も大統領になっている。また親子で大統領になったのは2代と6代のアダムズ、41代と43代のブッシュ。やはり大統領職には魔力があるのだろう。

8 1867年のこの日、生誕
ライトが驚嘆した日本家屋

フランク・ロイド・ライト
Frank Lloyd Wright (1867–1959)　建築家

I saw the native home in Japan as a supreme study in elimination—not only of dirt, but the elimination of the insignificant. . . . I found this ancient Japanese dwelling to be a perfect example of the modern standardizing I had myself been working out.

F・L・ライト

> 伝統的日本家屋は「削除」の努力の最たるものだと思った。ごみだけでなく、意味のないものは「削除」する。日本古来の家屋は私がずっとやろうとしてきた現代的標準化の完璧な例であることが分かった。

NOTES　「アメリカが生んだ最高の建築家」といわれるライトと日本の縁は深い。帝国ホテルの設計を依頼されて1913年に来日してからたびたび日本を訪れ、1917年から22年にかけて滞在している。浮世絵の収集家としても知られ、「浮世絵は私の感性と考え方に大きな影響をあたえた」と語っている。浮世絵のなかに出てくる情景から日本家屋に興味を持ち、そこからも影響を受けたようだ。基本的には畳を敷いた空間に何もなく、それがちょっとした小道具で居間になり、客室になり、寝室になる日本家屋。これは西洋人にとっては驚異だったのだろう。

9 1864年のこの日、演説で
最近の日本でも使われたリンカーンの言葉

エイブラハム・リンカーン
Abraham Lincoln (1809–65)　第16代大統領

It is not best to swap horses while crossing the river.

> 川を渡っている最中に馬を取り替えるのは最良の策ではない。

1864年のリンカーン

> **NOTES** リンカーンは南北戦争がまだ続行中の1864年の大統領選で再選されたが、そのときの選挙スローガン。リンカーン陣営は南北戦争という非常時に大統領を変えるなと訴えた。それに対して、民主党は「馬を変えなければ、溺れてしまう＝Change horses or drown.」と応じたが、あえなく大差で敗れた。「計画、方針、担当者などを途中で変えるな」という意味で今もよく使われる表現。リンカーンの言葉とされているが、それ以前からあった言葉で、彼が使ったことによって広まった。

10 ＊教え子の体験をもとに書いた大ベストセラー
『ある愛の詩』のなかの名文句

エリック・シーガル
Erich Segal (1937–2010)　大学教授、作家
Love means not ever having to say you're sorry.

> 愛って後悔しないことなのね。

> **NOTES** シーガルはハーバード大学を卒業し、イェール大学で古典文学を教えていたが、教え子が語った体験談をもとに『ある愛の詩＝*Love Story*』という小説を書き上げた。これが1970年に出版されると、1年間に1200万部を売るという大ベストセラーに。アリ・マッグローとライアン・オニール主演で映画化されたがこれも大ヒットした。
> 　ここに挙げた言葉は作中で使われて有名になったものだが、映画では「Love means never having to say you're sorry.」となっている。「愛していれば、謝る必要はない」というのが原意だから、「後悔しない」は微妙に違うが、切れのいい訳として定着した。ジョン・レノンはこの言葉をもじって、「愛とは15分ごとに謝ること＝Love means having to say you're sorry every fifteen minutes.」と言っている。

11 1963年のこの日、アラバマ大学に黒人入学
タカ派中のタカ派知事

ジョージ・ウォレス
George Wallace (1919–98)　アラバマ州知事
I say segregation today, segregation tomorrow, segregation forever.

> 今日こそ人種隔離だ。明日も人種隔離。そして永遠に人種隔離だ。

G・ウォレス

> **NOTES** 1954年に連邦最高裁は公立学校での人種隔離を違憲とする判決を出し、差別は徐々になくなってきていたが、それに最後まで抵抗したのが、アラバマ州知事ウォレスだった。1963年のこの日、ウォレスの母校でもあるアラバマ大学に黒人ふたりが入学することになったのだが、ウォレスはそれを阻止するため州兵を出し、自らも体を張って入口にたちはだかった。しかしケネディ大統領は州兵を連邦軍に編入し、ロバート・ケネディ司法長官は電話でウォレスを「それでもアメリカ市民か」と非難した。政府の種々の強硬策にウォレスもしぶしぶ道をあけた。

ウォレスのこの言葉はその前年、州知事になったときの就任演説だが、支持者から大喝采を浴びたという。また1968年にはアメリカ独立党から大統領選に出馬して善戦している。まさにアメリカは「多様性」の国だ。ただウォレスは晩年キリスト教の信仰に目覚め、黒人に公式謝罪した。（→6月19日）

12 ＊60年代、アメリカの経済政策をリードした
「20世紀最大の経済学者」

ポール・サミュエルソン
Paul Samuelson (1915–2009)　経済学者

The consumer, so it is said, is the king ... each is a voter who uses his money as votes to get the things done that he wants done.

> 消費者は王様といわれているが、お金を投票用紙として使い、実現したいことを実現させる有権者なのだ。

> **NOTES** 「消費者は王様」はあくまでも売る側の心構えであって、庶民一人ひとりにとっては実感がないが、消費者はお金という票を持つ有権者といわれるとよく分かる。つまり「消費者主権」だ。ポール・サミュエルソンは数学的モデルを使った経済学を確立し、「近代経済学」の父と呼ばれ、1970年にノーベル経済学賞を受賞している。彼が著した教科書『経済学』は、1948年に出版されて以来、40カ国語に翻訳され400万部以上を売り上げている大ベストセラー。政府の役割を重視しながら、市場主義を提唱する「新古典派総合」と呼ばれる理論を打ち立て、ケネディ大統領の経済顧問を務めるなど、60年代アメリカの経済政策の立案に深く関与した。

P・サミュエルソン

13 ＊1680年代の初等教科書から
開拓時代の子供の祈りの言葉

Anonymous（作者不詳）

Now I lay me down to sleep,/I pray the Lord my soul to keep./If I should die before I wake,/I pray the Lord my soul to take.

> 私はこれから眠ります / 神様、私の魂をお守りください / 目がさめるまえに死んだなら / 私の魂を御許にお置きください

NOTES　この就寝の祈りは300年以上まえの1680年代に出版された初等教育教科書、『The New England Primer』に載っていたもので、現在にいたるまで子供たちに教えられている。医者もいない辺境の地で病気や飢えにおびえていた開拓時代の厳しい生活ぶりが伝わってくるようだ。

14 ＊1858年の6月16日、演説で
「相争う家」は崩壊する

エイブラハム・リンカーン
Abraham Lincoln (1809–65)　第16代大統領

A house divided against itself cannot stand. I believe this government cannot endure permanently half slave and half free. I do not expect the Union to be dissolved. I do not expect the house to fall, but I do expect it will cease to be divided.

> 家のなかで争っていては、家は崩壊する。半分が奴隷制度で半分が解放制度であるという状態を永遠に続けられるわけがない。私はこの連合が消滅することを期待しているわけではない。家が崩壊することを期待しているのではなく、家のなかで争いがなくなることを期待しているのだ。

NOTES　1850年代になると、北部と南部の対立はますます激しくなってきた。基本的には北部の工業社会と南部の農業社会という体制に起因する意見の相違が原因だったが、それを象徴するものが奴隷制であった。奴隷制を認めるか認めないかで国内の意見が対立している。この状態をリンカーンは聖書から取った「相争う家＝House divided against itself」という言葉を使って分裂の危機を訴えたのだった。奴隷制の是非で争うのではなく、まずは国家の分裂の危機を乗り越えようというリンカーンの穏健な態度が好感を持たれ、1860年の大統領選挙で第16代大統領に就任した。

この演説は「House Divided Speech」として有名なものである。

　もともとリンカーンは奴隷制度をすぐに廃止するのではなく、とりあえずは南部に限定し、時間をかけながら廃止の方向にもっていこうとしていた。それでも南部の反発は激しく、61年には南北戦争が始まり、63年にはリンカーンが「奴隷解放宣言」を出すという事態へと進展していった。

奴隷解放宣言を書くリンカーン

15　1960年のこの日、『ニューヨーク・ヘラルド・トリビューン』紙に
言えてる、言えてる！

リチャード・ハークネス
Richard Harkness (1907–77)　ニュース・キャスター

What is a committee? A group of the unwilling, picked from the unfit, to do the unnecessary.

> 委員会とは？　必要のないことをするために、不適格者のなかから選ばれた、やる気のない連中の集まり。

NOTES　リチャード・ハークネスはNBCテレビ系列局の報道記者で、アンカーを長年務めたジャーナリスト。この言葉は大統領選に関するもので、「深刻な問題にどう取り組むかとなると、候補者はそれを検討する委員会を作ると約束する。しかし——」という前段がある。そして、「選挙演説ではそれがすごいことのように聞こえるものだ」と続く。つまり、何もしない、何も出来ない委員会は時間稼ぎ、責任逃れの隠れ蓑というわけだ。

16　1860年のこの日、日本使節団ニューヨークへ到着
ホイットマンは日本の使節団の行列を称えて

ウォルト・ホイットマン
Walt Whitman (1819–92)　詩人
[*A Broadway Pageant* ＝ブロードウェイの行列]

Over the Western sea hither from Niphon come,/ Courteous, the swart-cheek'd two-sworded envoys,/ Leaning back in their open barouches, bare-headed, impassive,/Ride to-day through Manhattan.

W・ホイットマン

西の海を渡ってはるばる日本からやって来た / 礼儀正しい、日焼けして 2 本の刀を差した使節たち / 4 輪馬車の背もたれに身を預け、帽子もかぶらず平然と / いま、マンハッタンを過ぎてゆく

NOTES 　1860年2月、1858年に結ばれた日米修好通商条約の批准書を交換するため、新見正興を正使とする万延元年遣米使節団がアメリカの軍艦ポーハタン号で江戸を発った。サンフランシスコまでは勝海舟艦長のもと、福沢諭吉、ジョン万次郎などが乗り組んだ咸臨丸が随行している。それから一行76人はパナマを汽車で越え、待っていたアメリカの軍艦に乗り換えてワシントンに到着した。

　5月17日、ホワイトハウスで批准書の交換。日本側は狩衣や烏帽子に鞘巻きの太刀などの礼装をしたのに対し、アメリカ側は大統領（ジェームス・ブキャナン）をはじめ全員、「筒袖」に「股引」という「商人のような」格好だったので、「正装は無益であった」と副使の村垣範正は日記に書いている。

　6月16日にはニューヨークに着いたが、ホテルまでパレードして熱狂的な大歓迎を受けた。この詩は国民的詩人ホイットマンが、その情景を描いたものである。

　一行は喜望峰をまわり、11月に帰国した。

ホワイトハウスでの遣米使節団

17　1775 年のこの日、イギリス軍との戦闘で
バンカーヒルの戦いを有名にした一言

ウィリアム・プレスコット
William Prescott (1726–95)　植民地軍大佐

Don't fire until you see the whites of their eyes.

敵の白目が見えるまで撃つな。

NOTES 　独立戦争は1775年4月19日、レキシントン、コンコードの戦闘で始まったが、2回目の戦闘は6月17日、ボストンのバンカーヒルで行われた。バンカーヒルとはボストン市街地から約1キロ、標高わずか33メートルの小さな丘である。

　植民地軍1200名を率いて、この丘を守ったのがプレスコット大佐だった。民兵（ミニットマン）たちは軍事的訓練も

プレスコット大佐の銅像

受けていなかったが戦意だけは高かった。丘を攻めあがってくるイギリス軍に対して発砲をはやる部下たちに、少ない弾薬を俸約するために出した命令がこの言葉だ。「敵の目の白い部分が見えるまで撃つな」というなんとも具体的な命令は、これ以後アメリカの歴史に残る言葉となった。

植民地軍はイギリス軍の攻撃を2度にわたって撃退し、3度目に弾薬がつきて退却した。この1日の戦闘で、イギリス軍は1054人の死傷者を出したのにたいし、植民地軍の死傷者は450人だった。

バンカーヒルの戦い

18 *これだから野球は面白い
アンパイアにもいろいろあって

Anonymous（作者不詳）
First baseball umpire: "Balls and strikes, I call them as I sees them."
Second umpire: "Balls and strikes, I call them as they are."
Third umpire: "Balls and strikes, they ain't nothing until I call them."

最初の球審：ボールかストライクは、私が見たとおりに判定する。
2番目の球審：ボールかストライクは、事実に基づいて判定する。
3番目の球審：ボールかストライクは、私が判定してはじめて存在するのだ。

NOTES これまでアンパイアはオールマイティーの神様だったが、大リーグでは2008年から難しいホームランの判定をビデオでするようになった。これからはヒットかファウルかの判定にも利用する予定という。しかしボールかストライクの判定も機械的に決めるような時代がくるのだろうか。アメリカのメジャーリーグでは一部の球場でストライクとボールを判定する機械が審判の判定精度をチェックするために導入されているという。審判のミスジャッジも野球の面白さといえる時代はそう長くは続かないかもしれない。

19

1963年のこの日、議会で

都合のいいときだけの人種差別

ジョン・F・ケネディ
John F. Kennedy (1917–63)　第35代大統領

There are no "white" or "colored" signs on the foxholes or graveyards of battle.

太平洋戦争で魚雷艇艇長だったケネディ

> 戦場の「たこつぼ」（1、2人用の塹壕）や墓場には「白人用」「黒人用」などという看板は立っていない。

NOTES　ケネディはもともと黒人差別廃止に努力してきたが、1963年6月11日、アラバマ大学の黒人入学拒否問題が起こったのを機に、その8日後、新しい公民権法案を議会に提出した。これはそのときの言葉である。この2ヵ月後の8月28日にはワシントン大行進でキング牧師が「I Have a Dream」演説をし、そのキングをケネディはホワイトハウスに招いて、「私にも夢がある」と語っている。しかしその3ヵ月後にケネディは凶弾に倒れ、公民権法が成立するのは翌年の7月、ジョンソン大統領のもとでであった。（→6月11日）

20

1782年のこの日、ハゲワシの国章が決まる

フランクリンは七面鳥にしたかった

ベンジャミン・フランクリン
Benjamin Franklin (1706–90)　建国の父

I wish the bald eagle had not been chosen as the representative of our country; he is a bird of bad moral character... like those among men who live by sharping and robbing. The turkey is a much more respectable bird, and withal a true original native of America.

フランクリンの銅像

> 白頭鷲（ハゲワシ）が私たちの国の象徴として選ばれたのは残念だ。モラルの低い鳥で、ペテンや強盗をなりわいとしている奴らと似ている。七面鳥はもっとりっぱな鳥で、なにより本当にアメリカ原産の鳥だ。

NOTES　アメリカの国章は白頭鷲（ハゲワシ）が翼を広げ右足に13枚の葉のついたオリーブの枝を持ち、左足には13本の矢を持っているという図柄である。
　1776年7月4日、独立宣言を出すと同時に、大陸会議は国章を定める委員会を立ち上げている。この委員のなかにはフランクリン、ジェファソン、ジョン・アダムズというそうそ

うたるメンバーが含まれていた。国章の図柄が決まるまでには6年を要し、委員会も3回作られている。フランクリンは七面鳥にすべきだったと主張しているが、国章が決まった1782年は、フランスで全権公使（1778-85）として活躍していたので、口をはさむことができなかったのかもしれない。国章がハゲワシでなく七面鳥だったら、アメリカももうすこし違った国になっていただろうか。

21 1892年のこの日、生誕
神学者が語る民主主義

ラインホールド・ニーバー
Reinhold Niebuhr (1892–1971)　神学者、政治学者

Man's capacity for justice makes democracy possible, but man's inclination to injustice makes democracy necessary.

> 民主主義が可能なのは、人間が正義を実現する能力を持っているからであり、民主主義が必要なのは、人間がつい不正義を働いてしまうからである。

NOTES　ニーバーは20世紀のアメリカを代表するプロテスタント神学者。人間は善と悪の二面性を持つものであるという現実的な人間観に基づく彼の神学はアメリカの政治・外交政策に大きな影響を与えた。カーター大統領やキング牧師も彼の影響を受けた。オバマ大統領も『タイム』誌のインタビューで、ハーバード大学時代に彼の著作に触れ、大好きな思想家だと答えている。

22 ＊ストレートでもストレートでなくてもいい
ゲイの人たちのヒーローになった

バリー・ゴールドウォーター
Barry Goldwater (1909–98)　上院議員

I don't care if a soldier is straight as long as he can shoot straight.

> 兵士はまっすぐ（ストレート）に弾を撃てれば、ストレート（非同性愛者）かどうかなんて関係ない。

B・ゴールドウォーター

NOTES　ゴールドウォーターは共和党の重鎮で、1964年に大統領選に出馬したときには、ベトナム核攻撃を主張したほどの保守タカ派の筆頭であった。他方、個人の自由を最大限に認めるリバタリアン（自由至上主義者）でもあり、晩年は同性

愛者の人たちの権利擁護運動の先頭に立った。彼が上記の発言をしたのは1993年頃で、この年にクリントン大統領が、「Don't ask, don't tell」を米軍が同性愛者を受け入れる際のルールとした。「聞くな、話すな」とは、入隊審査に際して、軍は志願者に同性愛者であるかどうか聞いてはいけないし、志願者は同性愛者であることを公表してはいけないという意味である。つまり、実質的には同性愛者の入隊は認めるが、公然と同性愛者であることを認めている者の入隊は許可しないという苦肉の策であった。

オバマ大統領は同性愛者の人権を守るためにこの法律破棄を選挙公約にし、2010年12月にようやく公約を実現した。

23 *なぜか報道規制がなかった戦争
居間がベトナムの戦場になった

マイケル・J・アーレン
Michael J. Arlen (1930–) 評論家
The Living-Room War

お茶の間戦争

ベトナム戦争

NOTES 第1次・第2次世界大戦ではアメリカ政府は戦争報道を厳しく規制した。アメリカ兵士の死体の写真がはじめて公開されたのは第2次世界大戦末期の1943年(『ライフ』誌)のことであった。しかし、ベトナム戦争では報道規制がなく、戦場の最前線まで入り込んだテレビカメラが生々しい映像を茶の間に送り続けた。人々は茶の間にいながらにして、ベトナム戦争を「体験」できたのである。この言葉はマイケル・アーレンがベトナム戦争を論じた自作(1969年)のタイトルに使ったことから広まった。

1991年の湾岸戦争、2001年のアフガニスタン侵攻では、政府は厳しい報道規制をしいた。この報道規制に対してメディアから反発の声があがり、イラク戦争以降は記者を部隊に組み込み、兵士と一体になって移動し、取材させるようになった。この従軍取材方式は「embedded journalism = 埋め込み式報道」と呼ばれる。

24 1842年のこの日、生誕
芥川龍之介が日本に紹介した異色の作家

アンブローズ・ビアス
Ambrose Bierce (1842–c.1914) 作家

Peace, *n.* In international affairs, a period of cheating between two periods of fighting.

> 平和＝名詞：国際問題において、戦争と戦争の間のだまし合いの期間

NOTES アンブローズ・ビアスの代表作『悪魔の辞典＝ *The Devil's Dictionary*』はこのような辛口の風刺に満ちた本である。ビアスは19歳のときに勃発した南北戦争で北軍の義勇兵となり、数々の戦闘に参加して軍功をあげた。

　除隊後はサンフランシスコで文筆修行をし、新聞を中心にジャーナリスト活動を始める。やがてイエロー・ジャーナリズムを売り物にした新聞王ランドルフ・ハーストに見出され、扇情的な記事を書いていたが、彼の辛辣な筆致はそんな内容にぴったりで話題となった。また戦争体験を中心とした短編小説も発表している。1913年に南北戦争で転戦した戦場再訪の旅に出て、そこから革命で内戦状態のメキシコに入り、行方不明となった。

　日本にはじめてビアスを紹介したのは芥川龍之介であった。彼は『悪魔の辞典』に範をとり『侏儒の言葉』という警句集を残している。

A・ビアス
John Herbert Evelyn Partington

25 2009年のこの日、マイケル・ジャクソン死去
初めて姿を見せたマイケルの長女の言葉

パリス・キャサリン・ジャクソン
Paris Katherine Jackson (1998–)　マイケル・ジャクソンの長女

Ever since I was born, Daddy has been the best father you could ever imagine, and I just wanted to say I love him so much.

> 生まれてからずっと、パパは最高のお父さんでした。パパが大好きだっていうことをどうしても言いたかったの。

NOTES カムバックを目指してリハーサルに打ち込んでいた「ポップの王様」マイケル・ジャクソンの急死は世界中に衝撃を与えた。2009年7月7日、そのリハーサル会場だったロサンゼルスのステイプルトンズ・センターで、マイケル・ジャクソン追悼セレモニーが開かれたとき、最後に長女パリスがマイクの前に立った。いいお父さんだったという、11歳の少女の飾らない言葉は多くの人の涙を誘った。偉大な世紀のエンタテイナーは子供に優しい父親でもあったと人々はあらためて気づかされた。パリスが公に姿を見せたのはこのときがはじめて。

26 ＊『ライ麦畑で捕まえて』の作者の言
「幸せ」と「喜び」の違いは？

J・D・サリンジャー
J. D. Salinger (1919–2010)　作家

The fact is always obvious much too late, but the most singular difference between happiness and joy is that happiness is a solid and joy a liquid.

> 事実は明らかなのに、気づくのはいつもずっとあとになってからだ。「幸福」と「喜び」のもっとも大きな違いは、「幸福」は固体で、「喜び」は液体だという点である。

NOTES　ユダヤ系の作家、サリンジャーは1951年に『ライ麦畑で捕まえて＝ The Catcher in the Rye』を発表、空前のベストセラーとなった。今でも英語版が売れているほか、各国語に翻訳され、トータルは6500万部に達したともいわれている。社会に適応できない16歳の少年の戸惑いを描いて多くの共感を生んだが、その解決を求めて禅や神秘主義の世界に入り込み、隠遁者の生活を送った。1965年以降はまったく作品を発表しないまま、2010年に91歳で死んだ。

　辞書によるとhappinessは外的な条件によって生まれる一時的な楽しい状態で、joyは心で感じる精神的な喜びだという。それをサリンジャーの鋭い語感が「固体」、「液体」ととらえたのだろう。

27　1880年のこの日、生誕
ハンディキャップがあるからこその感動

ヘレン・ケラー
Helen Keller (1880–1968)　教育者、福祉事業家

The mystery of language was revealed to me. I knew then that 'w-a-t-e-r' meant the wonderful cool something that was flowing over my hand. That living word awakened my soul, gave it light, joy, set it free!

ケラーとサリバン
Family member of Thaxter P. Spencer

> 言葉の神秘が私の前に啓示されました。そのとき、w-a-t-e-rが私の手の上を流れる素晴らしい、冷たいものを意味することが分かったのです。その生きた言葉が私の魂を目覚めさせ、光と喜びを与え、魂を解放してくれたのです。

NOTES　ヘレン・ケラーは2歳のとき、原因不明の高熱を出し、視力、聴力を失い、光と音の世界から遮断されてしまった。聴力がないから話すこともできない。そんな彼女を外の世界とつないだのが、7歳のときにやってきた家庭教師アン・

サリバン（当時22歳）だった。アンはヘレンの手のひらに指文字を書く方式で単語から教えていった。ここに取り上げた言葉にははじめて外の世界とつながったヘレンの喜びがあふれている。それからアンの顔に手をふれ口の中に指を入れて、口や舌の動かし方を学び、話すこともできるようになった。アンの力を借りてラドクリフ女子大学（現ハーバード大学）を卒業した後は、婦人参政権、公民権などもふくむ多くの社会運動に参加し、世界中で講演した。日本にも1937年、48年、57年と3度来ている。

28 ＊絶大な富と影響力を持つ黒人女性
トークショーの司会者として活躍

オプラ・ウィンフリー
Oprah Winfrey (1954–)　トークショー司会者
So go ahead. Fall down. The world looks different from the ground.

O・ウィンフリー

> さあ、やってみましょう。倒れてみるの。地面から見た世界は違って見えるのよ。

NOTES　オプラ・ウィンフリーはアメリカで最高の人気を誇るテレビのトークショー司会者。また黒人女性としては世界で唯一の億万長者で慈善家でもある。その影響力は大きく、オバマ大統領の選挙を応援して、当選にも力があったとされる。

オプラは10代の未婚の母のもと、ミルウォーキーのスラムで育った。14歳で妊娠、出産（子供は1週間で死亡）というような体験もしている。奨学金を得てテネシー州立大学でスピーチと演劇を学んだ。テレビのニュース・キャスターとしてスタートしたが、1985年に『オプラ・ウィンフリー・ショー』の司会者となり、大成功をおさめて今も続いている。このギャラが年間2億6000万ドルというから億万長者にもなるわけだ。

ここにあげた発言はこんな彼女の生い立ちを感じさせる。彼女の番組はゲイ、レズなどにも市民権をあたえ、また弱者が自己改善する方法を教えるなどという点で評価されているが、この言葉も視点を変える大切さを説いている。

29 ＊『風と共に去りぬ』の最後の1行
「明日は明日の風が吹く」

マーガレット・ミッチェル
Margaret Mitchell (1900–49)　作家
I'll think of it all tomorrow at Tara. . . . After all, tomorrow is another day.

> 何もかも明日タラで考えるわ。……明日は明日の風が吹くのだから。

NOTES

大作『風と共に去りぬ＝*Gone with the Wind*』の最後の1行である。ミッチェルはこの最後の1行ができてからこの大作を書きはじめたという。日本語の「明日は明日の風が吹く」という言葉は江戸時代の末期に出てきた言葉のようであるがはっきりしない。それにしても『風と共に去りぬ』のエンディングの1行としてこれほどぴったりした訳はない。ところが意外にも翻訳書のなかではこの訳は使われておらず、帝国劇場で上演されたときの、菊田一夫のシナリオで使われて定着したようである。

ちなみに「風」とは南部を破壊した南北戦争であり、「去った」ものは、南部の上流文化とされる。

M・ミッチェル

30 1936年のこの日、『風と共に去りぬ』出版
『風と共に去りぬ』のもうひとつの名言（？）

マーガレット・ミッチェル
Margaret Mitchell (1900–49) 作家
My dear, I don't give a damn.

私の知ったことじゃない。

NOTES

もうひとつ『風と共に去りぬ』から。

物語の最後で、主人公のスカーレットは冷え切った仲の夫、レット・バトラーを愛していることに気づき復縁をせまるが、愛情のもつれに疲れきったレットは拒否する。「あなたがいなくなったら、私はどうすればいいの」というスカーレットの問いに、レットが言い放つのがこの言葉だ。「damn」は卑語で、当時は映画でこの言葉を使うのは製作コードにひっかかった。コードの管理者は「I don't care.」でいいじゃないかと言ったという。しかしこの作品を映画化した制作者のデビッド・セルズニックはこの言葉にこだわり、あえて5000ドルの罰金を支払って原作どおり「damn」を使った。そしてこれは映画史上に残るセリフとなった。

ミッチェルは2回結婚しているが、最初の夫と別れたとき、この言葉を言われたのだという。

スカーレットを演じるビビアン・リー

7月 JULY

1 1983年のこの日、死去
エコロジーを考えた建築デザイナー

バックミンスター・フラー
Buckminster Fuller (1895–1983)　デザイナー、思想家

Now there is one outstandingly important fact regarding Spaceship Earth, and that is that no instruction book came with it.

B・フラー

> 宇宙船地球号について極めて重要な事実がひとつある。それは操縦マニュアルがついていないということである。

NOTES　『宇宙船地球号操縦マニュアル = Operating Manual for Spaceship EARTH』(1968年) からの引用。フラーは地球を宇宙船地球号という言葉で表現した。操縦マニュアルがないのは、地球号にあるふたつの種類の木の実――「人の命を奪う木の実」と「人を育む木の実」を見分ける知的・科学的能力を人類に持たせるためだという。

遊び過ぎでハーバード大学を退学になり機械整備工になる。長女の病死、会社の倒産で自殺を考えるが思いとどまり、思索と研究の道に進む。人類と地球の持続可能性という視点に立って、地球規模の問題を解決するための総合的なシステム思考を提唱した。その多彩で幅広い活動によって「現代のレオナルド・ダ・ヴィンチ」と呼ばれることもある。「ジオデシック・ドーム」や「シナジー幾何学」などで知られている。

モントリオール万博のアメリカ館として作られたジオデシック・ドーム

2 1932年のこの日、民主党大統領候補に決まって
ニューディール政策を発表

フランクリン・D・ローズベルト
Franklin D. Roosevelt (1882–1945)　第32代大統領

I pledge you, I pledge myself, to a new deal for the American people.

> アメリカの人々のためのニューディール政策に私たちの身を捧げましょう。

F・D・ローズベルト

NOTES　1933年3月、フランクリン・ローズベルトが大統領になったとき、世界大恐慌によりGNPは29年水準の56パーセントにまで落ち込み、失業率は25パーセント、失業者は1300万人にまで達していた。この苦境を乗り越えるためにローズベルトが打ち出した政策がニューディールである。TVA（テネシー川流域開発公社）、CCC（自然保護青年団）、WPA（公共事業促進局）、NIRA（全国産業復興法）、AAA（農業調整法）など、あらゆる分野でつぎつぎと政府主導型の社会改革をしたが、「ローズベルトが作ったアルファベット・スープ（アルファベットの形をしたパスタが入ったスープ）」と揶揄されたごとく、なかなか効果が出なかった。

しかし1941年、日本軍の「真珠湾攻撃」により第2次世界大戦に参戦し、「民主主義の武器庫」となって軍需景気が起こるとともに、徴兵が失業者対策ともなり、経済は劇的に持ち直した。このためニューディール政策がどこまで有効であったかは議論が分かれるが、ローズベルトの人気は不動のものとなり、4選への道が開かれていった。

ニューディール政策のひとつ、連邦劇場計画の舞台。演劇関係者に職をあたえた。

Franklin D. Roosevelt Presidential Library and Museum

3 1826年、50回目の独立記念日の前日
ふたりの大統領の最後の言葉

トマス・ジェファソン
Thomas Jefferson (1743–1826)　第3代大統領

Is it the Fourth?

> 今日は4日か？

T・ジェファソン

United States Mint

120

ジョン・アダムズ
John Adams (1735–1826)　第2代大統領
Thomas Jefferson survives.

> トマス・ジェファソンはまだ生きている。

NOTES　1826年7月4日、50回目の独立記念日に奇跡のような出来事が起こった。まずは前日の7月3日、死の床についていた第3代大統領のジェファソンが「今日は4日か」と尋ねたのだ。付き添っていた医者が「もうすぐ4日になります」と答えた。ジェファソンはその後、昏睡状態となり4日に入ってから死亡し、これが最後の言葉となった。

このころ、おなじく死の床にあった第2代大統領ジョン・アダムズは翌4日の独立記念日を祝う砲声を聞いて「Independence forever! ＝独立万歳」とつぶやいた。そして死期を悟り、生涯の友人であり政敵でもあったジェファソンのことを思いやったのだろう、「私のほうが先に逝くことになったか」という感慨をこめて「トマス・ジェファソンはまだ生きている」と言った。これが最後の言葉になったのだが、じつはジェファソンは彼の死の数時間前に死んでいたのだった。

アダムズはジェファソンに再選をはばまれ、ジェファソンの大統領就任式にも欠席していたが、1812年に和解。それ以後のふたりの158通にのぼる往復書簡は文化的遺産として高く評価されている。このようにして50回目の独立記念日の当日、独立の原動力となったふたりの大統領が数時間差で死んだ。ジェファソン83歳、アダムズ90歳だった。

J・アダムズ

4　1917年の独立記念日、ラファイエット侯爵の墓前で
アメリカ人の血をわかせた一言

チャールズ・E・スタントン
Charles E. Stanton (1859–1933)　陸軍大佐
Lafayette, we are here.

> ラファイエット、我等ここに参上。

ラファイエット侯爵

NOTES　第1次世界大戦は1914年に始まり、戦火はヨーロッパから東洋にまでおよんでいたが、アメリカが連合国側について参戦したのは、1917年になってからのことであった。この年パリに進駐したアメリカ軍のジョン・パーシング元帥は、アメリカ独立記念日の7月4日、ラファイエット侯爵の墓前を訪れ、アメリカの参戦を報告するとともに祈りをささげた。そのとき同行したスタントン大佐が、勝利のために戦うことを誓ったあと、「Lafayette, we are here.」と結んだのだった。それは──

1777年4月、当時19歳だったラファイエット侯爵はアメリカ独立戦争の自由思想に共鳴し、国王ルイ16世の制止を振り切って義勇兵としてアメリカに渡った。6月にはワシントンに会い、彼のもとで「バレーフォージュの冬」などの苦労を共にしながら数々の戦闘に参加し、最後のヨークタウンの戦いでも3000人の兵士をひきいて勝利に貢献した。

　そのラファイエットの墓前で、当時ドイツとの戦いで苦しんでいたフランスを「助けに来たぜ、ラファイエット」とやったわけである。まさにアメリカ人の血をわきたたせる言葉で、第1次世界大戦にからむ最高の名言となった。（→10月19日）

バレーフォージュの寒さに耐える兵士たちを見回るラファイエット（左端）とワシントン

5 ＊2002年、一般教書演説で
「悪の枢軸」なんて映画の見過ぎ？

ジョージ・W・ブッシュ
George W. Bush (1946–)　第43代大統領

States like these, and their terrorist allies, constitute an axis of evil, arming to threaten the peace of this world.

G・W・ブッシュ

こういう国家と、それに同盟しているテロリストたちは「悪の枢軸」を形成していて、武力で世界の平安を脅かそうとしている。

NOTES　ブッシュ大統領は2002年1月29日の一般教書演説で、イラン、イラク、北朝鮮を、テロを支援する「悪の枢軸」と名指しで非難し、世界規模でのテロとの戦いを宣言した。枢軸とは同盟を結んでいる国々を指す言葉で、イラン、イラク、北朝鮮を枢軸と呼ぶのは間違いだが、「サウンドバイト＝ sound bite」（テレビのニュースなどで繰り返し引用される短い言葉）として効果を発揮した。

　アメリカは単純な善悪二元論が好きな国で、レーガン大統領は1998年の演説で当時のソ連を「悪の帝国＝ the Empire of Evil」と呼び、話題になった。また、アメリカにとって好ましくない国を意味する「ならずもの国家＝ rogue state」という言葉もクリントン大統領や父ブッシュ大統領によって使われた。

6

1962年のこの日、死去

ノーベル賞作家の「南部」への愛

ウィリアム・フォークナー
William Faulkner (1897–1962)　作家

You don't love because, you love despite; not for the virtues, but despite the faults.

W・フォークナー

〜だから愛するのではない。〜にもかかわらず愛するのである。長所があるから愛するのではなく、欠点があるにもかかわらず愛するのである。

NOTES　フォークナーはヘミングウェーと双璧をなす20世紀アメリカ文学の旗手。フォークナーは1950年に、ヘミングウェーは54年にノーベル賞を受賞している。ふたりの大きな違いは、ヘミングウェーがヨーロッパやアフリカを精力的に歩き回って文学の舞台にしているのに対し、フォークナーはほとんど南部から出ることなく南部をテーマに書き続けたこと。南部のヨクナパトーファ郡という架空の土地を舞台にして、業深い人間の苦悩を複雑な手法で描き続けた。

　ここにあげた言葉も人間について語った言葉ではなく、南部に対する気持ちを述べたものである。南北戦争で負け組となって没落していく南部、その自然、人々、文化を愛しながらも、根強く残る人種差別や南部人の偏狭さを憎んだ。しかし、そうしたものをひっくるめた愛の対象として南部があるとフォークナーは言っているのだ。

7

1980年のこの日、死去

いかにもヘンリー・ミラーですね

ヘンリー・ミラー
Henry Miller (1891–1980)　作家

The American ideal is youth—handsome, empty youth.

アメリカ人の理想は若者だ——ハンサムで、空虚な若者が理想なのだ。

H・ミラー

NOTES　アメリカのいい男の条件は「背が高くて、浅黒くて、ハンサム= tall, dark and handsome」と相場が決まっているが、中身のないイケメンの若者がアメリカの理想だとは手厳しい。ヘンリー・ミラーのエッセイ『心の知恵』からの引用。彼はさらにこう続ける。「若いということは、やたらに動きまわり、礼節を知らず、やくざのように振る舞い、薄っぺらで消化不良の社会科学の理論をこねまわして、病的な理想主義をわめきたてることだ」。放浪と女性遍歴を積み重ね、その人生を赤裸々に創作の糧とした作家にとって、人生を知らぬ若者は空っぽの存在でしかなかったのだろう。

8 *メキシコの独裁者の嘆き
メキシコから見れば、アメリカはヒドイ隣人だった

ポーフィリオ・ディアス
Porfirio Díaz (1830–1915)　メキシコの大統領

Poor Mexico! So far from God and so close to the United States.

> ああ、哀れなメキシコ！　神からははるかに遠く、アメリカにはこんなに近い。

NOTES　ディアスはメキシコの軍人だったが、1876年、クーデターを起こして大統領を追い出し、自ら大統領になった。鉄道網や電信網などのインフラを整備し、産業の近代化などにも着手したが、外国資本や特権層の側に立って独裁的な権力をふるった。1911年にはメキシコ革命が起きフランスへ亡命。そんな独裁者だったが、テキサスからカリフォルニアまでの広大な土地（アメリカの国土のほぼ3分の1）はもともとメキシコのもので、そのほとんどがアメリカとの戦争により奪われたことを思えば、彼の嘆きもわからないではない。

P・ディアス

9 *アメリカ先住民族の精神は
自然を荒野と考えるのは白人だけ

ルーサー・スタンディング・ベア
Luther Standing Bear (1868–1939)　ラコタ族の首長・作家・俳優

Only to the white man was nature a wilderness, and only to him was the land "infested" with "wild" animals and "savage" people. To us it was tame. Earth was bountiful, and we were surrounded with the blessings of the Great Mystery.

L・S・ベア

> 自然が荒野であると考えるのは白人だけだ。大地に凶暴な動物と野蛮人がはびこっていると考えるのは白人だけだ。私たちには自然はおとなしい。大地は豊饒で大いなる神秘の恵みに囲まれている。

NOTES　「wilderness＝荒野」こそが本当の自然であるとするのは、白人的・近代的な考え方。先住民族にとっては、自然はその恵みを受けて暮らす生活の場だった。だから、この言葉にあるように、自然は人間と対立するものではなく、「tame＝おとなしい」なのである。「Great Mystery＝大いなる神秘」とは創造主のこと。

ルーサー・スタンディング・ベアはインディアン居留地に生まれ、伝統的な部族の文化で育てられたが、アメリカ先住民を「文明化」するためのカーライル・インディアン学校に第1期生として送られる。バッファロー・ビルの「ワイルド・ウェスト・ショー」の一座に加わった後、ハリウッドの俳優になり、インディアン俳優協会を設立。著書や講演を通して、アメリカ先住民族の文化や精神性を白人社会に伝えた。

10 1804年のこの日、手紙に
民主主義を信じなかった初代財務長官

アレクサンダー・ハミルトン
Alexander Hamilton (1755–1804)　初代財務長官
Our real disease . . . is *democracy*.

A・ハミルトン

私たちの本当の病は――民主主義である。

NOTES　ハミルトンは独立戦争中ワシントンの副官として数々の戦功をあげ、その政権下では初代財務長官を務めた人。連邦銀行の設立、貨幣法の制定などで財政的基盤を固めるとともに、工業保護育成政策などで連邦の経済発展に寄与した。合衆国憲法の草案を作ったことでも知られている。強力な中央政府の確立をめざしたハミルトンは、権力の集中を嫌うジェファソンとことごとく対立した。ハミルトンは「人間性悪説」をとり、「性善説」を説くジェファソンに「あなたのいう民衆なんてケダモノですよ」とまで言っている。ここにとりあげた言葉もその延長線上のもの。
　多くの功績をあげたハミルトンだが、後ろ盾だったワシントンが亡くなったあとは不遇で、ついには政治活動が絡んだ事件で副大統領だったアーロン・バーと決闘をし、撃たれて死んだ。この言葉は、その決闘の前日手紙に書いたものである。

11 *日本語の細やかな表現を英語に
日本にノーベル文学賞をもたらした翻訳

エドワード・サイデンステッカー
Edward Seidensticker (1921–2007)　日本文学研究者
The train came out of the long tunnel into the snow country. The earth lay white under the night sky.

E・サイデンステッカー

国境の長いトンネルを抜けると雪国であった。夜の底が白くなった。(『雪国』原文)

> **NOTES**

1968年、川端康成が日本人としてはじめてノーベル文学賞を受賞した。「日本人の細やかな感情を描いた文学的業績にたいして」というのが受賞理由だが、評価されるためには、まず翻訳されなくてはならない。代表作『雪国= *Snow Country*』ほか4作を翻訳して川端を世界に紹介したのがサイデンステッカーであった。川端は「ノーベル賞の半分はサイデンステッカー教授のものだ」と語り、賞金も半分渡している。

サイデンステッカーは海軍日本語学校で日本語を学び、海兵隊員として日本に進駐もしている。帰国後はイェール大学、ハーバード大学で日本語を学んだ。谷崎、川端、三島の作品を中心に翻訳活動をし、コロンビア大学で日本文学を教えていた。

上記の文は『雪国』の冒頭。原文は主人公の視点から見た主観的光景だが、翻訳は「The train」という主語を補わなければならないため、客観的な光景になっている。日本語と英語の違いを実感させられる、おもしろい実例。

12 1817年のこの日、生誕

「森の生活」をはじめた理由は

ヘンリー・デイヴィッド・ソロー
Henry David Thoreau (1817–62)　作家・思想家

I went to the woods because I wished to live deliberately.

> 私が森に入ったのは、熟慮しながら生きたかったからである。(deliberately＝思慮深く)

H・D・ソロー

> **NOTES**

ソローは、エマソンの超絶主義の系譜につながる作家である。超絶主義とは、理性や経験ではなく直感を通して、超越的存在である神を自己の精神のなかに見出そうとする考え方。ソローの代表作『森の生活= *Walden*』(1854年)は2年余におよぶ森でのひとり暮らしを記録したもので、上記の言葉は作品中もっともよく知られた一節である。「生きることに欠かすことが出来ない事実のみと向き合いたいがために——」と続く。

ソローはハーバード大学を卒業後、定職を持たず、結婚もせず、測量の仕事などからの最低の収入で満足し、思索の暮らしを送った。

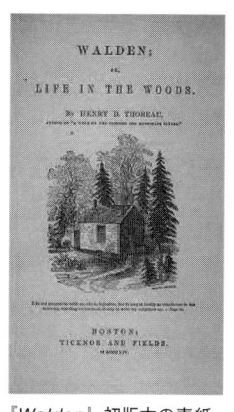

『*Walden*』初版本の表紙

13

1865年のこの日、新聞社説に

人々を西部へと駆り立てた言葉

ホレス・グリーリー
Horace Greeley (1811–72)　ジャーナリスト

Go west, young man, and grow up with the country.

若者よ、西部を目指せ、そして国とともに成長せよ。

NOTES　ホレス・グリーリーが自ら創刊した新聞『ニューヨーク・トリビューン』に書いた社説のなかの言葉。19世紀後半に西部開拓を神の意志による「明白な運命＝Manifest Destiny」であるとして正当化する考えが一般化し、このグリーリーの言葉は西部への進出をいざなうスローガンとなった。

　この社説は給料が安いと文句を言う政府の公務員に対して書かれたもので、「ワシントンは人の住む場所ではない。家賃は高いし、食べ物はまずいし、埃っぽいし、道徳も堕落している」。だから「若者よ、西部を目指せ」と説いているのだ。

H・グリーリー

14

＊大スターの強烈な家族愛

だから「カリブの海賊」は恐ろしい

ジョニー・デップ
Johnny Depp (1963–　)　俳優

If someone were to harm my family or a friend or somebody I love, I would eat them. I might end up in jail for 500 years, but I would eat them.

もし誰かがぼくの家族や友達やぼくが愛する人に危害を加えたら、そいつを食い殺してやる。500年の刑期をくらってもいい、食い殺してやる。

J・デップ

NOTES　ジョニー・デップはもともとギタリストとして音楽活動をしていたが、『エルム街の悪夢』で俳優活動も始めた。そして2003年、主演した『パイレーツ・オブ・カリビアン／呪われた海賊たち』が大ヒットし、一躍世界の大スターとなった。

　ここでいう家族とは、結婚はしていないがパートナーの歌手・女優のヴァネッサ・パラディであり、彼女との間に生まれた長女リリーと長男ジャックのことである。自傷行為にはしるような不安定な青年期を過ごし、俳優として成功したのちも自分に満足できなかったデップだが、ヴァネッサ・パラディと家庭生活を営むようになってようやく自分の人生に意味を感じられるようになったという。リリーが腎臓病で入院した病院には、「娘の命を助けてくれたお礼」として100万ポンドを寄付した。

15

1960年のこの日、民主党全国大会のスピーチで

民主党の大統領候補のスローガンとして

ジョン・F・ケネディ
John F. Kennedy (1917–63)　第35代大統領
We stand today at the edge of a new frontier.

> 今日、私たちは新しいフロンティアの入り口に立っているのだ。(edge＝境目)

マーキュリー宇宙船の窓をのぞくケネディ

NOTES　1961年に就任したケネディ大統領の国内政策のキャッチフレーズが「ニューフロンティア」である。これは「未知の科学や宇宙の分野、未解決の平和と戦争の問題、未征服の無知と偏見の谷間、未解答の貧困と過剰の問題」などを新しいフロンティアと考え、そこを開拓していこうというものだった。43歳という若さとあいまって「ニューフロンティア」という言葉は期待をいだかせたが、それを実現する予算の裏付けが十分でなく、また就任3年で暗殺されたこともあり、任期中にはほとんど実現しなかった。

しかし宇宙科学のフロンティアでは、「先行していたソ連を抜いて1970年までには人類を月に送り込む」ことを目指した「アポロ計画」が実現し、ニューフロンティアの鮮烈な成功例となった。

16

1945年のこの日、世界初の原爆実験

このとき「原爆の父」が思い浮かべた詩

J・ロバート・オッペンハイマー
J. Robert Oppenheimer (1904–67)　物理学者
Now I am become Death, the destroyer of the worlds.

> 私はいまや死神、世界の破壊者となった。

J・R・オッペンハイマー

NOTES　オッペンハイマーはニューヨーク生まれのユダヤ系ドイツ人。ハーバード大学を3年で主席で卒業してケンブリッジ大学へ遊学、量子力学の研究をした。29年からカリフォルニア大学とカリフォルニア工科大学の教授となり、多くの物理学者を育成した。41年からは原爆製造計画に参加、43年から45年はロスアラモス研究所の初代所長となり、原爆製造を主導して「原爆の父」と呼ばれるようになった。

1945年7月16日、完成した原子爆弾のはじめての実験がニューメキシコ州の砂漠で行われた。この言葉は、その猛烈な破壊力を見たオッペンハイマーの頭に浮かんだとい

う詩の一節である。古代インドの叙事詩『バガヴァッド・ギーター』で神話の英雄クリシュナが恐ろしい姿に変身したときの言葉だという。

オッペンハイマーはこの爆弾の威力を知っただけで敵が降伏することを期待していたが、この実験の３週間後には広島に、そして長崎に投下されたのだった。(→8月6日)

17 1990年のこの日、死去
「マーフィーの法則」の原点

エドワード・A・マーフィー・ジュニア
Edward A. Murphy, Jr. (1918–90)　アメリカ陸軍少佐
Anything that can go wrong will go wrong.

もし失敗する可能性があるとすれば、かならず失敗する。

NOTES　日本でも話題になった「マーフィーの法則」も実はこの一言からできあがったものである。マーフィーはアメリカ軍の研究所に勤めるエンジニアであったが、「いつも最悪の事態を考慮しければならない」という意味でこういう発言をしたのだった。

ところがこの言葉が独り歩きして、アーサー・ブロックが『マーフィーの法則＝ *Murphy's Law and Other Reasons Why Things Go Wrong*』という本を出版すると世界的なベストセラーになってしまった。「洗車をすると雨が降る」「食パンを落としたとき、バターが付いているほうが下になる確率は、落ちる絨緞の値段に比例する」というような「都市伝説」が人気の秘密だったが、そこには自己暗示、確率論、失敗学というように科学、心理学、哲学などの分野に属する問題が含まれていたので、いろいろな方向に発展していったのだ。

マーフィー自身はこんな「流行」を苦々しく見ていたという。

18 ＊金に関するフランクリンの名言
しかし当人は金遣いが荒かった？

ベンジャミン・フランクリン
Benjamin Franklin (1706–90)　建国の父
A penny saved is a penny earned.

１円の節約は１円の儲け。（ちりも積もれば山となる）

B・フランクリン

NOTES　「Nothing but money is sweeter than honey.＝蜂蜜よりも甘いのはお金だけ」「If you would know the value of money, go and try to borrow some.＝お金の価値を知りたければ、貸してくれと頼んでみなさい」などと、金にまつわることわざもたくさん作っているフランクリンだが、毎週3回は超過引き出しをしていたという記録がフィラデルフィアの銀行に残っているという。

19 1848年のこの日、セネカ・フォールズで
第1回女性権利会議での「女性独立宣言」

エリザベス・ケイディ・スタントン
Elizabeth Cady Stanton (1815–1902)　社会運動家

We hold these truths to be self-evident; that all men and women are created equal.

E・C・スタントン

> 我々は、すべての男と女は平等に創られているということは自明の真理であると考える。

NOTES　1848年のこの日、ニューヨーク州のカナダ国境に程近いセネカ・フォールズという小さな町で歴史的な事件が起こった。参政権をふくむ女性の完全な市民権を目指す会議が行われたのだ。この言葉は会議で採択された女性の権利を主張する宣言の冒頭である。アメリカの「独立宣言」の冒頭の「men」のあとに「and women」を付け足しただけのものだが、それだけに訴える力は強い。

　この会議を主催したのがエリザベス・スタントンであった。彼女は1840年にロンドンで開かれた世界奴隷制反対会議に出席した。ところが女性であることを理由に発言権を持つ代表者になることができなかった。このことがきっかけとなって彼女は女性の公民権獲得運動を始め、8年後のこの日、自分が住んでいたセネカ・フォールズで第1回の女性権利大会開催にこぎつけたのだった。結局アメリカで婦人参政権が認められるのは1920年のことになるが、セネカ・フォールズは女性解放運動の聖地となった。

20 1969年のこの日、人類月に立つ
全世界で4億人がテレビで見入った壮挙

ニール・アームストロング
Neil Armstrong (1930–　)　宇宙飛行士

That's one small step for [a] man, one giant leap for mankind.

N・アームストロング

> これはひとりの人間にとっては小さな一歩だが、人類にとっては巨大な飛躍である。

130

NOTES 1969年のこの日、人類がはじめて月に降り立った。全世界で4億人がテレビで見守るなか、月に一歩を踏み出したアポロ11号船長、ニール・アームストロングの第一声がこれであった。彼はこの言葉をアポロ11号と月を結ぶ月着陸船イーグル号の中で考えたのだが、間違えて[a]を発音しなかったので、「man」は「ひとりの人間」ではなく、「人類」の意味になってしまった。アームストロングは後日この言葉をサインするとき、"a"とクォーテーション・マークを入れて書いていたという。15分後に、引き続いて月面に降り立ったバズ・オルドリンの「Beautiful! Beautiful! Magnificent desolation. ＝美しい! 美しい! なんという壮大な荒涼」という言葉も有名になった。

月面を歩くオルドリン

21 1861年のこの日、ブルランの戦い
この戦いで「男を上げた」名将の最後の言葉

トマス・ストーンウォール・ジャクソン
Thomas "Stonewall" Jackson (1824–63)　南軍少将
Let us cross over the river and rest under the shade of the trees.

川を渡って、あの森の木陰で休もう。

T・S・ジャクソン

NOTES 南北戦争は1861年4月、南軍によるサムター要塞の砲撃から始まったが、最初の大会戦は3ヵ月後のこの日、バージニア州のブルランという川のほとりで戦われた。ワシントンから近かったし（約50キロ）、待ちに待った戦いということで、多くの観客がオペラ・グラスやバスケットを持って見物におとずれた。みんな北軍の楽勝だと思っていたのだ。この戦いで「男を上げた」のが南軍の准将ジャクソンだった。圧倒する北軍に対し、一歩も引き下がらなかったことから「ストーンウォール＝石壁」というニックネームがつけられた。やがて南軍は勢いをとりもどし、北軍は見物客たちと共にワシントンに逃げ帰ることとなった。

　ジャクソンはその後、リー将軍の片腕として活躍したが、1863年、なんと彼を敵と間違えた友軍に撃たれて死亡する。この言葉はその死の間際のうわごとであるが、なぜか心に残る。ヘミングウェーはこの言葉をタイトルにして『河を渡って木立の中へ＝ *Across the River and into the Trees*』という小説を書いているが、内容はジャクソンとは関係ない。

22

＊1957年に世界一金持ちだった男の発言

そういうものだそうです

J・ポール・ゲティ
J. Paul Getty (1892–1976)　石油王
If you can actually count your money, then you are not really a rich man.

J・P・ゲティ

> 自分が持っている金を全部勘定できる人は、本当の金持ちとはいえない。

NOTES　よくぞ言ってくれたものだが、石油ビジネスで巨万の富を築き、1957年、『フォーチュン』誌で世界一の富豪と報じられたポール・ゲティにしてはじめて言える言葉だろう。
　徹底したケチぶりでも知られ、パーティー客が自宅の電話を使わないようにと公衆電話を設置したり、孫が誘拐されたとき息子から身代金を肩代わりして欲しいと頼まれたが拒否したために、孫の耳が切り落とされたというエピソードが残っている。そんな彼だったが美術品収集には目がなく、遺産の大半をJ・ポール・ゲティ美術館に寄付した。

23

1885年のこの日、死去

戦場でこそ輝く人だった

ユリシーズ・S・グラント
Ulysses S. Grant (1822–85)　第18代大統領
I am a verb.

> 私は動詞である。

U・グラント

NOTES　グラントは1885年の死の直前、自分の医者への手紙のなかでこの言葉を書いている。「動詞」というのを戦場で動き回ることと解釈すれば、言いえて妙であろう。南北戦争が始まるとすぐに義勇兵をひきつれて北軍に参加、目覚しい活躍がリンカーンの目にとまり、1864年には北軍の総司令官となっている。
　そして南北戦争最大の英雄として1869年には大統領となった。ところが大統領としての評価はいつも最低レベルの「E」である。最大の問題は政界汚職の蔓延だった。これはグラントに政治的経験がなかったうえに、彼自身が金銭的にルーズだったことによる。戦場で「動詞」であったグラントは輝いていたが、政界では動きがとれず「名詞」になってしまった。死期を前にしてこんなことを思っての言葉かもしれない。
　1879年（明治12年）、世界一周旅行の折に日本を訪れて明治天皇にも会い、「日本は軍事的に清国よりも強い」「四国艦隊下関砲撃事件の賠償金は払いすぎだから返還交渉をすべきだ」など、貴重なアドバイスをしている。（→1月16日）

24 ＊オバマさんの青春時代の音楽
メッセージを伝えるヒップホップ

バラク・オバマ
Barack Obama (1961–) 第44代大統領

The thing about hip-hop today is it's smart, it's insightful. The way they can communicate a complex message in a very short space is remarkable.

B・オバマ

> ヒップホップというのは、さえてて、洞察に富んでいる。複雑なメッセージを簡潔に伝えるやり方は素晴らしい。

NOTES　ビル・クリントンがロック世代の大統領だとすれば、バラク・オバマはヒップホップ世代の大統領だ。ヒップホップがブレークしはじめたときにオバマは高校生だった。これは大統領選挙運動中に黒人向けのテレビ局BETのインタビューで語った言葉。彼はヒップホップが社会的メッセージを発信出来る点を評価しながらも、女性蔑視やニガーという言葉の多用などを批判し、現状をえぐるだけでなく、あるべき未来も語るべきだと言っている。最近のラッパーでは、ジェイ・Zやカニアを聴くという。

25 ＊1969年、キッシンジャーは語った
アメリカがベトナム戦争に勝てない理由は

ヘンリー・キッシンジャー
Henry Kissinger (1923–) 国務長官

The conventional army loses if it does not win. The guerrilla wins if he does not lose.

H・キッシンジャー

> 通常の軍隊は勝たなければ負けだ。ゲリラは負けなければ勝つのだ。

NOTES　ゲリラ戦は侵略者に対して弱者が仕掛ける非対称の戦いだ。ゲリラ戦では非対称性が逆に武器になる。その典型がベトナム戦争。上記の言葉は、そのベトナム戦争たけなわの1969年にキッシンジャーが述べた言葉である。

　北ベトナムの指導者、ホー・チ・ミンは「虎が象に戦いを挑み続ければ、象は疲労困憊して死んでしまう」と言ったが、民族解放戦線と米軍は虎と象というよりは蟻と象だろう。蟻が象を執拗に攻めたて、ついに1975

ゲリラ戦を展開するベトコン

年撤退に追い込んだ。米軍の死者4万5000人にたいして民族解放戦線側の死者85万人という数字が、蟻の大群がいかに戦ったかということを示している。ゲリラは「小さな戦い」を意味するスペイン語が語源。

26 1984年のこの日、死去
科学的な世論調査の方式を編み出した男の自信

ジョージ・ギャラップ
George Gallup (1901–84) 統計学者
I could prove God statistically.

> 私なら神の存在を統計的に証明できるかもしれない。

G・ギャラップ

NOTES 　1935年、ギャラップはアメリカ世論研究所を創設したが、その実力を発揮する機会はすぐ翌年におとずれた。大統領選挙でフランクリン・ローズベルトとアルフレッド・ランドンが争っていたのだが、200万ものアンケートから割り出した他の調査が「ランドンの圧勝」を予測したのに、ギャラップはたった5000人の調査で「54パーセントの得票でローズベルトの当選」を予測したのだった。実際は60パーセントの得票でローズベルトが当選した。科学的なサンプリングの勝利だった。
　この一事で声価を高めたギャラップ社は現在世界の50ヵ国以上で調査活動をしている。上の言葉は、そんなギャラップの自信を言い表したものである。

27 1946年のこの日、死去
日本にも出てきてしまいました

ガートルード・スタイン
Gertrude Stein (1874–1946) 詩人、作家
You are all a lost generation.

> あなたたちはみんな行き先を見失った世代[失われた世代]なのよ。

G・スタイン

NOTES 　20世紀初頭からパリを拠点として活躍していたアメリカの作家・詩人のガートルード・スタインが、1920年代にパリにやって来たヘミングウェーに対して言った言葉。「lost」とは「道に迷った」という意味で、第1次世界大戦後の価値観の変動のなかで若者たちは喪失感にさいなまれ、生きる目的を見失って、虚無的になっているとスタインは見抜いたのだ。ヘミングウェーが『日はまた昇る= The Sun Also Rises』の巻頭で引用し、1920年代から30年代にかけて活躍したアメリカの小説家た

ちを指す言葉として定着した。失われた世代の作家には、ヘミングウェーのほかに、フィッツジェラルド、ドス・パソス、フォークナーなどが含まれる。

日本で耳にする「ロスジェネ」は、この「ロスト・ジェネレーション」の略で、バブル崩壊後の日本の格差社会で生きる就職氷河期世代を指す。

28 1925年のこの日、証言で
進化論を学校で教える是非に関する裁判

ウィリアム・ジェニングス・ブライアン
William Jennings Bryan (1860–1925)　政治家

There is no more reason to believe that man descended from some inferior animal than there is to believe that a stately mansion has descended from a small cottage.

W・J・ブライアン

> 人類が劣等動物から進化したと信じるのは、壮大な邸宅が小さな小屋から進化したと信じるのと同じくらい根拠のないことである。

NOTES　アメリカでは公教育で進化論を教えることに反対するキリスト教保守派の人たちが今も多くいる。20世紀に入って、公立学校で進化論を教えることを禁じる法律が各州で成立したが、このとき、反進化論の運動を展開したのが民主党の重鎮ブライアンだった。彼はリベラルな思想の持ち主であったが、進化論については優勝劣敗の思想を社会に広げるとして強く反対していた。

1925年にいわゆる「スコープス裁判」が起こる。これはテネシー州の法律に違反して進化論を教えた高校教師ジョン・T・スコープスを裁くもので、ブライアンが検事側の代表となり、有名弁護士のクラレンス・ダロウが弁護をひきうけて全米の注目を集めた。結果は被告に罰金100ドルを課すという判決が下り、ブライアンの勝利に終わった。しかし、ブライアンはダロウの法廷戦術に乗り、聖書にかんする無知をさらけ出し、反進化論派の衰退を招く結果となった。

29 1805年のこの日、生誕
19世紀前半の新世界アメリカの観察者

アレクシス・ド・トックビル
Alexis de Tocqueville (1805–59)　フランスの政治学者

In no country in the world is the love of property more active and more anxious than in the United States.

A・トックビル

> アメリカほど財産を愛する気持ちが激しく、強い国は世界にない。

NOTES アレクシス・ド・トックビルの名著『アメリカの民主主義＝ *Democracy in America*』からの引用。(→4月16日、9月13日、10月21日)

　財産を世襲して失う怖れのない貴族階級や、どうあがいても財産を持つことができない下層階級は財産に執着しないが、努力によって財産を獲得した中流階級はそれを守るために汲々とする。アメリカではそれが際立っているとトックビルは言う。民主国家で革命が起こりにくいのは、社会の主流である中流階級が自らの財産を消失させるような大きな社会変革を望まないから、というのが彼の見解である。

30 1992年のこの日、『スーパーマン』の原作者のひとり死去
アメリカ人にとっては永遠のヒーロー

ジェリー・シーガル&ジョー・シュスター
Jerry Siegel(1914–96) **& Joe Shuster** (1914–92) 　「スーパーマン」原作者

Faster than a speeding bullet! More powerful than a locomotive! Able to leap tall buildings in a single bound! Look! Up in the sky! It's a bird! It's a plane! It's Superman!

> 弾丸より早く！ 機関車より強く！ 高いビルもひとっ跳び！ 見ろ！ 空を！ 鳥だ！ 飛行機だ！ スーパーマンだ！

NOTES これはおなじみスーパーマンの冒頭で流されるナレーション。1940年のラジオ放送ではじめて使われた。スーパーマンは1932年、モテナイ高校生だったジェリー・シーガルが考え出し、友達のジョー・シュスターが絵をつけたものだったが、1938年『アクション・コミックス』に発表され、大ヒーローになってしまった。

　2011年4月、スーパーマンは久しぶりに全米の関心を集めた。『アクション・コミックス』900号で、スーパーマンはアメリカの市民権を放棄することを国連で発表したいと語ったからだ。これまではアメリカ市民として「正義」のために戦ってきたが、これからはもっとグローバルな視点で働きたいのだという。ブッシュからオバマに政権が移り、一国主義から多国主義に変わったアメリカを象徴するようなエピソードだ。

1942年のスーパーマン

31 1996年のこの日、『ニューヨーク・タイムズ』紙に
ワシントンとニクソン、個性がでています

リチャード・ニクソン
Richard Nixon (1913–94)　第37代大統領

Honesty may not be the best policy, but it is worth trying once in a while.

> 正直が最良の策ではないかもしれないが、たまには試してみる価値がある。

R・ニクソン

NOTES　正直さで知られた米大統領といえばワシントンで、大統領職を退くときにも、「Honesty is always the best policy＝正直はいつも最良の策」と演説している。他方、嘘つきの大統領として記憶に残るのはウォーターゲート事件で辞任したニクソンだ。上記の言葉はながらくニクソンの経済顧問を務めたハーバート・スタインが、ニクソンの言葉として『ニューヨーク・タイムズ』に紹介している。いかにもニクソンなら言いそうなことだと思ってしまうが、実は正直は良いことだという意味での発言だったという。ストレートに言わないところが彼らしいところ。スタインが知っているニクソンは、一般のイメージとは異なり、控え目で礼儀正しく、仕事の出来る上司だったという。

AUGUST
8月

1
1819年のこの日、生誕

『白鯨』の著者のアメリカ観

ハーマン・メルビル
Herman Melville (1819–91) 作家

We Americans are the peculiar, chosen people—the Israel of our time; we bear the ark of the liberties of the world.

H・メルビル

> 我々アメリカ人は特別な、選ばれし民、現代のイスラエルの民なのだ。我々は世界の自由という箱舟を背負っているのだ。

NOTES ブッシュが言ってもおかしくないような台詞。世界の「自由」のためにベトナム、イラク、アフガニスタンに侵攻し、9.11後はテロリズムと闘う「十字軍」となったアメリカを支えるメンタリティである。キリスト教徒は神に選ばれたる者という選民思想はアメリカでさらに強固なものとなった。

メルビルは裕福な貿易商の家に生まれたが、12歳のとき父が事業に失敗して狂死。職業を転々としたのち、1841年、捕鯨船に乗り組んだ。それから1844年にアメリカ軍艦の水兵としてボストンに帰り着くまで、南太平洋を舞台に波乱万丈の経験をする。上記の文章は、このときの体験をもとにした小説『白いジャケット= *White Jacket*』の一節。(→9月27日)

2
1776年のこの日、独立宣言に署名

フランクリンのブラック・ジョーク

ベンジャミン・フランクリン
Benjamin Franklin (1706–90) 建国の父

We must indeed all hang together, or most assuredly we shall all hang separately.

独立宣言草案を議会に提出。中央がフランクリン、右端着席がハンコック

我々は団結 (hang together) しなければならない。さもないとみんなバラバラに首を吊られる (hang separately) ことになるからな。

NOTES アメリカの独立宣言は1776年7月4日に公布されたが、この時点で宣言書に署名していたのは会議の議長だったジョン・ハンコックともうひとりだけで、56人の署名者のほとんどは8月2日に署名した。このときハンコックが「We must all hang together. ＝われわれは団結しなくてはならぬ」と言ったのを受けて、フランクリンが「さもないとバラバラに首を吊られるからな＝ or hang separately」とジョークをとばしたのだ。独立宣言の署名者たちにはイギリス政府が2500ドルの懸賞金をかけていたというから、半分は本気のブラック・ジョークだった。

3

＊1992年、『ピープル』誌に
征服欲の強い女性のことはたしか

マドンナ
Madonna (1958–)　歌手

I have the same goal I've had ever since I was a girl. I want to rule the world.

私の目的は少女時代からずっと変わっていないの。それは世界を支配すること。

NOTES ポップの王様マイケル・ジャクソンは急逝したが、ポップの女王マドンナは50歳を過ぎても健在だ。もっとも、ポップのプリンセス、レディ・ガガが肉迫してきているが。

19歳のとき、35ドルを持ってニューヨークにやって来たマドンナ・ルイーズ・チッコーネは、8年後には世界的な大スター、マドンナとなっていた。

上記は1992年の言葉だが、1984年に『ライク・ア・ヴァージン』でブレークする以前にすでに「夢は世界を支配すること」と語っている。物欲の女、男を支配する女、性の衝動を隠さない女、セクシーな女、スピリチュアルな女として、時代を映す鏡のごとく姿を変えながら、マドンナは世界を支配してきた。

4

1961年のこの日、生誕
この演説で大統領になりました

バラク・オバマ
Barack Obama (1961–)　第44代大統領

There is not a liberal America and a conservative America—there is the United States of America.

There is not a black America and a white America and Latino America and Asian America—there's the United States of America.

> リベラルなアメリカ、保守的なアメリカがあるのではない──アメリカ合衆国があるのである。黒人のアメリカ、白人のアメリカ、ヒスパニックのアメリカ、アジア人のアメリカがあるのではない──アメリカ合衆国があるのだ。

NOTES 2004年の民主党全国大会の基調演説を任されたのは、当時一地方議会議員にすぎなかったバラク・オバマ。「The Audacity of Hope＝勇敢なる希望」と題された基調演説によって彼の知名度は一気に上がり、一介の州議会議員でありながら、大統領候補と取りざたされる。オバマはこの4ヵ月後に連邦議会上院議員に選出され、それからわずか6年にして第44代アメリカ大統領にまでのぼりつめた。

上記の言葉はその基調演説のもっとも有名な一節で、保守とリベラルの対立にうんざりしていたアメリカ人の心を打った。当時のオバマにはまだ専属のスピーチライターはついておらず、彼自らが手書きで原稿を書いたという。

5 1962年のこの日、死去
モンローの心の裏側は

マリリン・モンロー
Marilyn Monroe (1926–62) 俳優

I'm a failure as a woman. My men expect too much of me, because of the image they've made of me . . . and that I've made of myself . . . as a sex symbol . . . but my anatomy is the same as any other woman's and I can't live up to that.

M・モンロー
Milton H. Greene

> 私は女としては失敗者。男のひとたちはセックス・シンボルとして私のイメージをふくらませ、私に期待しすぎるの──それは私自身が作ったイメージでもあるけど──でも、私の体はほかの女性と同じだから、その期待にこたえられないの。

NOTES 1962年のこの日、モンローが自宅の寝室で全裸で死んでいるのが発見された。死因は睡眠薬の飲み過ぎだったが、他殺という説もある。36歳だった。1926年、私生児として生まれ、母親の精神病のため幼いころは孤児院や里親の家を転々とした。16歳で結婚したが20歳で離婚して女優デビュー。しかしぜんぜん売れずヌードモデルなどをしていた。それが53年に大ブレークする。『ナイアガラ』『紳士は金髪がお好き』『百万長者と結婚する方法』の3本でスターの座を不動のものにしたのだ。この年から死を迎える62年までが「モンローとして生きた」10年間だった。

野球選手ジョー・ディマジオとの結婚はわずか9ヵ月で、劇作家アーサー・ミラーとの結婚は5年で破綻した。ジョン・F・ケネディやロバート・ケネディとの交際も噂された。こんななかでの突然の死だった。セックス・シンボルという虚飾と女優を目指す自分とのズレに悩み、演技を磨くためにアクターズ・スタジオにも通った。この言葉はそんな彼女の苦悩を感じさせる。

ケネディ兄弟と話すモンロー

6 1945年のこの日、広島に原爆投下
原爆投下したエノラ・ゲイ号の日誌に

ロバート・A・ルイス
Robert A. Lewis (1917–83)　エノラ・ゲイ号副機長

It just seems impossible to comprehend. Just how many did we kill? I honestly have the feeling of groping for words to explain this or I might say 'my God, what have we done?' If I live a hundred years I'll never quite get those few minutes out of my mind.

まったく何が起こったのかわからない。いったい何人殺したのだろう？　正直言って、このことをどう説明すればいいのか言葉が出てこない、そんな感じだ。しいて言えば、「いったい何をしでかしちまったんだろう？」ってとこか。たとえ100年生きるとしても、あの数分のことを心から追い出すことは絶対にできないだろう。

NOTES　「エノラ・ゲイ」とは広島に原爆を落としたB-29爆撃機につけられた愛称である。機には12名の乗組員がいたが、この名前は機長だったポール・ティベッツ大佐の母親の名前である。この日誌を書いたロバート・ルイスは副機長だったが、このような使命を持った機体にこんな名前をつけることに批判的であった。記述からもわかるように、ルイスは良心の呵責を感じていたが、乗組員のなかには使命だと割り切った者もいた。

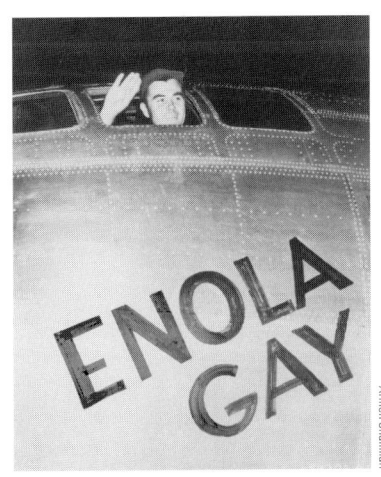

エノラ・ゲイ号とティベッツ機長

7
1945年のこの日、トルーマン大統領は
「宇宙の基本的なパワーを利用した爆弾」

ハリー・S・トルーマン
Harry S Truman (1884–1972)　第33代大統領

Sixteen hours ago an American plane dropped one bomb on Hiroshima. . . . It is an atomic bomb. It is a harnessing of the basic power of the universe. The force from which the sun draws its power has been loosed against those who brought war to the Far East.

H・S・トルーマン

16時間前に、アメリカの飛行機が広島にある爆弾を投下しました。——原子爆弾です。宇宙の基本的なパワーを利用した装置です。太陽のパワーの源である「力」が極東で戦争を引き起した人々に向けて発射されたのです。

NOTES　米軍が広島に原子爆弾を投下した直後に発表されたトルーマン大統領声明の一節である。原爆を落としたのは、日本の降伏を早めて日米双方の犠牲者を少なくするためだったというのが、アメリカでの一般認識である。しかしもうひとつの説もある。当時ソ連が力を持ちはじめ、東西冷戦の構図が出来上がりつつあった。そんななかで

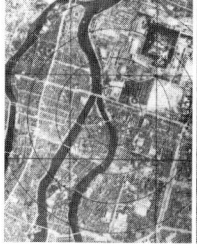

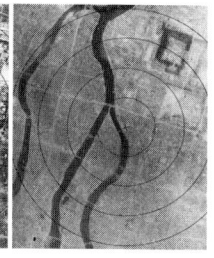

原爆投下前（左）と投下後の広島市街

原爆の威力をソ連に見せつけるため、また「占領国日本」に対するソ連の発言権を大きくしないために、日本を早く降伏させる必要があったので原爆を使ったというのだ。

8
1819年のこの日、生誕
犬と人間とニュースの関係

チャールズ・A・デイナ
Charles A. Dana (1819–97)　新聞発行者

When a dog bites a man that is not news. But when a man bites a dog, that is news.

C・A・デイナ

犬が人間を噛んでもニュースにはならない。しかし、人間が犬を噛めばニュースになる。

NOTES　ニュースの基本を説いた有名な定義。チャールズ・デイナは1833年から1950年まで発行されたニューヨークの新聞、『ザ・サン』の発行者であっ

た。彼は「『ザ・サン』に載っていれば、それは真実」という言葉をモットーにしていた。

　この新聞が今も名を残しているのは、本書12月24日の項で触れる「サンタさんて本当にいるの」という少女の投書に答えた社説がずっと語り継がれているからである。少女がこの質問を『ザ・サン』に送ったのは、父親にまず聞いたところ、「『ザ・サン』に載ったら、本当にいるんだろう」と言われたからだった。

9　＊知性があっても邪魔にはならない
ビル・ゲイツは「知性」に対する考え方を変えた

ランダル・E・ストロス
Randall E. Stross (1954–)　歴史学者、作家

American anti-intellectualism will never again be the same because of Bill Gates. Gates embodies what was supposed to be impossible—the practical intellectual.

B・ゲイツ

> ビル・ゲイツのお陰で、アメリカの反知性主義はこれまでとは違ったものになるだろう。ゲイツは不可能だと思われたことを実現した。つまり、「役に立つ知性」というわけだ。

NOTES　アメリカ人は目の前の問題を解決して前に進む実用主義を重んじ、ヨーロッパ的な教養主義には懐疑的である。「鉄道王」のヴァンダービルトも、「鉄鋼王」のカーネギーも、「石油王」のロックフェラーもみんな若いころから働き始め、大学なんて出ていない。実社会で「大物」になろうとしたら、「知性」なんか邪魔になるだけだ。これがアメリカの「反知性主義」である。

　ところが、名門私立高校からハーバード大学に進んだ優等生ビル・ゲイツが『フォーブス』の長者番付で、1994年から2006年にわたり「13年連続世界一」という離れ業をやってのけた。「知性」はあっても「大金持ち」になれることを、ビル・ゲイツがはじめて証明したと、『マイクロソフト・ウェイ』の著者ストロスは言っているのだ。

10　1874年のこの日、生誕
資本主義の唯一の問題は

ハーバート・フーバー
Herbert Hoover (1874–1964)　第31代大統領

The only trouble with capitalism is capitalists; they're too damn greedy.

H・フーバー

> 資本主義の唯一の問題は資本家だ。彼らは強欲の固まりだ。

NOTES 幼くして孤児となり、人一倍努力して経営者となり、さらに大統領にまでのぼりつめたフーバーは「厳しい個人主義＝ rugged individualism」の信奉者であった。そんな彼だから、大統領に就任した1929年に大恐慌が起こり、大量の失業者が発生しても、個人に救いの手を差し伸べる政策はとらなかった。個人を救済することはアメリカ人の道徳心を衰退させると考えたのだ。このため非常事態に必要な対策をとらず、経済は悪化の一途をたどり、大恐慌に何の手も打てなかった大統領という汚名を着ることになった。この言葉は大恐慌のさなか、友人のジャーナリストにもらした言葉であるが、リーマン・ショック以後のアメリカを予言する言葉ともなった。

11 ＊有名なアインシュタインの電報
原爆を作ってしまったことの反省？

アルバート・アインシュタイン
Albert Einstein (1879–1955)　理論物理学者

The unleashed power of the atom has changed everything save our modes of thinking and we thus drift toward unparalleled catastrophe.

アインシュタインと「原爆の父」オッペンハイマー

> 解き放たれた原子の力はすべてのものを変えてしまった。しかし私たちの思考法だけが変わらない。そして私たちは比類のない破局に向かって押し流されているのだ。

NOTES アインシュタインは1939年、科学者レオ・シラールの誘いでローズベルト大統領に原爆開発の必要性を説いた手紙を共同で書いた。ドイツのほうが先に原爆を開発することを恐れたのだ。これが広島、長崎への原爆投下につながることになったのだが、彼はこの手紙に署名したことを生涯悔やんでいた。

　上記の言葉はアインシュタインが1946年、原子力科学者緊急委員会の委員長として、著名なアメリカ人数百人にあてた電報の一節。この電報のなかで、アインシュタインは原子力を人類の破壊ではなく、人類の利益のために使うには新しい原子力科学の教育が必要であるとして、その基金となる20万ドルの募金を訴えている。

12 ＊1882年、アメリカ講演旅行での感想
ナイアガラの滝に失望したワイルド

オスカー・ワイルド
Oscar Wilde (1854–1900)　イギリスの作家、劇作家

I was disappointed with Niagara—most people must be disappointed with Niagara. Every American bride

O・ワイルド

Napoleon Sarony

is taken there, and the sight of the stupendous waterfall must be one of the earliest, if not the keenest disappointments in American married life.

> ナイアガラにはがっかりした。たいていの人はがっかりするに違いない。アメリカの花嫁はみんなナイアガラに [新婚旅行で] 連れて行かれ、馬鹿でかい滝を見せられて、アメリカの結婚生活における、最大ではないかもしれないが、最初の失望を味わうに違いない。

NOTES 新婚旅行の定番というと、半世紀前の日本では熱海か宮崎だったが、アメリカでは昔からナイアガラの滝と決まっていた。マリリン・モンロー主演の映画『ナイアガラ』（1953 年）でその人気はさらに高まり、「新婚旅行の世界首都」とまでいわれた。新婚旅行スポットとしての人気は、膨大な水量の落下で立ちのぼるマイナス・イオンが男女をその気にさせるからという説もあるが、これは眉唾。往年ほどではないが、アメリカではハワイ、ラスベガスに次いでハネムーン・スポットとしての人気はまだまだ健在だ。

異性愛、結婚、新婚旅行とイメージがつながるナイアガラの滝は同性愛者のオスカー・ワイルドの関心を引かなかったのだろう。

13 ＊1898 年、キューバのレミントンへの電報
イエロー・ジャーナリズムが戦争を煽った

ウィリアム・ランドルフ・ハースト
William Randolph Hearst (1863–1951)　新聞発行者　　W・R・ハースト

Please remain. You furnish the pictures and I'll furnish the war.

> 留まられたし。絵を送れ、こちらは戦争を送る。（furnish ＝供給する）

NOTES メディアが戦争を煽った例としてよく引き合いに出される言葉。19 世紀末、ニューヨークではハースト率いる『ニューヨーク・ジャーナル』紙とピューリッツァー率いる『ニューヨーク・ワールド』紙が、煽動的な暴露記事を売り物に、100 万人の読者獲得を目指して競っていた。そのセンセーショナルな報道は、両紙に同時に掲載されていた漫画の主人公「イエロー・キッド」から、イエロー・ジャーナリズムと呼ばれた。

折しも、キューバではスペインからの独立を目指してゲリラ戦が続いており、両紙には拡販の格好のネタだった。こんな状況下の 1898 年 2 月、ハバナ港に停泊中の米海軍のメイン号が爆発して 266 人の乗組員が死亡するという事件が起こ

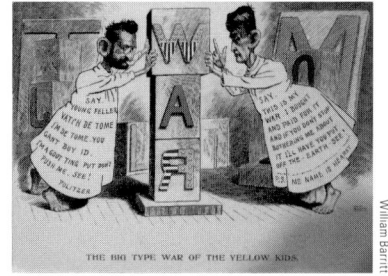

「イエロー・キッド」の衣装を着て、戦争を煽り立てるピューリッツァー（左）とハースト

る。これをスペインのしわざとしてアメリカの世論は沸騰し、イエロー・ジャーナリズムは戦争開始を煽り立てた。この取材のためにハーストは有名な写実画家フレデリック・レミントンをキューバに送り込んだが、戦争のきざしはなく、レミントンは「帰国希望」の電報を打った。それに対してハーストは上記の電報を返したと伝えられている。

4月には米西戦争が始まり、勝利したアメリカは全フィリピン諸島を譲り受け、プエルトリコとグアム島を領有することになった。

14 1971年のこの日、『ニューヨーカー』誌に
孤独だったロックの女王

ジャニス・ジョプリン
Janis Joplin (1943–70) 歌手
On stage I make love to twenty-five thousand people, then I go home alone.

> 舞台の上で、2万5000人の聴衆とセックスをして、舞台が終われば、ひとりぼっちで家に帰るのよ。

J・ジョプリン

NOTES ジャニス・ジョプリンは高校卒業後ビートニクに憧れ、黒ずくめのファッションに身を包み、コーヒーハウスで詩を朗読していた。そして23歳のとき、ヒッピー文化が頂点に達したサンフランシスコのモンタレー・ポップ・フェスティバルに登場し、『ボール・アンド・チェーン』を絶叫した。まさに衝撃的なデビューだった。

彗星のように現れ、疾風のように60年代アメリカのカウンター・カルチャー・シーンを駆け抜け、燃え尽きた。享年27。つかのまの激しい愛とそれに続く深い失意、成功と挫折を繰り返すジャニスの人生のなかで、本当に信じられる場所はステージだけだった。

15 1935年のこの日、死去
昔は日本もこんなこといわれていた

ウィル・ロジャーズ
Will Rogers (1879–1935) 俳優、ユーモア作家
[On the Japanese:] They got everything we got, and if they haven't, you show it to 'em and they will make it.

W・ロジャーズ

> [日本人について] 彼らは俺たちが持っているものは何だって持っているんだ。もし持っていないものがあったら彼らに見せてみな。すぐ作っちまうから。

> **NOTES**　ウィル・ロジャーズはボードビルの芸人、俳優、コラムニストなどいろいろな顔を持っていた。映画は71本に出演し、ユーモアあふれるコラムを書き、講演旅行やラジオ放送などで20年代から30年代にかけて圧倒的な人気を博していたが、35年、飛行機事故で死んだ。そんな彼が日本について語った言葉がこれである。1932年に雑誌に書いたものだが、日本は30年代からもうこんな目で見られていたことがわかる。残念ながらこんな「特技」は、今は隣の国に移ってしまったようだが。(→12月10日)

16　1977年のこの日、死去
あの腰振りスタイルからつけられたあだ名

エルビス・プレスリー
Elvis Presley (1935–77)　歌手

I don't like being called Elvis the Pelvis. That's gotta be one of the most childish expressions I've ever heard coming from an adult.

E・プレスリー

> 「ペルビス（＝骨盤）エルビス」って呼ばれるのは好きじゃない。大人が口にする言葉であんな子どもじみた言葉はないよ。

> **NOTES**　1956年、エルビスは人気歌番組『ミルトン・バール・ショー』で、『ハウンド・ドッグ』を歌った。スタンダードなアップビートが後半にスローなビートに変わったかと思うと、エルビスはリズムに合わせて腰を激しくエロチックに回転させ始めた。スタジオの女の子たちは狂喜した。「エルビス・ザ・ペルビス（骨盤）」という有名なニックネームが誕生した瞬間である。このあと出演した『エド・サリバン・ショー』では、視聴者からの抗議を怖れて、カメラはエルビスの上半身しか映さなかった。

17　1807年のこの日、蒸気船試運転
アメリカの発展に大きな貢献

ロバート・フルトン
Robert Fulton (1765–1815)　発明家

My steamboat voyage to Albany and back has turned out rather more favourable than I had calculated.... The voyage has been performed wholly by the power of engine, I overtook many sloops and schooners beating to windward, and passed them as if they had been at anchor.

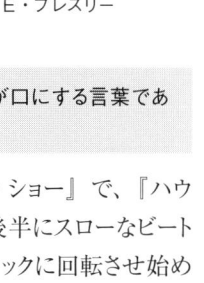

R・フルトン

> オルバニーへ往復の蒸気船の航海は思ったより順調でした。──航海はすべてエンジンだけ。多くの1本マストや2本マストの帆船を追い越しましたが、風に逆らって進むそれらの船は、まるで停泊しているようでした。

NOTES 　1807年のこの日、フルトンは新造外輪蒸気船クラーモント号のテスト航行のため、ニューヨークからハドソン川をさかのぼり、250キロほど離れたニューヨーク州都のオルバニーまでを往復した。上記の文はその成功を報告する手紙である。この前にも蒸気船は作られていたが、フルトンは「はじめての実用化」に成功したのだった。

ハドソン川を航行するクラーモント号

　1817年にはオルバニーとエリー湖を結ぶ運河の掘削が開始され、大西洋からミシシッピ川までが水路でつながるにおよんで、蒸気船は鉄道と競い合いながら、アメリカの発展に大きな貢献をすることになる。またアジアとの交易を可能にし、1853年の「黒船来航」、それに続く日本の開国をうながす要因ともなった。

　フルトンは世界初の潜水艦や機雷の設計をしたことでも知られている。

18 1988年のこの日、共和党大会の演説で
「唇を読んでくれ」ってどういうこと？

ジョージ・H・W・ブッシュ
George H. W. Bush (1924–)　第41代大統領

The Congress will push me to raise taxes, and I'll say no, and they'll push, and I'll say no, and they'll push again. And all I can say to them is, read my lips: No new taxes.

G・H・W・ブッシュ

> 議会は私に圧力をかけて増税させようとする。拒否すると、また圧力をかけてくる。その繰り返しだ。議会の連中に言えることは、私の言うことをよく聞けっていうこと。新税を設けることはしない。

NOTES 　「read one's lips」は文字通り「読唇する」という意味でも使われるが、慣用句としては「よく聞く」という意味。父ブッシュが1988年の共和党全国大会で大統領候補指名受諾演説のなかで使い、ニュースで繰り返し流されて有名なフレーズになった。しかし、ブッシュは大統領になると、議会の多数派だった民主党との妥協を迫られ、増税に踏み切り、この選挙公約を反故にしてしまう。大統領が議会工作

のために妥協することはままあることだが、「read my lips」というフレーズがあまりにも有名になったことで、ブッシュの変心が浮き彫りになり、信頼性の失墜につながった。

19 ＊黄色いリボンとハンカチのつながり
『幸福の黄色いハンカチ』もここから

Anonymous（作者不詳）
[*She wore a yellow ribbon* ＝黄色いリボン]
Around her neck she wore a yellow ribbon,/
She wore it for her lover who was far, far away.

彼女の首に巻いた黄色いリボン／それははるか遠い恋人のため

NOTES 　長い刑務所暮らしをしていた男の自宅の前で、黄色いハンカチがいくつもつながれて空にたなびいている——妻が自分の帰りを待ってくれている証だ。山田洋次監督の映画『幸福の黄色いハンカチ』の感動的なエンディングである。この映画の原作はピート・ハミルのコラム『Going Home』。原作では、黄色いハンカチが大きな樫の木の幹に結びつけられている。このコラムは評判を呼び、テレビドラマ化され、黄色いリボンを身につけて愛する人の無事を願い、帰りを待つという、古くからアメリカにあった習慣が新たな脚光を浴びた。上記の言葉は、その古い習慣を歌った民謡の一節である。ジョン・フォード監督の『黄色いリボン』のテーマ曲としても使われた。

　1973年には『黄色いリボンを樫の木に巻きつけて』という曲が大ヒットする。それ以降、1979年のテヘラン米大使館占拠・人質事件、1991年の湾岸戦争、2003年のイラク戦争などで、愛する人を待つ意思表示として黄色いリボンを木の幹に巻きつけたり、玄関のポーチに飾ったりする習慣がアメリカで広がった。

20 ＊1963年、オハイオ大学の講義で
ベトナム戦争反対の強烈なメッセージ

ガーション・レグマン
Gershon Legman (1917–99)　社会批評家、民俗学者
Make love not war.

戦争するよりセックスしよう。

NOTES 　1960年代のアメリカはカウンター・カルチャーの時代だった。ベトナム戦争（アメリカは1961年に介入、73年に撤退）が続くなかで、政治意識に目

覚め、社会の不公正に憤った若者は、反戦運動、大学闘争や公民権運動に身を投じた。

　一方、体制を変えるよりは、ドロップアウトして、愛と平和の「ゆるい」生き方を目指した若者もいた。長髪、ビーズのネックレス、素足、カラフルなTシャツといった奇抜なファッションを身にまとい、コミューンで共同生活をし、ドラッグ体験を反映したサイケデリック音楽を楽しみ、フリーセックスを謳歌した彼らは、50年代の「ヒップ＝hip」の卵という意味で「ヒッピー＝hippie」と呼ばれた。このヒッピーたちのスローガンが上記の言葉だ。

　1967年の夏、サンフランシスコに約10万人のヒッピーが集結した「サマー・オブ・ラブ」、そして1969年に50万人が参加した「ウッドストック音楽祭」で頂点に達したが、それ以後ヒッピー・ムーブメントは衰退した。

ウッドストックに集まったヒッピーたち

21　1959年のこの日、ハワイが50番目の州に
「南海の楽園」がアメリカ領になったのは

ジョン・L・スティーブンズ
John L. Stevens (1820–95)　政治家

The Hawaiian pear is now fully ripe and this is the golden hour for the United States to pluck it.

ハワイの梨は今や完熟。アメリカが摘み取る最高のときです。

リリウオカラニ女王

NOTES　ハワイには楽園という形容詞がついてまわるが、ハワイ王国転覆という悲しい歴史がある。ジョン・スティーブンズは米国ハワイ公使として、その王国転覆に深くかかわった人物。「アロハ・オエ」の作者としても有名なリリウオカラニ女王が1891年に即位し、アメリカによって縮小された国王の権限を回復しようとした。この動きを警戒したスティーブンズはジェイムズ・ブレイン国務長官に手紙を送る。その一節が上記の言葉である。そして英国の介入を防ぐには合併しかないと説いた。

　彼はアメリカ人のビジネスマンと結託し、アメリカ海軍を上陸させ王国政府を威嚇した。その結果、1893年、リリウオカラニ女王は退位しハワイ王国は消滅する。1898年にはアメリカの準州となり、1959年に50番目の州になった。

　ハワイ王国転覆100年目にあたる1993年、連邦両議院は王国転覆に米国政府と市民が関与したことに対してハワイ先住民族に謝罪する共同決議を採択している。

22 1989年のこの日、死去
原爆と水着はビキニでつながっていた

ダイアナ・ブリーランド
Diana Vreeland (1903–89)　ファッション評論家
The bikini is the most important thing since the atom bomb.

> ビキニは原子爆弾の発明以来もっとも重要なものなのよ。

NOTES　水着のビキニは1946年、フランスのルイ・レアールによって考案された。レアールはクルマのエンジニアだったが、母親が下着会社を経営していたので、こんな水着を思いついたのだ。この年の7月1日、アメリカがマーシャル諸島のビキニ環礁で原爆実験を開始した。そこでレアールは「原爆ほどに衝撃的な水着」という意味で、「ビキニ」と命名し、7月5日に発表。さすがに大胆すぎてすぐには流行らず、一般に着られるようになったのは欧米では60年代、日本では70年代に入ってからであった。

ビキニの水着

23 1723年のこの日、死去
これがハーバード大学総長の発言？

インクリース・マザー
Increase Mather (1639–1723)　聖職者、ハーバード大学総長
Thunder is the voice of God, and, therefore, to be dreaded.

> 雷鳴は神の声である。したがって、怖れなければならない。

I・マザー

NOTES　これが世界ランキング第1位の大学の総長の言葉だと思うとビックリするが、ハーバード大学が1636年に創立された目的は、マサチューセッツ湾植民地のピューリタンの指導者を育成することだったと知れば、そんなに不思議なことではないだろう。マザーはボストンの大きな教会の司祭で、植民地の精神界を牛耳っていた。1692年から1701年までハーバード大学の総長を務めている。ピューリタンだった彼は、「悪天候や火事、水害などの自然現象は神の怒りである」と信じていたのだ。

　1692年に「セイラムの魔女裁判」で20人が処刑されるという事件が起きたときには、「10人の魔女が逃れたとしても、ひとりの無実な人間を有罪としてはならない」という手紙を判事たちに送っているが、彼の息子のコトン・マザーは死刑の判決を出した判事たちを弁護している。ふたりとも魔女の存在は信じていたのだ。

24

＊1953年に『プレイボーイ』誌創刊

ひとりの男のファンタジーが世界を席巻

ヒュー・ヘフナー
Hugh Hefner (1926–)『プレイボーイ』誌発行者

The interesting thing is how one guy, through living out his own fantasies, is living out the fantasies of so many other people.

> 面白いと思うのは、ひとりの男が自分だけの空想の世界を実現したつもりなのに、それが多くの人の空想の世界だったということだな。

NOTES　ヘフナーは1953年、出資者から8000ドルを集めて『プレイボーイ』を創刊した。表紙とセンターホールドのグラビアにマリリン・モンローのヌード写真を使ったことで5万部以上売れた。まだ古い倫理観がはびこっていた50年代の前半に、女性ヌードを掲載する高級男性月刊誌というコンセプトは新鮮だった。『プレイボーイ』はプレイメイトと呼ばれる女性のヌードを売り物にしながら、実は一流の執筆陣による小説、コラム、そして著名人へのインタビューなどを通して、男性のためのライフスタイルを提唱する雑誌だった。1972年には最高の700万部余に達したが、それ以後は部数を落とし、1988年にはヘフナーの娘のクリスティがプレイボーイ社のCEOに就任した。現在の発行部数は150万部、ヘフナーの空想はまだ続くのだろうか。

H・ヘフナー

25

1819年のこの日、生誕

「私立探偵」はこうでなくっちゃ

アラン・ピンカートン
Allan Pinkerton (1819–84) 探偵

We never sleep.

> 我々は眠らない。

ピンカートン（左）とリンカーン

NOTES　アラン・ピンカートンはスコットランド生まれだが、1842年、23歳のときアメリカに移住し、1850年にはピンカートン探偵社を設立している。シャーロック・ホームズが「開業」したのが1881年ということになっているから、私立探偵としては草分け的な存在だろう。鉄道強盗を捕まえたのが縁で、大統領候補だったリンカーンと知り

合い、彼の警護をするとともに、南北戦争では北軍のためにスパイ活動もした。リンカーンが暗殺されたとき警護にあたっていたのは陸軍で、彼の責任ではなかった。

「We never sleep.」をモットーに会社はどんどん大きくなっていったが、20世紀に入ると経営者にやとわれたスト破りの仕事が多くなってイメージ・ダウンする。探偵業のほうもFBI（連邦捜査局）ができたり、同業者が増えたりしてふるわなくなった。現在はスウェーデンの警備会社のアメリカ支社の一部として残っている。

26

1971年のこの日、『ニューヨーク・タイムズ』紙に

日本と同じですね

グロリア・スタイネム
Gloria Steinem (1934–)　ジャーナリスト、フェミニスト
Most American children suffer too much mother and too little father.

G・スタイネム

ほとんどのアメリカの子供は過剰な母親の存在と過小な父親の存在に傷ついている。

NOTES　グロリア・スタイネムは、ベティ・フリーダンと並ぶ現代アメリカ女性解放運動の旗手。1963年にプレイボーイ・クラブ潜入記「私はプレイボーイのバニーだった」で、バニー・ガールの過酷な労働条件を暴き、注目される。1960年代後半から女性解放運動のリーダーとして頭角を現し、1972年には女性問題の雑誌『ミズ = Ms.』を発刊する。

上記の言葉は1970年に開かれた、男女平等憲法修正（ERA）条項を審議する上院司法委員会での発言。女性が男性と同一労働・同一賃金を認められれば、男性のみが家計の担い手である必要はなくなり、子供と接する時間も生まれる。女性解放運動は男性解放運動でもあると熱弁をふるった。ERA条項はまだ成立していない。

27

1963年のこの日、死去

黒人運動家の1900年の予言

W・E・B・デュボイス
W. E. B. Du Bois (1868–1963)　社会学者、市民権運動家
The problem of the twentieth century is the problem of the color line.

20世紀の問題は皮膚の色による問題である。

W・E・B・デュボイス

> **NOTES**

デュボイスはハーバード大学で博士号をとった最初のアフリカ系アメリカ人で、20世紀前半の公民権運動をリードした。とくに1909年に白人の改革主義者たちと協力して、NAACP（全米有色人種向上協会＝ National Association for the Advancement of Colored People）を創立した功績は大きい。NAACPは公民権獲得に主導的役割を果たした。

この発言はまさに20世紀の前夜の1900年、ロンドンで開かれた汎アフリカ会議での演説。ここでの「color」とは広く「非白人＝ non-white」の意味を持っていて、1905年に日本が日露戦争で勝利すると、彼は「有色人種のプライド＝ colored pride」を示したものとして賞賛した。しかし日本に肩入れするあまり、のちの満州事変も「有色人種（日本）が白人の植民地支配から中国を開放したもの」とするアフリカ系アメリカ人の学者たちの主張に賛同している。

28　1963年のこの日、ワシントン大行進
「アイ・ハブ・ア・ドリーム」の演説を生んだ一言

マヘリア・ジャクソン
Mahalia Jackson (1911–72)　歌手
Tell them about the dream, Martin.

> あの夢の話をするのよ、マーティン。

M・ジャクソン

> **NOTES**

奴隷解放宣言から100年目に当たる1963年8月28日、人種差別撤廃を求める20万人の「ワシントン大行進」が行われた。リンカーン記念堂前の集会では市民権運動家の演説や有名歌手の歌が続いた。ゴスペルの女王マヘリア・ジャクソンが歌い、ボブ・ディランも歌った。そしてキング牧師が「I have a dream ＝私には夢がある」という歴史に残る名演説をしたのだ。しかし、もともと彼が用意した演説は「旧態への逆行を許すな」というタイトルで、奴隷解放宣言にもかかわらず、いまも黒人が不平等に苦しんでいる現状を語るという重苦しい内容だった。演説は終盤にさしかかっていた。

そのとき、キング牧師の背後からマヘリア・ジャクソンが叫んだ。「あの夢の話をするのよ、マーティン」。彼女は以前に「私には夢がある」を繰り返す感動的な演説を聞いたことがあった。「あの夢の話をするのよ」。彼女は繰り返した。キング牧師は一息置いて語り出した。「我が友よ、今日、私は皆さんに告げよう。我々は今日も明日も困難に直面するだろう、それでも私には夢があると。それはアメリカの夢に深く根ざした夢なのだ」

こうしてあの名演説が誕生した。そしてそれを生んだのが、マヘリア・ジャクソンのこの一言だったのだ。

29 ＊黒人問題の複雑なところ
心のなかの「差別」をなくすのは難しい

E・E・カミングス
E. E. Cummings (1894–1962)　詩人

To like an individual because he's black is just as insulting as to dislike him because he isn't white.

> ある人を、彼が黒人だから好きだということは、彼が白人ではないから嫌いだということと同じように無礼なことなのだ。

E・E・カミングス

NOTES　「e. e. cummings」と書けば、「なんだ彼のことか」とお分かりになる方もいるだろう。20世紀のアメリカ詩人を代表するひとりである。この言葉は詩人らしい黒人問題への言及。差別を撤廃する法律ができて、それがきっちり施行されれば黒人問題が解決するのではない。心のなかの「差別の壁」を乗り越えるのがいかに難しいかということを語っている。同じ有色人種だからということで、日本人が親近感を抱いて黒人に話しかけるのも、カミングスに言わせれば、「無礼」なことなのだ。

キング牧師の「ドリーム」が実現するのは容易なことではない。

30 1930年のこの日、生誕
空前の投資実績をあげ、なおかつ尊敬される人の名言

ウォーレン・バフェット
Warren Buffett (1930–)　投資家

It's only when the tide goes out that you learn who's been swimming naked.

> 潮が引いたときにこそ、誰が裸で泳いでいたのかが分かる。

NOTES　ウォーレン・バフェットは著名な投資家で、世界有数の資産家でもある。世界最大の投資ファンド、バークシャー・ハサウェイの会長兼CEOとして空前の投資実績をあげた。しかし質素な暮らしをし、慈善事業にも積極的で尊敬を集めている。

上記の言葉はなんとも愉快だが、「裕福な人は子供たちに、何でもできるだけの財産を残すべきだが、何もしなくていいほどの財産を残してはいけない＝A very rich person should leave his kids enough to do anything but not enough to do nothing.」などという名言もある。

オバマ大統領と話すバフェット

31 *日本にも 3 回来ました
秋田犬をこよなく愛したヘレン・ケラー

ヘレン・ケラー
Helen Keller (1880–1968) 教育者、福祉事業家

If ever there was an angel in fur, it was Kamikaze. I know I shall never feel quite the same tenderness for any other pet. The Akita dog has all the qualities that appeal to me . . . he is gentle, companionable and trusty.

> 毛皮にくるまった天使がいるとすれば、それは「神風」。これと同じ優しさをほかのペットに感じることは絶対ないわ。あの秋田犬は私の心に訴えかける資質をみんな持っている。優しいし、気持ちが通じるし、信頼できるの。

NOTES 1937年に来日したヘレン・ケラーは日本各地を講演旅行した。秋田で講演したとき、忠犬ハチ公のことを知った犬好きのヘレンは秋田犬が欲しいと言いだす。それを聞いて秋田署の巡査、小笠原一郎が飼っていた秋田犬をプレゼントした。これが「神風」である。ところが「神風」はアメリカ到着2ヵ月後にジステンパーで急死してしまった。彼女の嘆きが外務省をとおして日本に伝わり、同氏は「神風」の兄、「剣山」を贈った。

クーリッジ大統領夫人の唇に手を当てて会話するケラー

9月 SEPTEMBER

1 ＊1958年の著書のなかで
クルマが作ったアメリカ社会

ジョン・キーツ
John Keats (1921–2000)　コラムニスト

The automobile changed our dress, manners, social customs, vacation habits, the shape of our cities, consumer purchasing patterns, common tastes, and positions in intercourse.

> 自動車によって、服装、行儀、社会的慣習、休暇の取り方、都市の形、消費者の購買パターン、社会的好み、そしてセックスの体位まで変わってしまった。

NOTES　ヘンリー・フォードがベルトコンベヤー方式の大量生産によって庶民の手に届く価格でT型フォード車を売り出したのが1908年。1910年には全国で13万台程度だった自動車は、1960年には7400万台にまで増えていた。クルマの普及によってまず都市の形が変わった。都市が郊外へと広がり、人々は郊外からダウンタウンに通勤するようになった。デートの仕方も変わった。それまでは男性が女性の家を訪問するのがルールだったが、親の目を逃れて車で外出できるようになった。ファーストフード店、モーテル、コンビニエンス・ストアが道路わきに林立した。

上記の言葉は、社会派ジャーナリストのジョン・キーツが巨大化した50年代のアメ車を批判した『The Insolent Chariots＝傲慢なクルマ』から。

30年代のクルマ

2 ごもっともな話

＊1995年、『フォーチュン』誌に発表された株価理論

モーディカイ・カーツ
Mordecai Kurz (1934–)　経済学者

There is only one truth, and many opinions. Therefore, most people are wrong most of the time.

> あるのはひとつの真実とたくさんの意見。だから、大部分の人はいつも間違っているのである。

NOTES　カーツはスタンフォード大学の経済学の教授。これは市場で株価をどう評価するかについて述べた言葉。経済学の定説では「経済主体は、入手可能な情報をもとにして、経済的目的を達成するためのベストの将来予測をして現在の行動を決める」。これは「合理的期待理論」と呼ばれる。情報が同じであれば、将来予測も同じになり、市場における株価はその株の価値を正確に反映する。カーツはこれに異を唱え、「合理的信念理論」なるものを提唱した。彼によると「人々は自らの信念に従って行動する。その信念は人の数だけあって、合理的期待のように、絶対無二ではなく、その信念が間違っているとわかれば、人は信念をどんどん変える。また、信念は情報に基づくが、その情報をどう理解するかによって、信念は変わってくる」という。したがって、市場の株価は株の価値を正確に反映するものではないと主張したのだ。

3 セオドア・ローズベルトお気に入りの格言

1901年のこの日、『ミネアポリス・トリビューン』紙に

セオドア・ローズベルト
Theodore Roosevelt (1858–1919)　第26代大統領

I have always been fond of the West African proverb: "Speak softly and carry a big stick; you will go far."

T・ローズベルト
Pach Brothers

> 私のお気に入りの西アフリカの格言があります。それは「大きな棍棒を持ってやさしく話せ──そうすればうまくいく」。

NOTES　1901年、セオドア・ローズベルトは第25代大統領マッキンリーのもとで副大統領になったが、同年の9月、マッキンリーが暗殺されたため大統領に就任した。42歳、史上最年少の大統領である。ちなみにケネディが大統領になったのは43歳だった。

　この言葉はローズベルトが生涯のスローガンとして実行したものである。
　まず「棍棒」のほうからいくと、1898年の米西戦争では「ラフ・ライダーズ」という

義勇兵を組織して大殊勲をあげ、国民的人気を得た。また大統領になってからは海軍力の強化につとめ、1907年にはアメリカ艦隊を世界一周させて力を誇示するとともに、カリブ海域での勢力伸張、パナマ運河地帯の獲得に成功した。

「やさしく話す」ほうでは、日露戦争を終結させるポーツマス条約締結の調停をしたり、モロッコ紛争の解決に尽力した功績などでノーベル平和賞を受賞している。

4

＊1833年、ジョン・クインシー・アダムズに
当時は単語のつづりも決まっていなかったので

アンドリュー・ジャクソン
Andrew Jackson (1767–1845)　第7代大統領

It is a damn poor mind indeed which can't think of at least two ways to spell any word.

A・ジャクソン

> どんな言葉にだって、最低2通りの書き方があるということを考えないなんて、なんとせこましい了見だ。

NOTES　ジャクソンは米英戦争（1812-15）のニューオーリンズの戦いで国民的英雄になり、第7代大統領になったが、教育をほとんど受けておらず、その「無教養」が政敵の揶揄の対象になっていた。ハーバード大学がジャクソンに名誉博士号を贈るときに、前大統領のジョン・クインシー・アダムズは「自分の名前も正しく書けない男に博士号を贈るのは許せない」として、授与式に出ることを拒んだ。

上の言葉はそんなアダムズに対するジャクソンのジョークの返しである。当時はまだ単語のスペルが定まっていなかったため、いろいろな書き方があった。それを認めないなんて、なんと狭量な男かと言っているのだ。スペルが統一され始めるのは、ノア・ウェブスターが登場してからということになる。（→5月28日）

5

＊アメリカ名言集にはよく出てきますが
素晴らしい人生訓のような、そうでもないような

チャールズ・デードリック
Charles Dederich (1913–97)　カルト指導者

Today is the first day of the rest of your life.

> 今日という日は残された人生の最初の日である。

NOTES　アメリカの名言集にはよく出てくる言葉であるが、これを読んで「そうだ、今日からは心を入れ替えて生きよう」と思うノリのいい人がいるかもしれない

し、「それはそうだけど、それがどうした」とノラない人もいるだろう。

　この言葉を作ったデードリックは、1958年、カリフォルニアのサンタモニカに「シナノン」という麻薬からの更生施設を作り、高い評価を得ていた。ところがだんだんと宗教的要素を強めてカルト的になり、70年代になると暴力事件を起こしはじめ、ついには信者を救い出そうとした弁護士の郵便受けにガラガラヘビを入れて噛ませるという殺人未遂事件まで起こしてしまった。デードリックは5年間の保護観察と5000ドルの罰金という判決を受け、1989年には教団を解散している。

　こういう人物が作った格言と思うと、なんとなくナットク。

「シナノン」が使っていたビル

6　1997年のこの日、ダイアナ妃の国民葬
ダイアナ妃の葬儀で読まれた詩

ヘンリー・ヴァン・ダイク
Henry van Dyke (1852–1933)　作家、詩人、聖職者

Time is/Too slow for those who wait,/Too swift for those who fear,/Too long for those who grieve,/Too short for those who rejoice;/But for those who love,/Time is eternity.

H・V・ダイク

> 時の流れは/待つ人にとっては遅すぎる/怖れる人にとっては速すぎる/悲しむ人にとっては長すぎる/喜ぶ人にとっては短すぎる/しかし、愛する人にとって/時は永遠である

NOTES　ダイクは作家で詩人、聖職者。オランダ公使も務めた。この『カトリーナの日時計のために』と題される詩は亡くなった人を悼むときによく読まれる。1997年のダイアナ妃の葬儀のときにも、2001年の同時多発テロ事件のイギリス人犠牲者追悼式でも読まれた。カトリーナとは、ダイクの友人だった実業家・慈善家のスペンサー・トラスクの妻で、夫から贈られた庭園の日時計にこの詩が刻まれている。

7　＊19世紀の半ばころにできあがった
野球はアメリカの国民的スポーツ

ジャック・バーザン
Jacques Barzun (1907–)　歴史学者

Whoever wants to know the heart and mind of America had better learn baseball, the rules and realities of the game—and do it by watching first some high school or small-town teams.

J・バーザン

> アメリカ人の心を知りたかったら野球を知るのがいい。このゲームのルールや現実味をね。
> ──それも高校野球か草野球から見始めるべきだね。

NOTES　文化史の大家バーザンの言葉は、以下のリトルリーグの「誓いの言葉」を読むと納得できる。「私は神を信じます。私は祖国を愛します。そしてその法律を尊重します。私は正々堂々とプレーします。そして勝つために努力します。しかし、勝敗に関係なく最善を尽くします」。まさにアメリカン・スピリットそのものではないか。

　しかし、1954年のバーザンの言葉から半世紀以上たったいまでは、「アメリカの娯楽」と呼ばれた野球の人気はアメリカン・フットボールにはるかに及ばない。2011年のハリス世論調査では、野球がいちばん好きと答えた人は16パーセントで、第1位のフットボール（31パーセント）に大きく水をあけられている。第2位はバスケットボール（17パーセント）。

8　1892年のこの日、「忠誠の誓い」発表
学校で毎日唱えさせられます

フランシス・ベラミー
Francis Bellamy (1855–1931)　牧師・作家

I pledge allegiance to my flag and the republic for which it stands, one nation, indivisible, with liberty and justice for all.

> 私はアメリカ合衆国の国旗と国旗が象徴する共和国に忠誠を誓います。分かち難いひとつの国、万人に自由と正義をあたえる国に。

NOTES　州によって多少の違いはあるが、アメリカの学校では毎朝「忠誠の誓い」を唱えることが義務づけられている。この誓いの原文は、牧師で社会主義者であったベラミーが書いて、1892年のこの日発売された『Youth's Companion』という雑誌に載せたものである。この雑誌社では学校に星条旗を売り込むこともしていたので、コロンブスのアメリカ発見400年記念にかけてセールス強化をもくろんだのだ。この作戦は図に当たり、ハリソン大統領が国旗に対して忠誠を誓う儀式を公認し、この年の10月12日のコロンブス・デーから行われるようになった。

　言葉は4回の小さな改定を経て、現在では次のようになっている。

「I pledge allegiance to the flag of the United States of America, and to the republic for which it stands, one nation under God, indivisible, with liberty and justice for all.」

「忠誠の誓い」を唱える小学生たち

9

＊「アイビー」ブームの牽引役だった

ポロ・シャツで一気に有名に

ラルフ・ローレン
Ralph Lauren (1939–)　服飾デザイナー

I don't design clothes, I design dreams.

私は服をデザインしているのではない。夢をデザインしているのです。

R・ローレン

NOTES　「Polo」の商標のもとに一世を風靡したラルフ・ローレンだが、彼自身も認めているようにデザインの力で人気となったわけではない。アメリカのいい大学を出て、いい生活をする上流社会のファッションをセンスアップして提案したところに成功の秘訣があった。日本でも「アイビー・ルック」、「プレッピー・ルック」が流行したが、その旗頭の役割を果たした。だから「Polo」の製品は男性もののみならず、女性もの、子供もの、さらには日常の家庭用品にもおよんでいて、それが上流志向の消費者の心をつかんだのだ。この言葉はそんな事情を端的に言い表している。

10

＊1941年9月11日、「炉辺談話」で

この発言の3ヵ月後、真珠湾攻撃

フランクリン・D・ローズベルト
Franklin D. Roosevelt (1882–1945)　第32代大統領

「炉辺談話」をするローズベルト

When you see a rattlesnake poised to strike, you do not wait until he has struck before you crush him.

ガラガラヘビが攻撃態勢に入ったのを見たら、攻撃してくる前に叩きつぶすのがあたりまえだ。

NOTES　この言葉は1941年9月11日、ローズベルトが自分のラジオ番組「炉辺談話」で語った言葉であるが、この3ヵ月後に真珠湾攻撃が行われている。彼は日本に対する石油輸出を禁止して窮地に追い込み、日本が宣戦を布告してから応じようとしていた。日本の連合艦隊がハワイに向かっていることを暗号解読で知りながら、ハワイの現地司令官には知らせなかったという説まである。ともあれ、このラジオの言葉とは裏腹にガラガラヘビに噛みつかれて、戦艦8隻、航空機200機、人命2400を失うという結果になってしまった。ところが事態をさらに複雑にしたのは日本の宣戦布告がワシントンの日本大使館のミスで真珠湾攻撃のあとになってしまったことであった。

　いったいローズベルトはどのように考えていたのか。真実は何だったのか、議論は今にいたるまで続いている。(→12月7日)

11

2001年のこの日、アメリカ同時多発テロ

ユナイテッド航空93便に乗り合わせた男たちは

トム・バーネット
Tom Burnett (1963–2001)　医療機器会社役員
[ハイジャックされた機内から妻への電話]

I love you, honey. I know we're all going to die—but there's three of us who are going to do something about it.

> 愛してるよ、ハニー。ぼくたちはみんな死ぬってことは分かってる。でもこれから3人で行動を起こすんだ。

トッド・ビーマー
Todd Beamer (1968–2001)　コンピュータ会社員

Are you guys ready? Okay. Let's roll.

> みんな、準備はいいか。よし。さあ、やるぞ。

NOTES　2001年のこの日、同時多発テロ事件が起きた。4機の航空機がハイジャックされ、2機は世界貿易センタービルの北棟と南棟に、

93便墜落現場での追悼式に参列したブッシュ大統領夫妻

もう1機はアメリカ国防総省本庁舎に突入した。しかし最後の1機、ユナイテッド航空93便は乗客たちの果敢な抵抗によって目的を達せず墜落、全員死亡した。ワシントンの連邦議事堂かホワイトハウスへの突入を計画していたといわれている。

乗客たちは携帯電話によって地上と連絡をとり、テロ発生のニュースを聞いてハイジャッカーたちの意図を知り、決死の抵抗を開始した。これらの言葉はその直前、機内から発信されたものである。彼らは乗っ取られたコックピットを奪回するために立ち上がり、操縦室のドアを押し開けようとした。ハイジャッカーたちは目的を達することは困難として墜落の道を選んだのだった。この「Let's roll.」は「Let's begin.」を意味する俗語だが、これ以後、対テロ作戦のいろいろな場面で用いられた。

12

2001年、同時多発テロの翌日

9.11事件を報告するニューヨーク市長は

ルドルフ・ジュリアーニ
Rudolph Giuliani (1944–　)　ニューヨーク市長

The number of casualties will be more than any of us can bear.

> 犠牲者の数は私たちが耐えられる数を超えるだろう。

NOTES この同時多発テロ事件による死亡者の数は、テロリスト19人を含めて2993人に達した。そのほか負傷者が6291人、行方不明者が24人であった。

　ジュリアーニはニューヨーク市長として犯罪撲滅と中心街の再開発によって、ニューヨーク市を全米でもっとも安全な大都市にすることに成功した。9.11同時多発テロの際は、ただちに現場に駆けつけ、不眠不休で陣頭指揮をとりリーダーシップを発揮した。

現場で記者会見するジュリアーニ（右）

13 ＊『アメリカの民主主義』から
トックビルもこの過剰な愛国心にはヘキエキ

アレクシス・ド・トックビル
Alexis de Tocqueville (1805–59)　フランスの政治学者

Nothing is more embarrassing in the ordinary intercourse of life than this irritable patriotism of Americans.

A・トックビル

アメリカ人とのつきあいで、この過敏な愛国心ほど困惑させられるものはない。

NOTES トックビルはさらに続けてこう言っている。「外来者がアメリカの制度の欠点をつくことは絶対に許されない。アメリカは自由な国だが、気候と国土のこと以外は自由に話題にすることが出来ない。気候と国土のことでも、アメリカ人は自分たちに責任があると思い、むきになる」。

　いまはこれほどではないが、アメリカ人が愛国心を大切にする国民であることは確かだ。いたる所に星条旗が掲げられ、学校では毎朝国旗に対する忠誠を唱えさせられる。歴史の浅い国をまとめるためには意識的に愛国心をあおる必要もあるのだろう。9.11同時多発テロ事件のときにも、世界貿易センタービル跡では「U.S.A.」「U.S.A.」という掛け声が湧きあがっていた。

14 1814年のこの日、アメリカ国歌できる
敵艦の艦上から仰ぎ見た自国の国旗

フランシス・スコット・キー
Francis Scott Key (1779–1843)　弁護士、詩人
[*The Star-Spangled Banner* ＝星条旗]

Oh, say, can you see by the dawn's early light,／ What so proudly we hailed at the twilight's last gleaming?／ Whose broad stripes and bright stars, through the perilous fight,/ O'er the ramparts we watched were so gallantly streaming?/（以下略）

> ああ見ゆるや、朝まだき曙のなか / 昨のたそがれ、われらが誇らしく称えし彼の旗の / その太き縞と輝く星は、激しき戦いのさなか / 塁壁の上に雄々しく翻りしを /（以下略）

NOTES 米英戦争（1812-15）の最中の1814年9月13日、弁護士だったキーは、マックヘンリー砦を攻撃中のイギリス海軍の旗艦の船上にいた。捕虜となった友人の医師の釈放を嘆願するために乗船していたのだ。嘆願は受け入れられたが、戦闘の真っ最中だったので秘密保持のため一夜船上に足止めされた。

そしてこの日の早朝、一晩続いた砲撃に耐えた砦の塁壁の上に、なおも翻る「星条旗」を見たのだった。詩人でもあったキーはこの感動を詩に書き、当時流行っていた「天国のアナクレオンへ」のメロディーで歌えるようにした。この歌はずっと国歌同様に歌われてきたが、正式に国歌として承認されたのは1931年になってからである。

星条旗に手を差し伸べるキー
Edward Percy Moran

15 1938年のこの日、死去
オバマ大統領誕生もそうでした

トーマス・ウルフ
Thomas Wolfe (1900–38) 作家
America . . . it is the only place where miracles not only happen, but where they happen all the time.

T・ウルフ
Carl Van Vechten

> アメリカ——奇跡が起こるだけでなく、いつも奇跡が起こる唯一の国である。

NOTES 天才とうたわれながらも37歳で死んだ作家トーマス・ウルフの言葉。アメリカの素晴らしさを表現するときによく使われる。

2009年に出版されて話題を呼んだテッド&クリス・スチュワートの『*Seven Miracles That Saved America*＝アメリカを救った7つの奇跡』によれば、アメリカの奇跡は以下の7つであるという。コロンブスがアメリカ大陸を「発見」したこと、ジェームズタウン入植者が飢餓を乗り越えて越冬できたこと、ロングアイランドの戦いで霧に隠れてジョージ・ワシントンの軍が撤退できたこと、米国憲法の成立、ゲティスバーグの戦いでの北軍の勝利、第2次世界大戦のミッドウェー海戦での勝利、レーガン大統領暗殺が未遂に終わりレーガンによって冷戦が終結したこと、だという。

黒人大統領の誕生も奇跡に入るだろう。そもそも江戸時代のはじめに生まれた国が今では世界一の大国になっている——これが最大の奇跡かもしれない。

16　1924年のこの日、生誕
顔に人生のすべてが出るなんて怖い

ローレン・バコール
Lauren Bacall (1924–)　女優
I think your whole life shows in your face and you should be proud of that.

> あなたの全人生があなたの顔に出るのよ。それを誇りに思わなきゃ。

NOTES　バコールが64歳のときの言葉。「40になったら、自分の顔に責任を持たなければならない＝ Every person is responsible for his own look after 40.」というリンカーンの言葉にもつながる。しかし80歳になったとき、さすがのバコールも自分の顔を見るのはつらいとこぼしている。バコールはハスキーな声と「ザ・ルック」と呼ばれた上目遣いの表情が魅力的だった映画俳優で、『三つ数えろ』『キー・ラーゴ』『百万長者と結婚する方法』などが代表作。ハンフリー・ボガートと結婚していた。

バコール（20歳）　バコール（82歳）

17　1796年のこの日、引退の辞
最初から最後まで「正直」一筋でした

ジョージ・ワシントン
George Washington (1732–99)　初代大統領
I hold the maxim no less applicable to public than to private affairs, that honesty is always the best policy.

G・ワシントン

> 「正直はいつでも最良の方策」という格言は私事と同じくらい公務にも当てはまると思う。（maxim ＝格言）

NOTES　これは1796年にワシントンが大統領職を退いたときの告別演説の一節である。「正直」の代名詞だった彼が、この人生最後の演説でも正直を説いている。ワシントンは軍人としても政治家としても図抜けた才能があったわけではなかった

が、この「人徳」が草創期のアメリカにとってもっとも重要な役割を果たしたのだ。

　独立戦争に勝った1782年には、部下から国王になるように提言をうけ、激しくその部下を叱責している。3期目の大統領職を辞退したことも、このあと100年あまり大統領は3選を目指さないという伝統を作った。またハミルトンやジェファソンのように正反対の思想を持ったすぐれた政治家たちをまとめあげて、国家の土台を築けたのも、私利私欲のない「正直さ」があったからであろう。

18　2007年のこの日発行の回顧録のなかで
やっぱりそうだった

アラン・グリーンスパン
Alan Greenspan (1926–)　連邦準備制度理事会議長
It is politically inconvenient to acknowledge what everyone knows: the Iraq war is largely about oil.

大統領自由勲章を受けるグリーンスパン。2005年

> これは誰でも知っていることだが、これを認めるのは政治的に不都合なことだろう。それはイラク戦争は主として石油がらみだったということである。

NOTES　1987年から2006年まで連邦準備制度理事会議長を務めたアラン・グリーンスパンは市場金利を巧みに操作し、さまざまな危機を乗り越え、「金融の神様」「マエストロ」と呼ばれた。そんな彼が、回想録『波乱の時代＝*The Age of Turbulence: Adventures in a New World*』(2007年) で、イラク戦争は石油権益確保が目的だったとして共和党ブッシュ政権を批判したものだから、大きな波紋を呼んだ。ブッシュ政権はイラン戦争の目的は大量破壊兵器の発見だと主張していたが、大量破壊兵器は結局見つからなかった。ブッシュ大統領もチェイニー副大統領も石油産業とのかかわりが深く、アメリカの中近東政策の背後には常に石油戦略があったことを考えれば、グリーンスパンの言葉は一面の真実をついているのだろう。

19　1932年のこの日、生誕
マードックに買収された新聞社を退職して

マイク・ロイコ
Mike Royko (1932–97)　コラムニスト
No self-respecting fish would be wrapped in a Murdoch newspaper.

> 魚だって、自尊心がある魚なら、マードックの新聞にくるんでもらいたくないだろう。

> **NOTES**

マードックとはオーストラリア出身のメディア王、ルパート・マードックのこと。世界的メディア・コングロマリットであるニューズ・コーポレーション傘下にテレビ、映画、新聞、出版、インターネットなどの分野で数多くの企業をかかえている。大衆化路線、センセーショナリズム、保守的イデオロギーで一大メディア帝国を築き上げたが、最近は、この帝国で起こった「電話盗聴スキャンダル」で世界の批判を浴びた。

一方、マイク・ロイコは、そのコラムが全米250紙にシンジケートされる、ピューリッツァー賞受賞のコラムニスト。彼の資質を挙げるとすれば──淡々としていながらも小気味いい筆致、人生の小事に向ける温かな視線、筋の通らないことには真っ向から勝負する気骨。そんな彼だから、自分が勤めていた『シカゴ・サン・タイムズ』が1984年にマードックに買収されたとき、上記の言葉を吐いて、競合紙の『シカゴ・トリビューン』に移った。いまどき、新聞紙に魚を包んで売る魚屋はいないだろうが、あえてそう書くところがロイコらしい語り口。

20　2001年のこの日、メッセージ
エリザベス女王、9.11事件に弔意

クイーン・エリザベス2世
Queen Elizabeth II (1926–)　イギリス連邦王国女王
Grief is the price we pay for love.

> 悲しみは愛のために支払う代償です。

エリザベス女王

> **NOTES**

これは2001年のこの日、同時多発テロの犠牲者への礼拝サービスがニューヨーク五番街の聖トマス教会で行われたとき、イギリス大使によって読み上げられたエリザベス女王の弔辞。この言葉は女王、あるいは弔辞作者のオリジナルではなく、20世紀に作られ一般的に使われていたものであるという。

21　1947年のこの日、生誕
自分で書いていても怖いホラー小説

スティーブン・キング
Stephen King (1947–)　作家
I work until beer o'clock

> 私が働くのはビール時まで。

S・キング

> **NOTES**

キングは『キャリー= *Carrie*』『シャイニング= *The Shining*』『クージョ= *Cujo*』などのホラー小説でベストセラーを出し続ける作家。作品は映画化

され、80年代のホラー・ブームを作り出した。『タイム』誌のインタビューで執筆をするのはいつかと聞かれての答えがこれ。「beer o'clock」とは、「仕事を終えてビールを飲む時」、あるいは「退社時」のこと。朝9時から夕方5時まできちんと執筆するという。その理由は、「こんな怖い話、夜に書けると思うかい＝ You think I want to write this stuff at night?」。

22　1776年のこの日、スパイ罪で絞首刑
処刑される直前の愛国の言葉

ネイサン・ヘイル
Nathan Hale (1755–76)　教師、アメリカ軍大尉

I only regret that I have but one life to lose for my country.　N・ヘイル

> 私がただ悔やむのは、祖国のために失う命がひとつしかないことだ。

NOTES　ヘイルは13歳でイェール大学に入学、優秀な成績で卒業してからは教師をしていたが、独立戦争が始まるとアメリカ軍に参加し大尉になった。1776年9月12日に彼は志願してイギリス軍に占領されたニューヨークに入り、情報収集を始めた。当時の慣例ではスパイは捕まれば絞首刑にされることに決まっていたので、これは危険な任務だった。そしてイギリス軍に正体を見破られ、1776年のこの日の朝、現在の三番街66丁目付近で絞首刑にされた。21歳だった。

彼を英雄にしたのは処刑直前に語ったこの言葉である。この言葉は処刑に立ち会ったイギリス軍の兵士からアメリカ軍の将校に伝えられ、歴史に残ることになった。愛国者としての彼の名前は各地に残り、また数多くの彫像が建てられているが、特筆すべきは「アメリカ最初のスパイ」としてCIA本部にもおかれていることだろう。

処刑されるヘイル

23　1779年のこの日、海戦で
アメリカ人のガッツがここに

ジョン・ポール・ジョーンズ
John Paul Jones (1747–92)　海軍大佐

I have not yet begun to fight.

> まだ戦いは始まってもいない。

J・P・ジョーンズ

NOTES 独立戦争が始まると、1775年にアメリカも海軍を創設した。ジョーンズはアメリカの軍艦の艦長で、イギリス本土を攻撃して「後方攪乱」をする作戦に従事していた。1779年9月23日に英仏海峡でイギリスの船団と遭遇、ジョーンズの指揮する『ボノム・リシャール』はイギリスの『セラピス』と舷側をつきあわせた一騎打ちとなった。砲撃で満身創痍となった『ボノム・リシャール』を見て、『セラピス』の艦長が降伏するように言ったときのジョーンズの返事がこの言葉である。

　同盟軍フランスの援護もあり、やがて形勢は逆転、『セラピス』側が降伏した。ところが『ボノム・リシャール』は沈没してしまい、アメリカ軍は捕獲した敵艦『セラピス』に乗り移り、中立国だったオランダの港に入港した。このようにして、ジョーンズはアメリカ海軍最初の英雄となった。

戦闘中のジョーンズ（右端）

24 ＊大女優の人種ジョーク
日本人の出てくる余地はない？

キャサリン・ヘップバーン
Katharine Hepburn (1907–2003)　女優

The average Hollywood film star's ambition is to be admired by an American, courted by an Italian, married to an Englishman and have a French boyfriend.

K・ヘップバーン

> 平均的なハリウッドの映画女優の夢は、アメリカ人に賞賛され、イタリア人に口説かれ、イギリス人と結婚し、フランス人のボーイフレンドを持つってことなの。

NOTES 日本でヘップバーンといえば、オードリー・ヘップバーンだが、海外でヘップバーンといえば、このキャサリン・ヘップバーンを指すという大女優である。アカデミー主演女優賞を4回獲得、同賞候補には8回ノミネートされている。これはお馴染みの人種ジョークだが、こんなものもある。「この世のなかにありえないもの──イギリス人の名コック、ドイツ人のコメディアン、アメリカ人の哲学者、イタリア人の警察官、そして日本人のプレイボーイ」。彼女の夢のなかに日本人が出てこないのは仕方ないか。

25 1960年のこの日、死去
アメリカのマナー第一人者のお言葉

エミリー・ポスト
Emily Post (1872–1960)　マナー評論家

To do exactly as your neighbors do is the only sensible rule.

> 隣人のやることをそっくり真似ること、それが唯一の良識あるルールです。

NOTES　エミリー・ポストは銀行家の夫の浮気が理由で離婚したが、子供に手がかからなくなると雑誌に小説や記事を書きはじめた。1922年に出した『エチケット』という本がベストセラーになり、いちやくマナーの大家になった。「隣人を真似よ」とは陳腐なアドバイスだが、礼儀作法のしきたりもなかったアメリカでは、これがもっともリーズナブルなマナーだったのだろう。1946年に彼女が設立した「エミリー・ポスト・インスティチュート」は彼女の孫、ひ孫たちの手で運営され、アメリカのビジネスから冠婚葬祭までライフスタイル全般のマナーを教え続けている。

26 1820年のこの日、死去
「自然人」として伝説になった男

ダニエル・ブーン
Daniel Boone (1734–1820)　開拓者

A man needs only three things to be happy: a good gun, a good horse, and a good wife.

> 男が幸せになるには、たった3つのものしかいらない。いい銃といい馬、それからいい女房だ。

D・ブーン

NOTES　言わずと知れた西部開拓のヒーローである。
　東部の植民地13州の西にはアパラチア山脈があり、西部への入植をはばんでいたが、1775年この山脈の中央部を横断してケンタッキーへ抜ける「Wilderness Road＝荒野の道」を切り開いたのがブーンの最大の功績といえるだろう。この道のおかげでケンタッキーへの入植が可能になった。
　12歳のときから狩をし、道を作り、インディアンと戦い、生きているうちから伝説となってしまったが、これは1784年ジョン・フィルソンという歴史家がケンタッキー州の歴史の本を出したとき、そのなかにブーンの冒険談を入れたのがはじまりだった。これが西部の辺境地帯で流行った「tall tale＝ほら話」のひとつとなり、どんどん膨らむとともにヨーロッパまで伝わってしまったのだ。

彼は「自然人」ということになっているが、フレンチ・インディアン戦争や独立戦争にも参加しているし、議員や保安官もやり、土地ブローカーという仕事もしていた。晩年の彼は自分の「虚像」に当惑していたという。

27 1891年のこの日、死去
アメリカ文学史上最高の「書き出し」

ハーマン・メルビル
Herman Melville (1819–91)　作家
Call me Ishmael.

> 私の名前はイシュメルとしておこう。

H・メルビル

NOTES　メルビルの代表作『白鯨＝ *Moby-Dick*』（1851年）の書き出し。書評誌『アメリカン・ブック・レビュー』の編集者が選んだ小説の書き出し100選の第1位である。小説ではまず冒頭に語り手が自分の名前や来歴を告げ、信頼に足る語り手であることを示すのがひとつの常套とされる。しかしこの『白鯨』の書き出しは、「I am Ishmael.」でも「My name is Ishmael.」でもない。「Call me Ishmael.」なのだ。彼の本当の名前はIshmaelでないかもしれない。名前などどうでもいい。私の語ることを信じてくれ。そう言っているようだ。でも、名前も明かさない語り手を信じることが出来るだろうか。この語り手の問題ひとつとっても、19世紀に書かれた古典的小説『白鯨』は、物語が成立する土台を崩してしまう現代的な小説とも読めるのだ。

『白鯨』の挿絵

28 1920年のこの日、裁判所の前で
少年野球ファンの悲痛な叫び

Anonymous (作者不詳)
Say it ain't so, Joe.

> ウソだと言ってよ、ジョー。（ain't=isn'tの話し言葉）

シューレス・ジョー

NOTES　1919年のワールドシリーズは「シカゴ・ホワイトソックス」と「シンシナティ・レッズ」の間で行われたが、この試合で八百長が行われた。これを「ブ

ラックソックス事件」という。この事件にかかわったとしてホワイトソックスの8人の選手が球界から「永久追放」されたのだが、そのうちのひとりが生涯打率、.358という名選手、"シューレス"・ジョー・ジャクソンだった。マイナーリーグ時代、スパイクが足に合わずよくマメができたので裸足でプレーしたという逸話から「シューレス」というあだ名がついた人気選手だった。

この言葉は彼を愛する少年ファンが、「（八百長なんて）ウソだと言ってよ、ジョー」と彼に投げかけた悲痛な言葉として、アメリカ人の心を揺さぶった。

この言葉がほんとうに言われたかどうか、いろいろな説があるが、ひとつは八百長に関する聞き取り調査が行われた1920年のこの日、裁判所から出てきたジョーにひとりの少年が「It ain't true, is it, Joe？=ウソだよね、ジョー」と声をかけた。するとジョーは「Yes, kid, I'm afraid it is. =いや、残念ながらホントなんだ」と答えたという。これが「Say it ain't so, Joe」としてアメリカ中に広まったというのだ。

29 ＊この人に憧れて刺青をするファンもいる
刺青を入れた国連親善大使

アンジェリーナ・ジョリー
Angelina Jolie (1975–) 女優

Usually all my tattoos came at good times. A tattoo is something permanent when you've made a self-discovery, or something you've come to a conclusion about.

A・ジョリー

私のタトゥーはどれも調子のいい時期に入れたものなの。自分について発見したり、何か結論に達したときに、それを永遠にとどめてくれるもの。

NOTES アンジェリーナ・ジョリーは家庭環境と自分の容姿にコンプレックスを持ち、自己嫌悪にさいなまれる思春期を送った。1995年、『サイバーネット』で映画初主演して認められ、2001年に出演した『トゥームレイダー』で、世界的なスターになった。俳優ブラッド・ピットと結婚している。2001年から国連難民高等弁務官事務所（UNHCR）の親善大使を務め、カンボジア人、エチオピア人、ベトナム人の子供を養子にしている。

上記の言葉のように、体中に刺青を入れていることでも知られている。最初に入れた刺青は日本語の「死」だったが、いまは消されている。クメール語の仏教の祈りの言葉、「決意」を意味するアラビア語、子供を身ごもった場所の経度と緯度など、10以上の刺青が彼女の体を飾っているという。撮影のときに刺青を隠すメーキャップ・アーティスト・チームを抱えている。

30 1955年のこの日、事故死
24歳、人気の絶頂で死んだスター

ジェームズ・ディーン
James Dean (1931–55)　俳優

What better way to die? It's fast and clean and you go out in a blaze of glory.

> こんないい死に方、ほかにあるかい。あっという間に、きれいに、栄光の炎に包まれて死ぬんだ。

NOTES　カーレースについてジェームズ・ディーンが語った言葉。この言葉通り、1955年9月30日、カーレースに参加するために愛車のポルシェ550スパイダーでサーキットに向かう途中、前方を横切ろうとした車に激突し、24年の短い生涯を終えた。『エデンの東』(1955年)に主演した、永遠の青春スターという「栄光の炎」に包まれて。その死から約1ヵ月後、出演第2作『理由なき反抗』が公開され、スターとしての名声はますます高まる。そして翌年公開された『ジャイアンツ』(1956年)と合わせてわずか3作でディーンの名前は映画史に大きく刻まれた。

『理由なき反抗』のディーン

10月 OCTOBER

1

1908年のこの日、T型フォード発表

T型フォードが黒だけだった理由

ヘンリー・フォード
Henry Ford (1863–1947)　フォード社創業者

People can have the Model T in any color—so long as it's black.

> T型フォードはどんな色でもお届けできます。ただし、色が黒の場合に限りますが。

H・フォード

NOTES　フォードは1903年フォード・モーター・カンパニーを創立、A型からアルファベット順にモデル・チェンジしながらクルマを作ったが、1908年のこの日、T型を発表した。このころクルマは数千ドルもし、富裕層だけのものだったが、それを850ドルで発売したのだった。すぐにこれは大人気となったが、それをさらに安くしたのはベルトコンベヤー方式による大量生産だった。1916年には360ドルとし、年間73万台を生産した。最終的には1927年まで生産され、合計1500万台を記録している。

ほぼ100年前に出現し、世界にさきがけてクルマ社会、さらに大衆消費社会を実現したこのクルマの意義は大きい。なおこの言葉のようにT型のボディの色が黒しかなかったのは、黒のペンキが早く乾いたため生産効率が良かったからだった。それほどコストを下げるのに専念したのだ。

1924年式T型フォード・ツアリング

2 1977年のこの日、『ニューヨーク・タイムズ』紙に
サダム・フセインの弁護人でもありました

ラムゼイ・クラーク
Ramsey Clark (1927–) 弁護士

A right is not what someone gives you; it's what no one can take from you.

> 権利とは誰かから与えられるものではない。それは誰もあなたから奪い取ることができないものなのだ。

R・クラーク

NOTES こう信じたラムゼイ・クラークは、ナチ強制収容所司令官やルワンダ虐殺の首謀者からサダム・フセインに至るまで、その罪が明らかな犯罪者の弁護を積極的に買って出た。2004年にサダム・フセイン弁護団に加わった彼は、イラク戦争はイラク人民に対する違法な戦争であり、その結果に基づくフセイン裁判も違法であると主張した。ジョンソン政権での司法長官時代、公民権法制定に力を尽くしたが、被疑者の権利擁護に積極的だったため、犯罪に対して弱腰だと非難され続けた。司法長官を辞したのちは、急進的法曹家としてベトナム戦争反対の運動に参加し、1991年には湾岸戦争が人類に対する犯罪であるとしてブッシュ（父）大統領などを告発、1999年にはNATOのユーゴスラビア空爆に対してNATOを告発した。

3 ＊現代のツケを次世代にまわさない
これがアメリカ先住民の考え方

The Great Law of Peace, the Iroquois Six Confederacy
（イロコイ6部族連合の偉大なる平和の法）

In every deliberation, we must consider the impact of our decisions on the next seven generations.

> 何事を検討するにつけ、我々は、自分たちの決定が次の7世代に与える影響を考慮しなければならない。

NOTES アメリカ北東部に住む先住民部族の連合組織であるイロコイ6部族連合の憲法「偉大なる平和の法」で説かれている環境思想で、現代の環境運動のなかでもしばしば引用される。「7世代持続可能性＝ seven generation sustainability」という名前で呼ばれることもある。アメリカ先住民には、大地は先祖から

農作業をするイロコイ族の女性

受け継いだものではなく、未来の子供たちから借り受けているものという考え方があり、このイロコイの法と呼応している。なお、イロコイ連邦の政治組織は米国連邦制のモデルとなったと考えられており、1988年に米国議会はその旨を認める感謝決議を採択している。

4 1943年のこの日、生誕

アメリカ人はアップル・パイが大好き

H・ラップ・ブラウン
H. Rap Brown (1943–)　黒人活動家
I say violence is necessary. It is as American as apple pie.

H・R・ブラウン

> 暴力は必要だというのが私の考えだ。暴力はアップルパイと同じぐらいアメリカ的だ。

NOTES　60年代の黒人活動家H・ラップ・ブラウンは、社会変革に暴力は必要だとして、過激な運動を展開した人物。「あんたたちは革命家だというのかい。じゃあ、今日何人の白人を殺したか言ってみな= You call yourselves revolutionaries? How many white folks you killed today?」とは彼が演説でよく使った一言。現在は警官を射殺した罪で無期懲役刑に服している。彼の暴力容認論には賛同できないが、暴力がアップルパイのようにアメリカ的だという彼の言葉に異論はない。建国時代の先住民族に対する暴力、1960年代まで続いた黒人に対する暴力、繰り返された大統領暗殺、しばしば起こる銃乱射事件――アメリカの歴史は暴力に彩られている。

5 2011年のこの日、死去

スティーブ・ジョブズの人生を支えた言葉

スティーブ・ジョブズ
Steve Jobs (1955–2011)　アップル社創業者
Stay hungry. Stay foolish.

> ハングリーであれ。馬鹿であれ。

S・ジョブズ

NOTES　2011年のこの日、アップルの創始者スティーブ・ジョブズが死去し、オバマ大統領は「世界はひとりのビジョナリーを失った」という追悼声明を発表した。「ビジョナリー= visionary」とは、まさにジョブズにふさわしい言葉だ。ビジネスの世界では、革新的なビジョンを実現し、社会に大きな貢献をした経営者のことをいう。iMac、iPod、iPhone、iPadと次々と斬新な製品を送り出し、デジタルの世界を大きく変

えた。またビジョナリーの本来の意味は「夢を追う人」。これもジョブズにはふさわしい。

　上記の言葉は2005年6月、スタンフォード大学卒業式のスピーチで、ジョブズが卒業生たちに贈った言葉だ。常に何かを求め続け、既成の価値観からはみ出す愚かさを持ち続けよ――起業、追放、復帰、成功と大きく振れる振子のような人生を歩んだジョブズを支えた言葉でもあった。これはジョブズが作ったものではなく、エコロジカルな暮らしを追求する雑誌『ホール・アース・カタログ』最終号（1974年）の裏表紙に書かれていた言葉だが、ジョブズが歩んできた人生と重ねられることによって、新しい命を持った。

6　＊海外でも人気の『武士道』
『ラスト・サムライ』を作ってしまった日本好き

トム・クルーズ
Tom Cruise (1962–)　俳優

What I think struck me when I read *Bushido* is compassion. "If there's no one there to help, go out and find someone to help." That hit me, because I try to lead my life like that.

T・クルーズ

『武士道』を読んだときに心を打たれたのは憐憫の情です。「救いの手を差し伸べるべき人がいないなら、そういう人を見つけに行け」。これにはジーンと来ました。私自身、そういうふうに人生を生きたいと努力しているからです。（hit＝心を打つ）

NOTES　トム・クルーズは『ミッション・インポシブル』シリーズの主役として人気だが、彼はまた大変な日本びいきである。それを作品化したのが『ラスト・サムライ』。時は明治維新直後の日本、お雇い外国人としてやってきたアメリカの北軍兵士が明治政府への反乱に巻き込まれ、「武士道」に惹かれていく過程を描いている。トム・クルーズはそのプロデューサーと主演を兼ねている。トム・クルーズも読んで撮影に臨んだという新渡戸稲造の『武士道＝*Bushido: The Soul of Japan*』（1900年）は欧米で広く読まれ、セオドア・ローズベルトは60冊も購入して知人に配っている。

7　1955年のこの日、ビート文学はじまる
これがビート文学運動のはじまりだった

アレン・ギンズバーグ
Allen Ginsberg (1926–97)　詩人

I saw the best minds of my generation destroyed by madness, starving hysterical naked.

A・ギンズバーグ

> 私は見た。私の世代の最良の知性が狂気によって破壊され、飢え、逆上し、むき出しの裸をさらしているのを。

NOTES 1955年10月7日、サンフランシスコの第六画廊でギンズバーグは書き上げたばかりの自作の詩を朗読した。この日がビート文学運動のはじまりの日とされる。読まれた詩は『吠える=Howl』。ジャック・ケルアックの『路上』(1957年)、ウィリアム・バロウズの『裸のランチ』(1959年) などと並んで、ビート・ジェネレーション文学を代表する作品となった。上記はこの詩の書き出しの1行である。人間の魂を破壊する体制順応主義に抗議し、人間の肉体と精神のすべてを謳歌し、自らがゲイであることを認めたこの詩は、新しい解放の時代の幕開けを告げるものであった。

8 1995年のこの日、『ニューヨーク・タイムズ』紙に引用記事
大統領職はこんなにタイヘン！

ウッドロー・ウィルソン
Woodrow Wilson (1856–1924)　第28代大統領

The Office of the President requires the constitution of an athlete, the patience of mother, and the endurance of an early Christian. . . . The President is a superior kind of slave.

> 大統領の任務は運動選手の体格と、母親の根気強さと、初期キリスト教徒の忍耐力を必要とする。大統領は高級な奴隷なのだ。(office＝役目)

NOTES ウィルソンは理想主義者であった。ウィルソンの最大の役割は第1次世界大戦で中立を守ろうとしながらも参戦したことであろう。この結果はアメリカに好景気をもたらしたのだが、ウィルソンは理想主義者の面目を発揮して、「勝者なき和平」を目指して国際連盟を提唱した。ところが国際連盟は実現したのに、連邦議会はこれへの参加に反対する。全国遊説をして世論に訴えようとしたウィルソンは1919年10月脳梗塞を起こし、大統領職を続けることが不可能となってしまった。

ところが夫人のイーディスはこの事実を公表せず、ウィルソンと政府関係者との取次ぎをし、「女大統領」「ペチコート政府」と非難された。ウィルソンは政権末期には閣議に出席できるまでに快復したが、このことへの反省から、彼の死後、大統領権限継承順位を明文化した憲法修正第25条が制定されている。(→4月2日)

ウィルソンとイーディス

9 ＊黒人を自由の地へ運んだ「地下鉄道」の女車掌
南部から逃走して自由の身になったとき

ハリエット・タブマン
Harriet Tubman (1820–1913)　黒人女性活動家

I looked at my hands to see if I was the same person now I was free. There was such a glory over everything; the sun came like gold through the trees, and over the fields, and I felt like I was in heaven.

> 私は自分の手を見ました。自由になった私が同じ人間なのか確かめたかったのです。すべてのものが輝いていました。太陽は木々の枝のあいだに、そして草原の上に、黄金のように輝いていました。そして私はいま天国にいるのだと感じました。

NOTES　タブマンは1847年、26歳のときに奴隷であったメリーランド州からペンシルバニア州に脱走した。この言葉は自由の身になったときの感動を語ったもの。彼女は黒人奴隷の逃走を援助する地下組織「地下鉄道」を利用したのだが、このあとは「地下鉄道」の「車掌」となって、13回南部に戻り、70人の脱走を手助けした。

彼女の活動はこれだけでなく、ジョン・ブラウン（→12月2日）と会って、ハーパーズ・フェリーを襲撃する仲間探しを手伝ったり、南北戦争では北軍の兵士として戦闘にも参加し、奴隷を解放している。晩年には女性参政権運動にも力を注いだ。

南北戦争中のタブマン

10 ＊この言葉、役に立ちそう
『エクセレント・カンパニー』で話題になった

トム・ピーターズ
Tom Peters (1942–)　経営コンサルタント

If you're not confused, you're not paying attention.

> もしあなたが混乱していないとすれば、それは注意をはらっていない証拠だ。

NOTES　ピーターズは海軍、ペンタゴン、ホワイトハウスなどに勤務の後、マッキンゼーで経営コンサルタント。独立後の1982年に出した『エクセレント・カンパニー＝ *In Search of Excellence*』が世界的ベストセラーになった。それにしてもこの言葉、誰かから方針や意見が首尾一貫していないことを非難されたときの「言い訳」としておぼえておいたら役に立ちそうだ。

11

1492年のこの日、アメリカ発見

新大陸発見の叫び声はもちろんスペイン語

ペドロ・イスキエルド
Pedro Yzquierdo（生没年不詳）サンタマリア号の水夫

Lumbre (Light)*! Tierra* (Land)*!*

光だ！陸だ！

NOTES 1492年のこの日の深夜（翌日の未明ともいわれている）、コロンブスは70日もの長い航海の末に新大陸（サン・サルバドル島だった）を発見した。最初に光を見つけたのはサンタマリア号に乗っていた水夫のイスキエルド

コロンブスの船団

とも、ピンタ号に乗っていたロドリゲスともされているが、コロンブスに報告すると、答えは「私は2時間前に発見していた」。最初の発見者にはスペイン国王から終身年金が与えられることになっていたが、それを受け取ったのはコロンブスだった。

12

コロンブス・デー（現在は10月の第2月曜日）

この日、ヨーロッパとアメリカが「未知との遭遇」

クリストファー・コロンブス
Christopher Columbus (1451–1506) 探検家

I could conquer the whole of them with 50 men, and govern them as I pleased.

C・コロンブス

50人ほどの手勢があれば彼らすべてを服従させ、好きなように支配できるだろう。

NOTES 1492年のこの日、コロンブスはサン・サルバドル島に上陸し、島に住むアラワク族と会った。彼らは好意的で、帽子やネックレスのプレゼントのお返しとして、オウムや綿糸で作ったボールなどを持ってきた。男も女も全裸で、鉄製品はまったく持っていなかった。このことから先住民を征服するのはやさしいだろうとコロンブスは10月14日の日誌に書いている。ここに早くも後のピサロ（インカ帝国を滅ぼす）やコルテス（アステカ帝国を滅ぼす）のようなコンキスタドール（征服者）の面影を見ることができる。事

コロンブスの上陸

実、彼はその後の航海で、5000人もの先住民を奴隷としてヨーロッパに連れ帰っている。

　第1回航海は3艘、84人だったが、2回目の航海では17艘、1200人にふくれあがって植民が始まり、また略奪も始まった。コロンブスは4回まで航海しているが、期待していた黄金も香料も手に入らず不遇な生涯を終えた。

13　＊1993年9月、雑誌に
フェミニストたちのスローガン

グロリア・スタイネム
Gloria Steinem (1934–)　作家、フェミニスト
A woman without a man is like a fish without a bicycle.

魚に自転車が不要であるのと同様、女に男は不要。

NOTES　魚と自転車という奇抜な組み合わせが面白いこの言葉はフェミニズムのスローガンとして一般に流布している。グロリア・スタイネムの言葉とされているが、じつはオーストラリアの活動家のアイリーナ・ダンが大学生時代に作った言葉。彼女は「魚が自転車を必要としないように、人間に神は必要ではない＝ A man needs God like a fish needs a bicycle.」という言葉をもじって作った。

　最近では元アラスカ州知事のサラ・ペイリンがこの言葉を引用して話題になった。コメディアンのビル・マーがテレビ番組でサラ・ペイリンのことを「間抜けなオ×××女」とこきおろした。この女性蔑視発言に関して、全米女性連盟(NOW)は発言に問題ありとしながらも、マスコミの性差別発言にいちいち反論する余裕はないという素っ気ないコメントを発表した。それに対し、ペイリンは「NOWに守ってもらう必要なんかないわ。魚に自転車が必要ないようにね＝ I need NOW's defense like a fish needs a bicycle.」と反論した。お馬鹿発言が多い彼女にしては、フェミニズムの牙城NOWにフェミニズムのスローガンをもじって切り込んだのはホームランとする向きもある。

サラ・ペイリン

14　1944年のこの日、戦況報告で
虚偽の「大本営発表」を聞いたハルゼー提督は

ウィリアム・ハルゼー・ジュニア
William Halsey, Jr. (1882–1959)　海軍元帥
The Third Fleet's sunken and damaged ships have been salvaged and are retiring at high speed toward the enemy.

182

わが第三艦隊の撃沈、損傷された諸艦は引き揚げられ、敵に向かって高速で退却中なり。

NOTES 大本営とは天皇に直属する最高の統帥機関のこと。太平洋戦争のとき、その戦況を国民に伝えたのが「大本営発表」である。第1回は有名な「帝国陸海軍は今八日未明、西太平洋においてアメリカ、イギリス軍と戦闘状態に入れり」で、終戦（1945年）まで846回行われた。当初は戦況を正しく発表していたが、ミッドウェー海戦（1942年）で大敗を喫したあたりから損害を少なめに発表するようになり、終戦近くになると勝敗を逆にして発表するようなことも起きてきた。

W. ハルゼー

アメリカ第三艦隊司令長官だったハルゼーのこの報告は、「フィリピン沖海戦で敵艦隊を壊滅した」という虚偽の大本営発表を聞いて、「壊滅された艦隊は引き揚げられて、敵に向かって退却中」と冗談を言ったもの。こんなに余裕を持たれていたら、戦争に勝てるわけはないね。

15 1924年のこの日、生誕
「アメリカ産業界の英雄」の議決方法

リー・アイアコッカ
Lee Iacocca (1924–)　自動車会社社長

My policy always has been to be democratic all the way to the point of decision. Then I become the ruthless commander. "Okay, I've heard everybody," I say. "Now here's what we're going to do."

最終の決定に至るまでは民主的にやるというのが私の方針だ。その段階になると、私は冷徹な司令官に変身する。「OK、皆の意見は聞いた」と言ってから、「我々がやるのはこれだ」と宣告する。

NOTES アイアコッカは1970年代、80年代にフォード社、クライスラー社の社長として、両社の経営を立て直し、日本製小型車の攻勢によって衰退した自動車産業の救世主となった。上記の言葉は1984年出版され、世界的ベストセラーとなった自伝『アイアコッカ――わが闘魂の経営』の一節。彼は経営を自分が好きな鴨狩にたとえている。鴨はいつも動いている。それに合わせて銃も動かさなければいけない。状況は常に流動的だ、それに合わせて最後に果断な決断を下すのは、最高経営責任者であるというわけだ。

16 2008年のこの日、チャリティー晩餐会でのスピーチ
ユーモアのセンスがなければ大統領になれない

バラク・オバマ
Barack Obama (1961–)　第44代大統領

Many of you know that I got my name, Barack, from my father. What you may not know is Barack is actually Swahili for "That One." And I got my middle name [Hussein] from somebody who obviously didn't think I'd ever run for president.

B・オバマ

> 私のバラクという名前は父から受け継いだものだということをご存知の方はたくさんいらっしゃると思います。しかしバラクという名前が何を意味するかをご存知の方はあまりいないのではないでしょうか。バラクはスワヒリ語で「あいつ」という意味です。それからミドルネーム（注・フセイン）は私が大統領選挙に出るなんて思いもしなかった人の名前からとられました。

NOTES　大統領候補だったオバマがチャリティー晩餐会、「アル・スミス・ディナー」で語ったもの。この晩餐会には両党の大統領候補が呼ばれ、論戦を休止してユーモア・スピーチをすることになっている。ただ翌11月の第1火曜日は投票日で、このユーモアの面白さが投票に影響するから候補者は論戦以上に知恵をしぼらなければならない。

オバマの父親もバラク・オバマで、オバマのフル・ネームはバラク・フセイン・オバマ・ジュニア。大統領選挙で共和党はこの名前はイスラム教徒のものだとして攻撃していた。このスピーチはこんな事情を逆手に取ったユーモアであった。

17 ＊1965年、ケンブリッジ大学の討論会で
映画を見ているときは「白人」だった

ジェームズ・ボールドウィン
James Baldwin (1924–87)　作家

It comes as a great shock to see Gary Cooper killing off the Indians and, although you are rooting for Gary Cooper, that the Indians are you.

J・ボールドウィン

> あれはショックだったな。［映画の中で］ゲイリー・クーパーがインディアンたちを殺すのを見て喝采しているんだよね。ところが自分はインディアンだったと気づいたんだ。

NOTES 1965年、英国ケンブリッジ大学の学生弁論クラブが黒人作家のジェームズ・ボールドウィンとアメリカ保守派の論客ウィリアム・F・バトラーを招いて、「アメリカの夢は米国黒人の犠牲の上に成り立っている」という命題についての討論会を行った。上記の言葉はボールドウィンの弁論から。黒人は白人社会で育つ過程で知らないうちに白人の価値観を身につけてしまう。あるときそのことに気づいて愕然とする。白人のシステムに従属させられた人間は、そのシステムによっていつの間にか現実感覚を破壊されてしまうのだとボールドウィンは力説した。

18 1931年のこの日、死去
あまりにも有名な名言

トーマス・エジソン
Thomas Edison (1847–1931)　発明家
Genius is one percent inspiration and ninety-nine percent perspiration.

T・エジソン

天才とは1パーセントのひらめきと99パーセントの努力である。

NOTES エジソンの発明で最初に成功したものは「4回線電信」で、この技術が1万ドルで売れた。彼はこれを資金にして29歳のときにメンローパーク研究所を創設する。ここに発明好きな天才たちを集めてアイディアを出し合い、発明に没頭した。何かの発明をするとそれを実用化して生産を始めるという、現代の企業研究所のモデルとなるものだった。ここでエジソンと仲間たちは1日20時間、研究をしていたという。「私は今まで仕事をしたことがない。すべては遊びでやっていたのだ」「私は失敗したことがない。うまくいかない1万の方法を発見しただけだ」などという猛語録が残っている。
　当時は多くの発明がされた時代なので、それを改良する研究も多く、必然的に特許権に関する訴訟も多発した。エジソンにもそんな訴訟が多く、「彼の生涯は1パーセントの発明と99パーセントの訴訟であった」という皮肉もある。（→2月11日）

19 1781年のこの日、イギリス軍降伏
降伏の式典で『ヤンキー・ドゥードル』演奏

Anonymous（作者不詳）
Yankee Doodle came to town/Riding on a pony,/He stuck a feather in his hat/And called it Macaroni.

ヤンキー野郎が町にやって来た／子馬に乗って／帽子に羽根を差して／マカロニ気取り
（注＝当時はイタリアのファッションがかっこいいものとされていた）

NOTES 1781年のこの日、ヨークタウンの戦いに敗れたイギリス軍のコーンウォリス将軍が降伏、独立戦争は事実上終結した。この降伏の式典でコーンウォリスは軍楽隊に『逆さまになった世界』というイギリスの曲を演奏させた。世界最強といわれたイギリスが植民地アメリカに敗れたことを表したものだった。これを聞いたラファイエット（→7月4日）が『ヤンキー・ドゥードル』を演奏させたという逸話が残っている。

この曲はもともとイギリス人が作ったもので、ヤンキーは「アメリカ人」、ドゥードルは「間抜けな」を意味し、植民地人を馬鹿にした歌だった。ところがアメリカ人たちはこの調子のいいメロディー（日本では『アルプス一万尺』）が気に入り、自分たちに都合のいい歌詞に変えて歌っていた。ラファイエットが『ヤンキー・ドゥードル』を演奏させたのは、こんな「逆さまになった歴史」を持った曲だったからである。

ヨークタウンでの降伏の式典

20 ＊彼女が成功したわけは
ビジネス界のゴールデン・ルール

メアリー・ケイ・アッシュ
Mary Kay Ash (1918–2001)　実業家

Sandwich every bit of criticism between two thick layers of praise.

人を「批判」するときには、どんな小さな「批判」でも分厚い「称賛」でサンドイッチにすること。

NOTES わずか5000ドルを元手に始めた化粧品会社「メアリー・ケイ・コスメティクス」がいまでは30ヵ国に170万人もの女性美容販売員を擁する化粧品ネットワーク・ビジネスに成長した。秘訣は、創業者メアリー・ケイ・アッシュの女性を大切にする経営理念にある。彼女が経営の基本理念にしたのは、聖書の「山上の垂訓」の一節、「すべて人にせられんと思うことは人にもまたそのごとくせよ」である。これは裏返しにすると、「人にして欲しくないことはしない」ということ。批判されて喜ぶ人はいない。だから、批判は誉め言葉でまぶしなさいと彼女は言う。

最高の営業成績をあげた女性にはピンクのキャデラックが贈られることでも有名。

21 *『アメリカの民主主義』の中で
トックビルはこんな観察もしている

アレクシス・ド・トックビル
Alexis de Tocqueville (1805–59)　フランスの政治学者

Americans cleave to the things of this world as if assured that they will never die. . . .They clutch everything but hold nothing fast, and so lose grip as they hurry after some new delight.

A・トックビル

> アメリカ人たちは、とにかくこの世のものに執着する。まるで死ぬことなんてないと思い込んでいるみたいだ。——彼らはなんでもつかんでしまうが、そんなに強く握り締めるわけではない。だから新しい楽しみを見つけると、すぐそちらにいってしまうのだ。

NOTES　トックビル（→4月16日）の『アメリカの民主主義』（1835年）からスルドイ観察をもうひとつ。この文章のあとを続けると、「アメリカ人は老後を過ごすためとして家を建てるが、屋根が上がる前に売ってしまう。庭に木を植えても実がなるころには貸してしまう。畑を作っても収穫するのは他の人間だ。職業についてもすぐ変わる。ある場所に落ち着いても、気の向くままにすぐどこかに行ってしまう」。彼は2年間のアメリカ滞在でこんなことまで観察していた。

2011年の国勢調査によると、アメリカ人は一生に平均11.7回引っ越すという。

22 *1875年の言葉
なら旅行なんかしなければいいのに

チャールズ・ダッドリー・ワーナー
Charles Dudley Warner (1829–1900)　作家

The best thing about traveling is going home.

> 旅行で一番いいのは、家路の部分だな。

C・D・ワーナー

NOTES　旅行に出て、「やっぱり我が家が一番＝ There is no place like home.」と思う人は多い。「travel＝旅」と「travail＝労苦」の語源は同じだというから、この言葉は一面の真実をついているのだろう。ワーナーは優れた文筆家で、全米芸術家協会の初代会長を務めた人物だが、旅行家としても知られている。ワーナーの葬儀で棺を担いだのは、親交の深かったマーク・トウェーン。『*The Gilded Age*＝金ぴか時代』というふたりの共著があるが、この本のタイトルは、19世紀後半の拝金主義の時代を表す言葉として、アメリカ史に定着している。

23

＊大企業の利益を図る政策は役に立たない

公共事業の重要性を説いた経済学者の痛烈な批判

ジョン・ケネス・ガルブレイス
John Kenneth Galbraith (1908–2006)　経済学者

Trickle-down theory—the less than elegant metaphor that if one feeds the horse enough oats, some will pass through to the road for the sparrows.

J・K・ガルブレイス

「トリクルダウン理論」とは、馬にたっぷり餌をやれば、いくらかは［糞となって］道に落ちて、それをすずめがつつけるといった、あまり品の良くないたとえのことだ。

NOTES
　トリクルダウンとは「したたり落ちる」という意味で、大企業が利益を上げれば、その利益は国民全体にしたたり落ちて、国全体の経済が上向くという考え方。この考え方によれば、公共事業や福祉に金を使うより、大企業に有利な減税を行ったほうが経済効果が大きいことになる。「上げ潮はすべての舟を持ち上げる＝ A rising tide lifts all boats.」という言葉もトリクルダウン効果を表すものとして使われることが多い。
　公共投資の有効性を主張し、現代資本主義の暴走に警鐘を鳴らしたガルブレイスは、失敗に終わった1890年代の不況対策が「馬と雀理論」と呼ばれたことを引き合いに出して、トリクルダウン理論を軽妙かつ痛烈に批判した。

24

1962年のこの日の発言

キューバ危機のさなか、国務長官は

ディーン・ラスク
Dean Rusk (1909–94)　国務長官

We're eyeball to eyeball, and I think the other fellow just blinked.

D・ラスク

我々は目ん玉がくっつくくらいに睨み合っていたんだが、むこうが先にまばたきしたんだ。

NOTES
　1962年10月16日から28日までの13日間は人類の歴史のなかで最大の危機だったといえるだろう。「キューバ危機」である。アメリカの偵察機がキューバのミサイル基地を発見、ソ連の中距離ミサイルが装備されているのを確認した。この情報がケネディ大統領の寝室までもたらされたのが16日早朝。それから28日のミサイル撤去まで、ソ連のフルシチョフ首相とのあいだでギリギリの交渉が続き、世界は核戦争の瀬戸際までいったのだった。

この言葉はこの危機の最中、当時国務長官だったラスクの24日の発言であるが、じつはこの日にはまだ事態はおさまらず、27日にはアメリカの偵察機がキューバ上空で撃墜され、世界は最悪の事態を覚悟した。ところが翌28日の朝、フルシチョフはキューバのミサイル撤去を発表する。

キューバ危機の対策を会議するホワイトハウス。星条旗の前がケネディ。その左がラスク

　これは28日にケネディが教会に行き、テレビ演説をする予定という情報がソ連に伝わったからだという説がある。教会に行き、テレビ演説をするのはアメリカ大統領が宣戦布告するときの常道なので、さすがのフルシチョフも「まばたき」したというのだ。しかし実際には、ケネディがフルシチョフと秘密裏に交渉を行い、双方が妥協し危機が回避されたというのが真実のようだ。

25 1989年のこの日、死去。
ハッピー・エンドが大好きな国

メアリー・マッカーシー
Mary McCarthy (1912–89) 作家、評論家
The happy ending is our national belief.

ハッピー・エンドはアメリカの国家的信念である。

M・マッカーシー

NOTES　舌鋒鋭い評論家として活躍したメアリー・マッカーシーの言葉。ベトナム戦争時には何度もベトナムを訪問し戦争反対の論陣を張った。また1963年に出した小説『グループ』は80万部を超すベストセラーとなった。
　アメリカは楽観主義という精神のもとに誕生したと言ったのはトマス・ジェファソンである。人々はアメリカ大陸に新天地を求めて移住し、フロンティアを推し進めながら西部を開拓した。いま、ここの人生が幸福でなくても、次の場所では成功が待っていると人々は考えていた。となれば、人生は常にハッピー・エンディングのはずだ。ハリウッド映画が世界中で愛されたのも、最後にはかならず幸せが訪れるという約束があったからだ。マッカーシーのこの言葉は1947年のものだが、60年代以降はハリウッド映画もハッピー・エンディングがめっきり少なくなった。

26 1881年のこの日、「OK牧場の決闘」
ワイアット・アープが教える抜き撃ちの極意

ワイアット・アープ
Wyatt Earp (1848–1929)　賭博師、保安官、酒場経営者

Fast is fine but accuracy is final. You must learn to be slow in a hurry.

［銃を抜くのに］早いのはいいが、大切なのは正確さだ。急ぎながらゆっくり撃つことができるようにならなきゃ。

W・アープ

NOTES　1881年のこの日、「OK牧場の決闘」が行われた。ジョン・フォード監督の『荒野の決闘』では、保安官ワイアット・アープ兄弟が、ドク・ホリデーの助けを借りて、牛泥棒のクラントン一家4人とOK牧場で対決することになっている。しかし実際はアープの4人組と対決したのはクラントン兄弟と仲間の2、3人で、場所は牧場ではなくトゥームストンの街中だった。決闘の理由も不明で私闘だったようだ。結果はワイアット・アープのみが無傷で、アープ組の3人は負傷。クラントン組は3人が死んだ。アープたちは殺人罪で起訴されたが無罪になった。

アープは保安官であったこともあるが、あるときは賭博師であり、金鉱夫であり、酒場の経営者であり、悪事にも手を染めていたとする説もある。ともあれ、ここにあげた言葉を実行した賜物か、危険な西部で生き延び、当時にしては珍しい82歳の長寿を全うした。

27 ＊アメリカ人はショッピングが好き
このおかげで日本は経済大国に

Anonymous（作者不詳）

Shopping is the chief cultural activity in the United States.

アメリカ合衆国の主たる文化活動はショッピングである。

NOTES　ほんとうにアメリカ人はショッピングが好き。貯蓄をしないで、買い物をし、「お金がなければクレジット・カードがあるさ」という勢いだ。アメリカ経済のなかに占める個人消費の割合は7割だという。世界の景気はアメリカ人のショッピング好きに大きく依存しているので、アメリカの個人消費が伸びないと、世界中が困ることになる。しかし買い物好きのアメリカ人の財布の紐もリーマン・ショック以降かたくなり、2007年には2.2パーセントにまで落ち込んだ貯蓄率が2009年5月には5.7パーセントまで上昇した。一方、日本人は貯蓄好きといわれているが、個人所得が低減しているので、

70年代には20パーセント以上あった貯蓄率が、2009年には2.3パーセントにまで落ち込み、貯蓄率は日米で逆転、主要国のなかでも最低となっている。

28　1886年のこの日、「自由の女神」の贈呈式
「自由の女神」のために作られた詩

エマ・ラザラス
Emma Lazarus (1849–87)　詩人
I lift my lamp beside the golden door.

> 我は黄金の扉によりてランプを掲ぐ。

E・ラザラス

NOTES　1886年のこの日、「自由の女神」の贈呈式が行われた。アメリカの独立100周年を祝って、フランスからアメリカに贈られたものだが、建造に難航し10年遅れとなった。この6年後に、すぐ隣のエリス島で移民の入国審査が始まったので、ここを通った移民たちはみなこの像を見たことになる。（→1月1日）

　このエマ・ラザラスの言葉は、自由の女神のために作られた詩の最後の1行で、移民たちを歓迎するもの。詩を刻んだプレートは女神の台座の中にある博物館に飾られているが、内容は「私のもとによこしなさい。疲れ果て、貧しく、身を寄せ合って、自由を求めている人たちを——」というように、旧世界への呼びかけになっている。

アメリカに送られる前、パリ万博の会場に展示された「自由の女神」の頭部

29　＊資本主義の一面を言い当てた言葉
宇宙飛行士から航空会社社長になった

フランク・ボーマン
Frank Borman (1928–)　宇宙飛行士、イースタン航空CEO
Capitalism without bankruptcy is like Christianity without hell.

> 破産のない資本主義なんて、地獄のないキリスト教みたいなものさ。

F・ボーマン

NOTES　ボーマンは宇宙船アポロ8号の船長として、人類初の有人月周回ミッションを行い、月の裏側の映像をはじめて地球に送った。さらに月面着陸を目指

すアポロ11号の船長を打診されたが民間に転出し、当時国内航空会社の大手だったイースタン航空に迎え入れられた。1975年CEOに昇格、宇宙飛行士の知名度をいかして会社の建て直しに成功、76年から79年には大きな黒字を計上した。しかし経営は再び悪化し、1980年に退陣する。イースタン航空は1991年に倒産した。ここにあげた言葉は、経営に悪戦苦闘した彼の体験からにじみ出た言葉だが、資本主義の一面を言い当てている。

30 1938年のこの日、大騒動を引き起こしたラジオ放送劇
オーソン・ウェルズ演出、「火星人襲来」パニック

オーソン・ウェルズ
Orson Welles (1915–85)　俳優、映画監督

Radio Announcer: Ladies and Gentlemen, we interrupt our program of dance music to bring you a special bulletin from the Intercontinental Radio News.

O・ウェルズ

アナウンサー：皆さん、ここでダンス音楽の番組を中断して、インターコンチネンタル・ラジオ・ニュースからの特別ニュースをお届けします。(bulletin＝速報)

NOTES　1938年のこの日、オーソン・ウェルズが演出・主演した『H・G・ウェルズの宇宙戦争』がラジオ放送され、聞いていた人たちが駅や教会に避難するなどのパニックを引き起こす騒ぎとなった。それほどウェルズの演出がたくみだったのだ。

放送はまず音楽番組として始まる。そして番組を中断して上記の臨時ニュースが入るのだ。最初は火星で爆発があったというニュース。音楽にもどる。そしてニュージャージー州に隕石が落下したというニュース。音楽にもどる。そして現場報告となり、隕石は円盤で、そのなかから火星人が出てくる実況中継——となる。

この演出でいちやく全米の注目をあびたウェルズはハリウッドに呼ばれ、26歳で『市民ケーン＝ *Citizen Kane*』（1941年）の製作・監督・脚本・主演を務める。この作品は、古今の映画の人気投票をすればかならずベストテンに入る名作となった。ところが内容が新聞王ウィリアム・ハーストのイエロー・ジャーナリズムぶりを描いたものだったため物議をかもし、ハースト系の新聞には酷評され、上映できない地域もあって、営業的には惨敗した。（→8月13日）

『市民ケーン』のウェルズ

31

1971年のこの日、『ニューヨーク・タイムズ』紙に

なぜフーバーをFBIの長官にとどめておくのかと問われて

リンドン・B・ジョンソン
Lyndon B. Johnson (1908–73)　第36代大統領

It's probably better to have him inside the tent pissing out, than outside the tent pissing in.

> それはテントのなかにおいといて、外に向かって小便をしてもらったほうが、テントの外からなかに向かって小便されるよりはましだからさ。

NOTES　いかにもジョンソンらしい表現だが、ジョン・エドガー・フーバーが1924年にFBIの長官になり、1972年に死ぬまで長官であり続けた理由を見事に言い当てている。ケネディをはじめ多くの政治家たちがフーバーをやめさせようとしたのだが、「情報ファイル」を持ったフーバーが面会するとみんな引き下がったという。その結果、政権が変わると高級官僚も交代するというアメリカにあって、じつに48年間、8代の大統領に仕えることになった。

自らも同性愛者の噂、マフィアとの関係などがとりざたされていたが、小さな組織だったFBIを大組織に育て上げた功績もあり、ワシントンのFBI本部ビルにはエドガー・フーバーの名前が冠されている。彼の引退後、FBI長官の任期は10年に制限された。

ケネディに面会するフーバー

11月 NOVEMBER

1 1955年のこの日、死去
アメリカ自己啓発の元祖の言葉

デール・カーネギー
Dale Carnegie (1888–1955)　自己啓発セミナー講師、著作家

You can make more friends in two months by becoming interested in other people than you can in two years by trying to get other people interested in you.

> 他人の興味を自分にひきつけて友達を作ろうと2年間がんばるよりは、あなたが他人に興味を持って2ヵ月がんばったほうが、ずっと多くの友達が作れるはずだ。

NOTES　個人主義のアメリカでは「成功」は自分の力でつかみとらなければならない。だから、アメリカ人は「自己啓発= self-improvement」に懸命になる。20世紀に入って多くの自己啓発専門家が誕生したが、その筆頭がデール・カーネギー。望む仕事につけず、持ち金を使い果たしたカーネギーは宿泊先のYMCAに掛け合って、「人前での話し方講座」を開講する。その最初の講義で授業のネタにつまり、苦しまぎれに生徒たちに「私がアタマにきたこと」を話させると、人前でも怖がらずに話せることを発見。こうしてビジネス・セミナーの草分け「デール・カーネギー・トレーニング」が誕生する。

　1936年に出した『人を動かす= *How to Win Friends and Influence People*』と1948年の続編『道は開ける= *How to Stop Worrying and Start Living*』の2冊は世界的ベストセラーになり、日本だけでも合計600万部も売れた。

2 1800年のこの日、手紙に
ホワイトハウスの大食堂に彫られた言葉

ジョン・アダムズ
John Adams (1735–1826)　第2代大統領
May none but honest and wise men ever rule under this roof.

> この屋根の下では、正直で、賢明な人間だけが統治しますように。
> (none but 〜＝〜のみが)

J・アダムズ

NOTES　1800年4月、アメリカの首都がフィラデルフィアから新都ワシントンに移された。できたばかりのホワイトハウス（当時はプレジデンツハウス）に入ったのは2代目大統領のジョン・アダムズだった。この言葉はここで最初の一夜を過ごした彼が妻のアビゲイル宛の手紙に書いたもの。この年アダムズはジェファソンに再選をはばまれ、翌年にはホワイトハウスを去っている。(→7月3日)

　この14年後、米英戦争（1812-15）の際、ホワイトハウスはイギリス軍の焼き討ちにあう。それを修復し、焦げあとのついた部分を含め、すべて白く塗ったので「ホワイトハウス」と呼ばれるようになったといわれている。
　のちにフランクリン・ローズベルトが大食堂の暖炉にこの言葉を刻ませた。

イギリス軍によって焼かれたホワイトハウス

3 1969年のこの日、演説で
「いるかどうかわからない」のがミソですね

リチャード・ニクソン
Richard Nixon (1913–94)　第37代大統領
And so tonight, to you, the great silent majority of my fellow Americans—I ask for your support.

R・ニクソン

> そして今夜、偉大なるサイレント・マジョリティの国民の皆さん──ご支持をお願いします。

NOTES　これはニクソンが大統領に就任した1969年の演説である。まさにベトナム戦争の真っ最中で、国内では学生、学者、文化人、芸能人などのインテリ層を中心に反戦運動の嵐が吹き荒れていた。そんななかで「声をあげない中道保守

派層」に向かってベトナム戦争への支持を呼びかけたときに使ったのが「サイレント・マジョリティ＝静かなる多数派」で、この演説によって有名になった。日本で安保反対運動が盛り上がった1960年に、岸信介首相が「私には"声なき声"が聞こえる」と言ったのと一脈通じるものがある。「サイレント・マジョリティ」のもともとの意味は、19世紀のアメリカで、植民地時代以来の死者の総計が当時の生者 (つまり人口) を上回ったときに、「多数派」となった死者をあらわす言葉として使われたものだという。

4 2008年のこの日、大統領選挙勝利演説で
レストランに入ることをこばまれた黒人の子供が大統領に

バラク・オバマ
Barack Obama (1961–)　第44代大統領

If there is anyone out there who still doubts that America is a place where all things are possible; who still wonders if the dream of our founders is alive in our time; who still questions the power of our democracy, tonight is your answer.

> アメリカがどんなことでも可能な場所であることをまだ疑う人、いまの時代に建国の父たちの夢が生きているのかといぶかる人、私たちの民主主義の力を疑問に思う人がここにいるとすれば、今夜がその答えなのです。

NOTES　オバマが大統領選に勝利した日の演説。本書のなかにもアメリカの黒人たちの苦悩や公民権獲得までの苦労を表した言葉も数多いが、そんな言葉をかみしめるとき、黒人が大統領になったということだけでも、オバマはひとつの大きな仕事をしたといえるだろう。この2ヵ月後の就任式ではアフリカ系だけでなく、アジア系、スペイン系など数多くの異なる民族出身の人たちが、寒さをこらえながら式が始まるのを待っていたのだ。

勝利演説をするオバマ

5 1994年のこの日、国民への最後の言葉
アルツハイマー病を患っていることも告白

ロナルド・レーガン
Ronald Reagan (1911–2004)　第40代大統領

I now begin the journey that will lead me into the sunset of my life. I know that for America there will always be a bright dawn ahead.

> いま私は人生の日没へ向かう旅に出発します。しかし、アメリカにはいつも明るい夜明けが待っていることを私は知っています。

NOTES 　大統領を辞任して5年後の1994年11月、レーガンは自分がアルツハイマー病にかかっていることを告白する手紙を公開した。この言葉はその手紙の最後の部分。自分は人生の日没に向かうが、アメリカは明るい夜明けに向かっていると述べている。

　「偉大なコミュニケーター」と呼ばれたレーガンらしく、人生の最後にも、分かりやすい言葉で自分の病を告げ、妻を思いやり、そしてアメリカの未来に希望を託すことを忘れなかった。

大統領としての最後の挨拶をするレーガン

6 ＊このスローガンの力も大きかった
オリンピックの年が大統領選挙

バラク・オバマ
Barack Obama (1961–)　第44代大統領
Yes, we can.

そう、やれるんだ。

NOTES 　オリンピックの年にアメリカでは大統領選挙が行われる。2008年には「Yes, we can.」というオバマ陣営の選挙スローガンがアメリカ中にあふれた。当初このスローガンを選挙参謀から進言されたとき、

当選を喜ぶオバマ一家

オバマは乗り気ではなかったという。たしかに「Yes, we can.」は生徒会長選挙のスローガンみたいにベタだ。しかし、そのベタさ加減が、アメリカの草の根の人たちに真正面から希望と変化を訴える若々しいオバマの躍動感にぴったりだった。「Yes, we can.」はオバマの専売特許ではない。最初にスローガンとして使ったのは、メキシコ系労働運動家のシーザー・チャベス。ヒスパニック系の票を取り込もうとしてオバマ陣営がこのスローガンを使ったともいわれている。

7 1805年のこの日、太平洋岸に到達
ルイス＝クラーク探検隊の偉業

ウィリアム・クラーク
William Clark (1770–1838) 探検家

Ocian in view! O! The joy!

海が見えた！ あー！ なんという喜び！

ルイス（左）とクラーク

NOTES 　1803年、フランスからミシシッピ川西方の広大な「ルイジアナ」を買収したジェファソン大統領は、個人秘書を務めていたメリウェザー・ルイス大尉に命じて、当時は地図さえなかったアメリカ北西部の探査をさせた。ルイスは親友のウィリアム・クラークと共に40人ほどの探検隊を組織し、1804年5月、セントルイスを出発する。そして1806年9月、ここに帰還するまでの2年4ヵ月、インディアンしかいない未知の土地で苦難を乗り越えながら、地理、動植物などの調査にあたった。これは1805年のこの日、太平洋にたどりついたクラークの日誌の記述である。この言葉は2005年の200周年記念コインにも使われたが、そこでは「ocean」となっていて、「ocian」というスペルがクラークの誤記か、それとも当時こういう書き方もあったかが話題になった。

　オレゴン地方は、スペインが北上を、ロシアが南下をねらっていた土地だったので、この探検隊の足跡はアメリカの領有にも大きな意味を持つものであった。

探検隊の200周年記念コイン

8 1970年のこの日、『ニューヨーク・タイムズ』紙に
これが官僚の生きる知恵

ジェームズ・H・ボーレン
James H. Boren (1925–2010) 官僚、ライター

Guidelines for bureaucrats: (1) When in charge, ponder. (2) When in trouble, delegate. (3) When in doubt, mumble.

官僚のための指針：(1) 責任者になったら、検討に時間をかけよ。(2) 問題が起こったら、権限を委譲せよ。(3) 疑わしい場合は、ボソボソとしゃべれ。

NOTES 　ボーレンはケネディの大統領選挙に協力して、1961年に政権下の官僚となり、ラテン・アメリカの経済復興に活躍した。退職後は政治家や官僚を

ユーモラスに描いた本を出すとともに大学で教鞭もとった。彼の授業のときは、いつも笑いが廊下にまで響いていたという。ここにあげた「名言」はもっともよく知られている傑作である。

9 *さすがは大伝道師
神と話し、大統領をも回心させる

ビリー・グラハム
Billy Graham (1918–) 伝道師

I can tell you that God is alive because I talked to him this morning.

B・グラハム

もちろん神様は生きていらっしゃいます。今朝も彼とお話をしたのだから確かです。

NOTES 1970年代以降、アメリカで福音派と呼ばれる保守的なキリスト教一派が力を持ち、政治を動かすようになる。聖書を神の言葉として受け入れ、キリストの声を聞き、クリスチャンとして「生まれ変わった= born again」経験を持つ人々である。カーターやブッシュ・ジュニアはこの「生まれ変わったクリスチャン」。人々を回心に導くのが福音派の伝道師で、その代表格が「プロテスタント・アメリカの法王」と呼ばれるビリー・グラハムである。

グラハムはアイゼンハワー以来歴代の大統領と親交を結び、とりわけ、ブッシュ家とは関係が深かった。父ブッシュはグラハムを「アメリカの牧師」と呼び、湾岸戦争開始前夜にグラハムと会談し、息子ブッシュはグラハムによって改めてクリスチャンに回心した。世界中で彼の説教を聴いた人は数百万人に達し、テレビ、ラジオも入れれば数十億人といわれる。

10 1871年のこの日、アフリカで
リビングストンを探し当てて

ヘンリー・モートン・スタンリー
Henry Morton Stanley (1841–1904) 新聞通信員

Dr. Livingstone, I presume?

リビングストン博士とお見受けしましたが。(presume =推測する)

H・M・スタンリー

NOTES デイヴィッド・リビングストンは1841年以来、アフリカ奥地の探検を続けたスコットランドの宣教師。探検家として有名になったが、1870年ごろ消息を

絶ち、欧米では死亡説まで流れて捜索をする動きが始まった。『ニューヨーク・ヘラルド』紙の海外特派員をしていたスタンリーがその捜索を請け負った。スタンリーはイギリス人であったが、18歳のときアメリカに渡り、南北戦争では南軍として戦っている。

そして1871年のこの日、タンザニアのタンガニーカ湖畔で見る影もなくやせ衰えたリビングストンを発見した。そのとき発したスタンリーの第一声がこの言葉だった。

この会見は世界的なニュースとなり、「I presume」という言葉は、久しぶりに会った友人などへの呼びかけとして流行語になった。

リビングストン（左）に声をかけるスタンリー

11 2005年のこの日、死去
企業の目的はただひとつ、「顧客の創造」

ピーター・ドラッカー
Peter Drucker (1909–2005) 経営学者

There is only one valid definition of business purpose: to create a customer.

根拠の確実な企業目的の定義はひとつしかない。顧客を創造することである。

NOTES ドイツ系ユダヤ人としてウィーンに生まれたドラッカーは、ドイツで新聞記者をしていたが、ナチスの迫害を恐れてイギリスに行き金融業界に入る。しかしここでも違和感を感じ、アメリカに渡って「人間と仕事」の関係を考える評論家になった。1942年に出した『産業人の未来』がGM（ゼネラル・モーターズ）の副社長の目に触れ、会社組織の分析を依頼される。このために18ヵ月をかけてGMのマネジャー全員にインタビューを行ったが、この体験がドラッカー・マネジメント理論の基礎を作った。

ここにあげた言葉が彼の理論の核心とされるが、企業の目的を「利益の追求」ではなく「顧客の創造」であるとする。そしてそのために企業がすることはふたつだけ。「マーケティング」と「イノベーション」であるとした。マーケティングとは顧客の潜在的なニーズをさぐること。そしてイノベーションとは新しい価値を作り出し、顧客を作り出すことである。

12 1993年のこの日、死去
もう「ウォーターゲート」は隠しきれない

H・R・ハルデマン
H. R. Haldeman (1926–93)　ニクソン大統領の主席補佐官

Once the toothpaste is out of the tube, it is awfully hard to get it back in.

> いちど練り歯磨きがチューブから出てしまったら、もとにもどすなんてできやしない。

H・R・ハルデマン

NOTES　ニクソン大統領の主席補佐官だったハルデマンが、1972年に発生したウォーターゲート事件の最中に語った言葉。彼は大手広告代理店にいたのだが、ニクソンの選挙キャンペーンを手がけて信頼を獲得、1969年の大統領就任にあたり主席補佐官に抜擢された。親友で同じく補佐官だったジョン・アーリックマンと共にドイツ系だったため、「ベルリンの壁」と呼ばれながら事件渦中のニクソンを守った。

この言葉は1973年4月8日、「陰謀」がはっきりしてきたころの発言で、4月30日には辞任を余儀なくされた。1975年には「共同謀議」で有罪となり、18ヵ月間服役している。それにしても広告代理店にいただけあって、うまい文句を考えつくものだ。

13 ＊1949年の『メンケン名言集』に
「女性」を「男性」と入れ替えても名言？

H・L・メンケン
H. L. Mencken (1880–1956)　ジャーナリスト、評論家

Love is the delusion that one woman differs from another.

> 愛とは、女はそれぞれ違うという妄想である。

H・L・メンケン

NOTES　メンケンは第1次世界大戦から第2次世界大戦にかけてのアメリカでもっとも活躍したジャーナリスト・評論家。彼の批評は文学だけでなく、政治・宗教をふくむアメリカ社会全般および、中産階級の俗物主義やピューリタニズムを攻撃した。それまでの既成の道徳に縛られていた文学を排し、セオドア・ドライサー、シンクレア・ルイス、ユージン・オニールなどを擁護して世に送り出した功績は大きい。

この言葉は『メンケン名言集』のひとつだが、「女」を「男」に置き換えても通用するだろう。

14 1861年のこの日、生誕
フロンティアが「アメリカ」を作った

フレデリック・ジャクソン・ターナー
Frederick Jackson Turner (1861–1932)　歴史学者

The existence of an area of free land, its continuous recession, and the advance of American settlement westward, explain American development.

F・J・ターナー

> 自由な土地が存在し、それが絶えず後退していくこと、そしてアメリカの入植地が西に前進していくことがアメリカの発展を説明してくれる。

NOTES　東海岸への入植で始まったアメリカの開拓が西へと膨張し、文明と荒野の境界線であるフロンティア（辺境）が西海岸まで達して消滅したのが1890年とされる。その3年後にターナーが、「アメリカ史におけるフロンティアの意義」と題した論文で、アメリカの国民性や社会制度（とりわけ民主主義）はこのフロンティアによって形成されたとする、いわゆる「フロンティア学説」を発表した。

荒野を開拓するなかで、粗野な力強さ、現実的な独創性、急場をしのぐ才能、物欲、常に移動を求めるエネルギー、個人主義といった国民的性格が培われた。そして、平等な個人が協力し合って社会を作り上げる過程で民主主義が育まれた。この「フロンティア学説」には、先住民族の存在を軽視しているなどの異論も多いが、アメリカ国民形成の有効な理論のひとつであることは間違いない。

ちなみに、アメリカ国勢調査局による定義では、フロンティアとは1平方マイルにつき人口が2人以上6人以下の地域のこと。東京都の面積で考えると、8千人強の人が住んでいれば、もうそこはフロンティアではなかった。

15 1969年のこの日、「ウェンディーズ」創立
大統領候補指名をもぎ取った「引用句」

ウォルター・モンデール
Walter Mondale (1928–　)　第42代副大統領

When I hear your new ideas I'm reminded of that ad, 'Where's the beef?'

W・モンデール

> あなたの新しいアイディアを聞いていたら、あの宣伝文句が浮かんできましたよ。「どこに牛肉が入っているの？」っていうやつがね。

> **NOTES** ハンバーガー・チェーンの「ウェンディーズ」は1969年のこの日、創業した。当初は順調に店舗数を増やしたが、中だるみが出始めた1984年、コマーシャルで大ヒットをとばす。3人の老婦人が中身がほとんどないハンバーガーを見ながら、「Where's the beef? ＝どこにビーフが入っているのよ」と大騒ぎしている。そこに、「ウェンディーズのハンバーガーならこんなに大きなビーフが」という写真が重なるのだ。

　この年、モンデールはゲーリー・ハートと民主党の大統領候補指名を争っていたが、テレビの公開討論のなかで、この宣伝文句を使って、「あなたの政策は、どこにビーフが入っているんだ」とやった。これがウケて、「ハート旋風」に遅れをとっていたモンデールが巻き返し指名を獲得したのだ。しかし大統領選ではレーガンに大敗し、再選を許す結果となった。モンデールは1993年、クリントン政権のもとで駐日大使となっている。

16　＊アメリカン・フットボールが人気の理由
アメリカの現代生活の特徴が結びついて

ジョージ・ウィル
George Will (1941–)　コラムニスト

You really don't want a president who is a football fan. Football combines the two worst features of modern American life: it's violence punctuated by committee meetings.

G・ウィル

> [アメリカン]フットボール好きの大統領は願い下げだ。フットボールはアメリカ人の現代生活のなかのふたつの最悪の特徴を結びつけたものだから。つまり暴力のあいまに委員会のミーティングがはさまっているのがフットボールなのだ。

> **NOTES** フットボールの「暴力」とはあの頑丈なヘルメットや防具を見れば分かるとおりだが、「委員会のミーティング」とはハドルのこと。攻撃側が4回のプレーで10ヤード以上進めないと攻守交替となるのだが、その度に選手が集まってフォーメーションの確認をする。それをハドルといい、これがまさに「ミーティング」なのだ。

　ジョージ・ウィルは『ワシントン・ポスト』紙や『ニューズウィーク』誌で論陣を張る保守派ジャーナリスト。大の野球ファンで、政治的コメントや文章のなかに野球の例えが頻出する。しかし、上記の言葉からも分かるように、フットボールのファンではないようだ。

ただいまミーティング中

17 1973年のこの日、記者会見で
失言ランキング第1位に輝いた言葉！

リチャード・ニクソン
Richard Nixon (1913–94) 第37代大統領
People have got to know whether or not their president is a crook. Well, I'm not a crook.

国民は自国の大統領がペテン師かどうか知らなければならない。そう、私はペテン師じゃない。

NOTES 　1973年10月、ウォーターゲート事件もついにホワイトハウス内で自動録音されていたテープの提出問題が焦点となった。10月20日、ニクソンはテープ提出を迫るコックス特別検察官を解任するようにリチャードソン司法長官に命じるが、長官はこれを拒否して辞任。次に命じたラッケルズハウス副司法長官も拒否して辞任。ついに法務官にすぎなかったロバート・ボークにコックスを解任させた。これだけのことが20日の夜に起こったので「土曜日の夜の虐殺＝Saturday Night Massacre」と呼ばれる。

　上記のニクソンの言葉は11月17日、400人の記者を前にして語った、この事件の弁明の一節。これは古今の大統領の失言ランキングで第1位に輝くものになった。いろいろな駆け引きがあったのち、テープは翌年の7月30日に提出され、ニクソンは8月9日、辞職した。（→11月12日）

R・ニクソン

18 今日はミッキー・マウスの誕生日
1928年、ミッキー・マウス初登場

ウォルト・ディズニー
Walt Disney (1901–66) プロデューサー
Fancy being remembered around the world for the invention of a mouse!

たった1匹のネズミを作り出したことで世界中の記憶に残るなんてね。

W・ディズニー

NOTES 　ミッキー・マウスの誕生日は1928年11月18日。この日にミッキー・マウスが登場する『Steamboat Willie ＝蒸気船ウィリー』という漫画映画が公開されたのだ。じつはこの前にミッキーが登場する映画が2作あったのだが、話題にもなら

ず、配給もされなかったので、この映画の公開日が誕生日となった。ミッキーの絵を描いたのは共同制作者のアブ・アイワークスで、ディズニーはミッキーの声を担当していた。

　世界中で愛されているミッキー・マウスだが、英語でMickey Mouseというと、「間抜け」「くだらない」「古臭い」などマイナスの意味で使われることが多い。「A Mickey Mouse job＝いい加減な仕事」。

19　たった2分間だった「史上最高」の演説
1863年のこの日、ゲティスバーグで

エイブラハム・リンカーン
Abraham Lincoln (1809–65) 第16代大統領

It is rather for us to be here dedicated to the great task remaining before us—that government of the people, by the people, for the people, shall not perish from the earth.

> ここで、私たちこそが前途に残された大きな使命を成し遂げるために献身しなければなりません。——その使命とは、人民の、人民による、人民のための政治が地上からなくならないようにすることです。

NOTES　1863年7月1日から3日にかけて、ペンシルバニア州ゲティスバーグで南北戦争最大の激戦が行われ、双方とも2万3000人ほどの死傷者を出した。この戦闘の4ヵ月後、この地に国立戦没者墓地が開かれ、その献納式でのリンカーンの演説が、この「ゲティスバーグの演説」である。この演説の前に政治家で有名な弁士だったエドワード・エヴァレットが2時間の基調演説をし、リンカーンの演説は2分少々であった。

　いまでは史上最高の演説とされているが、直後の評判は良くなかった。まずはリンカーン自身が、席に帰ったとき友人のワード・ラモンに「まったくの失敗」と語っているし、『ニューヨーク・タイムズ』紙（1851年創刊）は「単調で平凡」と書いた。マイクがないので声が通らず、カメラマンもいたが、気がついて撮ろうとしたときにはもう演説は終わっていたという。このため演説をするリンカーンの写真は残っていない。

　この演説の評価が定まるのは内容が文字として発表されてからであった。

演説の3時間前のリンカーン

20 ＊アメリカの「力の外交」の論理
あのシェーンが子供ジョーイに語った言葉

A・B・ガスリー・ジュニア
A. B. Guthrie, Jr. (1901–91)　脚本家

A gun is a tool ... no better or no worse than any other tool, an axe, a shovel or anything. A gun is as good or bad as the man using it.

> 銃は道具なんだよ——斧やシャベルのようなほかの道具と同じさ。良いものでも悪いものでもない。銃が良いものか悪いものかは銃を使う人によって決まるんだ。

NOTES　西部劇の名作『シェーン』の主人公が語るこの言葉は、オバマ大統領がノーベル平和賞受賞演説で語った「良い戦争」と「悪い戦争」の論理と一脈通じている。オバマ大統領は、世界に悪が存在する限り武力は必要だ、平和を維持するために戦争が必要だと述べた。西部劇という国家建設の神話では、正義のガンマンが力によって悪を征服していく。この構図の延長線上にアメリカが現実の世界で行っている力の外交がある。

『シェーン』の１シーン

しかし、正義のためとはいえ、いったん暴力を行使してしまえば、もう社会に戻ることはできないことを知っているシェーンにくらべ、現実のアメリカという国は戦争という暴力に対して反省することはまずない。

21 ＊エコロジーの原点です
アメリカ自然保護運動の父の言葉

ジョン・ミュア
John Muir (1838–1914)　自然保護運動家

Whenever we try to pick out anything by itself, we find it hitched to everything else in the universe.

J・ミュア

> 私たちが何かひとつだけを取り上げようとすると、それが宇宙のほかのすべてのものとつながっていることを発見する。(hitch ＝つなぐ)

NOTES　この言葉は「太陽は私たちの上に降り注ぐのではなく、私たちのなかに降り注ぐ。川は私たちの横を流れるのではなく、私たちのなかを通り抜けて流れる」と続く。万物はつながり、自然は人間の内面を照らすというジョン・ミュアのホー

リスティック（全体論的）な自然観を表す言葉である。

　ジョン・ミュアはゴールドラッシュに沸く1849年、11歳でスコットランドから移住し、西部に入植した。大学を中退し、1000マイルの放浪の旅に出かけた彼が最後にたどりついたのは西海岸のヨセミテ渓谷であった。19世紀後半、西部開拓によってアメリカの自然が破壊されていくなか、ヨセミテ渓谷の森も破壊されつつあった。ミュアはヨセミテ渓谷保全に邁進し、1890年、世界最大の巨木セコイアで有名なヨセミテ国立公園が誕生する。ミュアは「アメリカ自然保護の父」であり、環境保護団体「シエラ・クラブ」の創設者でもある。

T・ローズベルト大統領にヨセミテを説明するミュア

22　1963年のこの日、ケネディ大統領暗殺
ケネディが狙撃されたときジャクリーンは

ジャクリーン・ケネディ・オナシス
Jacqueline Kennedy Onassis (1929–94)　元ケネディ大統領夫人

He looked puzzled, then he slumped forward. He was holding out his hand. I could see a piece of his skull coming off. It was flesh-colored, not white . . . Then he slumped in my lap, his blood and his brains were in my lap.

> 彼はちょっと戸惑ったような表情を浮かべましたが、すぐに前に倒れました。彼は手を伸ばしていました。彼の頭蓋骨の破片が出てくるのが見えました。それは肌色で白くはありませんでした。それから彼は私のひざに倒れこんできました。彼の血と脳髄がひざにたまりました。

NOTES　これはケネディが狙撃された1週間後、そのときの様子をジャクリーンが政治ジャーナリストのT・H・ホワイトに語ったもの。（→11月29日）
　このあとケネディは病院の手術室に運ばれる。彼女は血だらけのまま付き添った。
——ペリー医師は私に手術室から出てほしいと言いました。私は「これは私の夫です。これは彼の血で、これは彼の脳髄です」と答えました。
——牧師が最後の祈りをささげている間ずっと、彼の手を握り締めていました。
——鏡を見ると私の顔中に血と髪の毛がこびりついていました。私はそれをクリネックスでふき取りました。でも次の瞬間、なんでふき取ってしまったのだろうと思いました。残しておかなければならなかったのです。彼らが何をしたのか分からせるために。

銃撃される直前のケネディ

この５年後、ジャクリーンはギリシャの海運王アリストテレス・オナシスと再婚して世界を驚かせた。オナシスの財力とジャクリーンの名声が結びついたもので、ふたりの間に恋愛はなかったといわれている。1975年、オナシスはジャクリーンに莫大な財産を残して死去した。ジャクリーンはニューヨークの出版社で編集の仕事をしていたが、1994年に死去し、アーリントン国立墓地に眠るケネディの隣に埋葬された。

23 ＊「マクドナルド」を作った人です
ハンバーガーをイノベートして顧客を創造

レイ・クロック
Ray Kroc (1902–84)　マクドナルド創業者

It requires a certain kind of mind to see beauty in a hamburger bun. Yet, is it any more unusual to find grace in the texture and softly curved silhouette of a bun than to reflect lovingly on the hackles of a favorite fishing fly?

R・クロック

ハンバーガーのバン（小さな丸いパン）に美を感じるにはある種の想像力が必要だ。しかし、バンの手ざわりや柔らかい曲線を帯びた形に優雅さを見出すことは、好みのフライフィッシングの毛鉤にいとおしく想いをはせる以上に異常なことだろうか。（hackle＝毛鉤の蓑毛）

NOTES　クロックはミルクセーキを作る機械のセールスマンだったが、ロサンゼルス郊外でマクドナルド兄弟が経営していたハンバーガー店の生産、販売方法が気に入り、1954年フランチャイズ店を作った。彼はさらにフォードの生産ライン方式を導入し、どこの店でも同じ味が同じサービスでスピーディーに食べられるようにしたのだった。そして1961年には「マクドナルド」の商権を買い取り、2010年末には全世界に３万2737店を出し、資産50億ドルといわれるまでになった。
　ピーター・ドラッカーは「クロックは商品をイノベートし、顧客を創造した」と評価しているが、上記の言葉に見られるように、ハンバーガーにかける並々ならぬ愛情にも成功の鍵があったのだろう。

24 ＊『ニューヨーカー』のセンスがいっぱい
ウイット、風刺、ユーモアの違いは

ジェームズ・サーバー
James Thurber (1894–1961)　作家

The wit makes fun of other persons; the satirist makes fun of the world; the humorist makes fun of himself.

J・サーバー

> ウイットとは他人を物笑いの種にすることである。風刺は世界を物笑いの種にし、ユーモアは自分を物笑いの種にする。

NOTES ジェームズ・サーバーは、アメリカを代表するユーモア作家。作品の大半は『ニューヨーカー』誌に掲載された。代表作は、日常生活では恐妻の尻に敷かれた無能でさえないダメ男だが、夢想の世界では英雄として活躍する中年男のペーソスを描いた短編小説『虹をつかむ男= *The Secret Life of Walter Mitty*』(1939年)。

　イギリスの首相、チャーチルがある女性から「あなた、酔っぱらってるわよ。とんでもなく」と言われて、こう切り返したという。「君はブスだよ、とんでもなく。でも、明日になれば私はしらふになるが、君はブスのままさ」。他人を物笑いにするウイットのいい例。素早い頭の回転から瞬発的に生まれる、気のきいた鋭い突っ込みを本領とするウイットは、相手を傷つけることも多い。一方ユーモアは、人間存在のどうしようもなさからにじみ出る滑稽さであり、ほのぼのとした温かさや哀歓にくるまれている。

25 世界でもっともさびしい場所は
＊1913年、後任の大統領ウィルソンに

ウィリアム・ハワード・タフト
William Howard Taft (1857–1930)　第27代大統領

I am glad to be going. The White House is the lonesomest place in the world.

> ここを去ることができてうれしいよ。ホワイトハウスはこの世でいちばんさびしいところだからね。

NOTES タフトは前任のセオドア・ローズベルトの後押しにより大統領に当選したが、まじめな法律家だった彼の施策はローズベルトの不興を買った。ふたりは共和党だったが、タフトに任せられないと考えたローズベルトは1912年の大統領選挙で「進歩党」から3選を目指して立候補した。タフトはローズベルトにも敗れ、結局大統領になったのは民主党のウッドロー・ウィルソンだった。こんな状況だったので、ホワイトハウスにおけるタフトの4年間は「さびしい」ものだったろう。この言葉は1913年、政権明け渡しのとき、後継者のウィルソンに語ったものである。

W・H・タフト

26　1999年のこの日、死去
こんなにすごいものとは知らなかった

アシュレイ・モンタギュー
Ashley Montagu (1905–99)　人類学者

In its effects I believe that the pill ranks in importance with the discovery of fire.

> ピル（避妊薬）の効能は火の発見と同じくらい重要なものと信じている。

NOTES　女性用経口避妊薬＝ oral contraceptive pill が開発されて以来、本来は「丸薬」という意味の pill は、the pill で避妊薬を指すようになった。「Are you on the pill?」は「（避妊薬の）ピル飲んでる？」という意味。

　コンドームという物理的かつ原始的な避妊用具に比べれば、排卵を調節して、妊娠を防ぐピルはモンタギュー教授が言うように、人類史上画期的な発見だった。女性はピルによって初めて妊娠するかしないかを主体的に選択出来るようになったのだ。60年代にアメリカで進んだ性の解放にピルが一役買ったことは間違いない。

　アメリカで最初にピルが認可されたのは1960年。日本ではピルが避妊薬として認可されたのは1999年、男性用勃起薬バイアグラが認可されたのと同じ年だ。ピルの認可が遅れたのは、エイズ対策、少子化対策との関連だといわれている。

27　1953年のこの日、死去
ノーベル賞を受賞した劇作家

ユージン・オニール
Eugene O'Neill (1888–1953)　劇作家

We talk about the American Dream, and want to tell the world about the American Dream, but what is that Dream, in most cases, but the dream of material things? I sometimes think that the United States for this reason is the greatest failure the world has ever seen.

E・オニール

> われわれは「アメリカの夢」とよく言い、またそれを世界に向かって話したがる。しかしその夢っていうのはほとんどの場合、物質的な夢にすぎない。その点で、アメリカは世界でもまれに見る大失敗の国だと思う。

NOTES　アルコール中毒、自殺未遂、放浪、父・妻・子供との確執、家庭崩壊、孤独――ユージン・オニールは自らの人生の経験をもとに、アメリカという

国に潜在する悲劇的なビジョンをリアリズムで表現した劇作家だ。晩年のオニールにとって、アメリカの悲劇の源泉は「アメリカの夢」だった。人間のなかにある物質的な欲望を解き放った「アメリカの夢」を、オニールは「たとえ全世界を手に入れても、己の魂を失うならば、何の利益があろうか」というマタイ伝の言葉を引いて激烈に非難した。

1936年にノーベル文学賞を受賞している。

28 ＊西部劇のヒーローと同じだった
「忍者外交」の主役はカウボーイ

ヘンリー・キッシンジャー
Henry Kissinger (1923–) 国際政治学者

I've always acted alone. Americans admire that enormously. Americans admire the cowboy leading the caravan alone astride his horse, the cowboy entering a village or city alone on his horse.

毛沢東と話すキッシンジャー

私はいつもひとりで行動してきました。そのことをアメリカ人は評価するんですね。馬にまたがってひとりで幌馬車隊の先頭に立つカウボーイ、馬に乗ってひとりで村や町に入ってくるカウボーイがアメリカ人は大好きなんです。

NOTES 　国務長官として米中和解の道筋をつけ、ベトナム戦争を終結に導いたキッシンジャーは、「あなたの外交理論は何か」と問われて上記のように答えた。「忍者外交」と評されるほど隠密に世界を飛び回ったという点では、単独で行動するカウボーイのイメージと重なるが、強いドイツ訛りの英語、ヨーロッパ的素養からすると、カウボーイのイメージからは遠い。ニクソン大統領の信任が厚かったが、個人的にニクソンと話したことは一度もなかったというほど徹底した個人主義をつらぬきとおした。

29 1963年のこの日、ジャクリーンのインタビュー
ケネディ暗殺後7日目のジャクリーンが語る

ジャクリーン・ケネディ・オナシス
Jacqueline Kennedy Onassis (1929–94) 元ケネディ大統領夫人

"Don't let it be forgot, that once there was a spot, for one brief shining moment that was known as Camelot". . . There'll never be another Camelot again.

ジャクリーン

"むかしむかし、ひとつの場所があったことを忘れないで。短い時間ではあったが光り輝いていたその場所はキャメロットと呼ばれていた" —— もうキャメロット城が出現することはないでしょう。

NOTES ケネディ暗殺の1週間後、ジャクリーンはお気に入りの政治ジャーナリストで歴史作家のT・H・ホワイトを呼び出し、インタビューに応じるかわりに、ケネディ政権をアーサー王伝説のキャメロット城とダブらせた記事を書いてほしいと要望する。

ケネディは暗殺前、ブロードウェーで上演されていたミュージカル『アーサー王とキャメロット城』のレコードを繰り返し聞いていた。上記の言葉の前半は、このミュージカルのエンディング曲の歌詞である。若きアーサー王を取り囲む「円卓の騎士」たち。彼らはキャメロット城に集っていい国を作ろうと邁進する。そこには芸術家や詩人たちもやってきた。恋の花も咲いた。まさにケネディがいたホワイトハウスではないか。そしてもうあの輝かしい時はもどってこない。

この「キャメロット・インタビュー」は『ライフ』誌に発表された。この記事によってケネディ政権＝キャメロットというイメージが定着したが、ホワイトは後になって、不覚にもケネディの神話作りに手を貸してしまったと後悔した。(→12月6日)

30 1835年のこの日、生誕
ハレー彗星と共に来て、共に帰った人

マーク・トウェーン
Mark Twain (1835–1910) 作家

I came in with Halley's Comet in 1835. It is coming again next year, and I expect to go with it. It will be the greatest disappointment of my life if I don't go out with Halley's Comet.

M・トウェーン

1835年、私はハレー彗星と共に地球にやって来た。来年にはまた来るので、それと一緒に帰りたいと思う。ハレー彗星に乗り遅れたら、一生の不覚となるだろう。

NOTES トウェーンが生まれたのはハレー彗星が地球に接近したときだった。そして1909年に語ったこの予言のとおり、翌1910年、ハレー彗星が地球に最接近した翌日に心臓発作でこの世を去った。彼は「死」に関する数多くの名言を残しているが、「Pity is for the living, envy is for the dead.＝生者には憐憫を、死者には羨望を」という言葉のように、死を生の苦しみからの解放と考えていたようである。

12月 DECEMBER

1 1955年のこの日、ローザ・パークス事件
この事件から、公民権運動は急進展する

ローザ・パークス
Rosa Parks (1913–2005) 裁縫師
The only tired I was, was tired of giving in.

私はただ疲れていたのよ。「譲る」ことにね。

NOTES

1955年のこの日、アラバマ州都モンゴメリーで事件は起こった。バスのなかで白人に席を譲るように運転手から言われた黒人女性ローザ・パークスはこれを拒否し、逮捕されたのだ。42歳のパークスは百貨店で裁縫の仕事を終えて帰宅するところだった。この事件がきっかけとなって、黒人たちはバス・ボイコット運動を始める。この非暴力運動は功を奏し、市バスは大きな経済的打撃をうけ、また公共交通機関のなかでの人種差別は違憲とする最高裁の判決も出された。

しかしこの事件はもっと大きな意味を持つこととなる。この運動の指揮をしたのがモンゴメリーの黒人教会の新任牧師、弱冠26歳のマーティン・ルーサー・キングだったのだ。彼はこの成功をバネとして「非暴力直接行動=Nonviolent Direct Action」を合言葉に全国的な活動を開始し、8年後の1963年には20万人が参加した「ワシントン大行進」を実現、公民権法制定に結びつけた。（→8月28日）

R・パークスとキング牧師

このバスで事件は起きた

2 1859年のこの日、絞首刑に
南北戦争の引き金を引いた男

ジョン・ブラウン
John Brown (1800–59)　奴隷解放活動家

I, John Brown, am now certain that the crimes of this guilty land will never be purged away but with blood.

> 私、ジョン・ブラウンは今、この罪深い国の恥ずべき行為は血で洗い流すしかないと確信している。

J・ブラウン

NOTES　ブラウンは「熱狂的」かつ「戦闘的」な奴隷解放論者。ゲリラを組織して奴隷制度擁護論者5人を殺害したり、ミズーリ州部隊と戦闘をするなどしていたが、1859年10月、21人を率いてバージニア州ハーパーズ・フェリーにある連邦政府の武器庫を襲撃した。ここにあった武器を奴隷に渡して自由を勝ち取らせようとしたのだ。彼等はロバート・リー（後の南軍将軍）の部隊によって鎮圧され、捕らえられたブラウンが12月のこの日、絞首刑にされた。このブラウンほど評価の分かれる人物はいない。リンカーンは「的外れの狂信者」としたが、エマソンは「新しい聖者。絞首台が十字架になった」と語っている。北部では死刑執行に合わせて弔鐘が鳴らされ、その反応は南部を震撼させた。

　この言葉はブラウンが絞首台に向かう途中で衛兵に渡したメモに書かれていたものだが、予言どおり2年後には南北戦争が始まった。

南部と北部対立の引き金を引いたブラウン

3 ＊1981年の共著、『数学的経験』のなかで
言われてみれば、たしかにそうなりそう

フィリップ・J・デイヴィス＆ルーベン・ハーシュ
Philip J. Davis (1923–)　**& Reuben Hersh** (1927–)　数学者

One began to hear it said that World War I was the chemists' war, World War II was the physicists' war, World War III (may it never come) will be the mathematicians' war.

> 第1次世界大戦は化学者の戦争であり、第2次世界大戦は物理学者の戦争であり、第3次世界大戦は、起こらないことを願うばかりだが、数学者の戦争になるだろうといわれるようになってきた。

NOTES デイヴィスは「近似理論」で有名になった数学者。第2次世界大戦では空軍のために空気力学の研究をした。著書も数多いが、同じ数学者のハーシュと共著の『数学的経験』は1983年の全米図書賞を受賞した。この言葉はその本のなかのものだが、たしかに第1次世界大戦は毒ガス（化学）が登場して脅威となり、第2次大戦ではレーダーや原子爆弾（物理学）が決定力を持った。そして第3次大戦が起こるとすれば、コンピュータ（数学）の戦いとなるのだろう。ハイテク武器を駆使してピンポイント攻撃が行われた湾岸戦争に、すでにその兆候がうかがえる。

4 1783年のこの日、スピーチで
大陸軍司令官を辞任したときの「涙の送別会」

ジョージ・ワシントン
George Washington (1732–99)　初代大統領

With a heart full of love and gratitude, I now take my leave of you. I most devoutly wish that your latter days may be as prosperous and happy as your former ones have been glorious and honorable.

G・ワシントン

愛と感謝の念に満たされて、私は本日諸君とお別れします。これまでの諸君の日々が栄光に満ち、高貴であったように、これからの日々が繁栄に満ち、幸福であることを心の底より願っています。

NOTES 1783年のこの日、大陸軍司令官を辞任して帰郷するワシントンと将校たちの送別会がニューヨークの居酒屋で行われた。これはそのときの彼の挨拶である。独立戦争を通じてワシントンが指揮した戦闘は9回あったが、勝ったのは3回だけだった。つねに困難に直面しながらも、軍隊をまとめあげて独立を勝ち取ったのはワシントンの人徳であった。文字にすれば儀礼的な挨拶に見えるが、この別れの言葉に全員が涙し、言葉を発する者はひとりとしていなかった。将校のひとりは「こんな哀しみと涙の場面を目撃したことはない」と回顧している。アメリカ史に残るひとこまであった。

この6年後にワシントンは初代大統領に就任している。

涙の送別会。中央右がワシントン

5

1905年のこの日、誕生日スピーチで
トウェーン得意のタバコ・ジョーク

マーク・トウェーン
Mark Twain (1835–1910) 作家

I have made it a rule never to smoke more than one cigar at a time. I have no other restrictions as regards smoking.

> 私は一時に1本しか葉巻を吸わないことに決めている。喫煙に関しては、それ以外の制限は設けていない。

M・トウェーン

NOTES　マーク・トウェーンは11歳からタバコを吸い始めた筋金入りのヘビー・スモーカーだった。この言葉は1905年のこの日、彼の70歳の誕生パーティーでのスピーチから。さらに続けて、「眠っているときには吸わない、起きているときに喫煙を控えるような真似はしないことに決めている」とジョークを連発した。数ヵ月の禁煙をときどき実行したが、それは「自分が喫煙の奴隷でないことを他人に見せつけるため」だった。「禁煙なんか世界でいちばんたやすいことさ。何千回も禁煙したことがある私にはよく分かっている」という有名なセリフもある。トウェーンにとって、勝手気ままに生きることが健康法だったようだ。1905年のアメリカ人の平均寿命は47歳だったから、74歳まで生きたトウェーンは自分流の健康法で長寿を全うしたといえる。

6

1963年のこの日、『ライフ』誌にジャクリーン・インタビュー
ケネディ暗殺の日、ダラスでは赤いバラが

ジャクリーン・ケネディ・オナシス
Jacqueline Kennedy Onassis (1929–94)　元ケネディ大統領夫人

Every time we got off the plane that day, three times they gave me the yellow roses of Texas. But in Dallas they gave me red roses. I thought how funny, red roses—so all the seat was full of blood and red roses.

> あの日、飛行機を乗り降りしたとき、3回まではみんなテキサスだからって黄色いバラをくれたのよ。ところがダラスでは赤いバラをくれたの。赤いバラなんておかしいと思ったわ。——座席は血とバラで真っ赤だったんです。

NOTES　これも「キャメロット・インタビュー」(→11月29日)の一節。この日発売の『ライフ』誌に掲載された。ケネディ暗殺に関してはいろいろな因縁話がある。
　ケネディは1960年の選挙で当選したが、ちょうどその100年前、1860年に当選したリンカーンも暗殺された。2度ともあとを継いだ副大統領は「ジョンソン」だった。リンカー

ンにはケネディという名前の秘書がいて、暗殺場所となるフォード劇場に行くのを止めようとしたが、ケネディにはリンカーンという秘書がいて、ダラスに行くことを心配していた。

そしてもうひとつは「テクムセの呪い＝ The curse of Tecumseh」。第9代大統領ウィリアム・ハリソンは、白人への抵抗運動の先頭に立ったインディアンの首長テクムセを滅ぼしたが、その呪いで0のつく年（つまり20年ごと）に当選した大統領は任期を全うしないで死ぬというもの。「呪い」の原因を作ったハリソンは1840年に当選したが、就任わずか1ヵ月で肺炎になり死亡。1860年のリンカーンは暗殺。1880年のガーフィールドも暗殺、1900年のマッキンリーも暗殺、1920年のハーディングは心臓発作、1940年のローズベルトは脳溢血、1960年のケネディは暗殺、となっている。

そして1980年に当選したレーガンは、狙撃されたが一命はとりとめ任期を全うした。「テクムセの呪い」が解けたのは、「われわれの祈祷の結果である」として、いくつかの宗教団体が名乗りをあげた。

ダラス空港で赤いバラを持つジャクリーン

7 1941年のこの日、真珠湾攻撃

7時48分（日本時間8日午前3時18分）攻撃開始

The Headquarters of Patrol Wing Two（哨戒本部）
Air raid Pearl Harbor. This is no drill.

真珠湾空襲。これは演習ではない。

NOTES 　穏やかな空気につつまれたハワイの日曜日。住民や兵士たちが教会やレジャーに行く準備をしていた7時50分に日の丸をつけた飛行機の大編隊が飛来、爆撃を開始した。日本軍は7時53分に早くも旗艦「赤城」に対して、「トラ、トラ、トラ」（ワレ奇襲ニ成功セリ）という暗号電文を送っている。上記の文はアメリカ海軍の哨戒本部が7時58分に発した警戒警報である。

炎に包まれる戦艦「アリゾナ」

　日本は宣戦布告を意味する最後通牒を攻撃開始の30分前にアメリカ側に渡すことにしていたが、日本大使館の不手際で、渡したのがアメリカ東部時間で午後2時20分、ハワイ時間では午前8時50分で、攻撃の1時間後になってしまった。このため真珠湾

攻撃は「騙し討ち」とされ、アメリカ国民を「Remember Pearl Harbor! ＝真珠湾を忘れるな」で固く団結させた。

8　1941年のこの日、議会で
日本に対する宣戦布告を要請した演説

フランクリン・D・ローズベルト
Franklin D. Roosevelt (1882–1945)　第32代大統領

Yesterday, December 7, 1941—a date which will live in infamy—the United States of America was suddenly and deliberately attacked by naval and air forces of the empire of Japan.

日本に宣戦布告の署名をするローズベルト

> 昨日、1941年12月7日——この日は「破廉恥な日」として記憶され続けるでしょう。アメリカ合衆国は日本帝国の海・空軍によって、予告なく、計画的に攻撃されました。

NOTES　これは真珠湾攻撃の翌日、ローズベルトが、上下両院で対日宣戦布告を要請した演説。この言葉のあと、日本の懇請により平和交渉をしていたのに、日本は謀計によってアメリカを騙し討ちにしたと続く。ローズベルトは真珠湾攻撃を知りながら黙殺していたという説が日米双方で根強く唱えられているが、その真偽はおくとしても、第2次世界大戦への参戦を望みながら、そのきっかけを見つけられずにいた彼にとって、真珠湾攻撃は願ってもないチャンスであった。アメリカの参戦を熱望していたイギリス首相チャーチルは、真珠湾攻撃の報を受けて、連合国軍の勝利を確信したという。

9　＊1879年、演説で
弁護士社会アメリカの真実

ジョセフ・ホッジス・チョウト
Joseph Hodges Choate (1832–1917)　弁護士、外交官

You cannot live without the lawyers, and certainly you cannot die without them.

J・H・チョウト

> 弁護士なくして生きることは出来ないし、弁護士なくして死ぬことも出来ない。

NOTES　ジョセフ・H・チョウトは19世紀後半のアメリカで活躍した大物弁護士で、イギリス大使も務めた。この時代からアメリカはすでに「訴訟社会＝litigious society」だったことが分かる。価値や文化が異なる多民族で社会が構成されているアメリカでは、社会の秩序を保つ共通の尺度として法律の果たす役割が大きく、

弁護士が幅をきかせることになる。その結果、弁護士の数が他の国と比較してダントツに多く、2002年の統計では、日本が1万6398人であるのに対して、アメリカは90万6611人（世界の弁護士の約4分の1）。同年の訴訟の数も、日本が51万2342件に対し、アメリカは2979万5102件である。

10
＊1923年、新聞のコラムに
ついでに弁護士ジョークをもうひとつ

ウィル・ロジャーズ
Will Rogers (1879–1935)　俳優、ユーモア作家

People are getting smarter nowadays; they are letting lawyers instead of their conscience be their guide.

W・ロジャーズ

> このごろはみんなずる賢くなった。ほんらいは良心に従うべきところを弁護士に従っている。

NOTES　ウィル・ロジャーズは1910年代から飛行機事故で死去する1935年まで絶大な人気を持っていた俳優、コメディアン。これは新聞のコラムに書いたものだが、「良心に従うべきところを弁護士に従う」というのは見事。

　さらに時代が下がった1969年、マリオ・プーゾはベストセラー『ゴッドファーザー』のなかで「カバンを持ったひとりの弁護士は拳銃を持った100人の男よりもたくさん盗むことができる」と書いている。

翼の上に立つロジャーズ。この飛行機の墜落で死亡する

　1830年代のアメリカを観察したトックビルは弁護士を「アメリカ社会で唯一大衆が信頼する啓蒙された階級」と呼んだが、そのイメージは時代とともに低下しているようだ。ハリス世論調査では、弁護士に対する信頼度は1973年には24パーセントだったが、1997年にはわずか7パーセントに下がっている。

11
＊1975年出版の本のタイトル
新自由主義的経済を表す言葉

ミルトン・フリードマン
Milton Friedman (1912–2006)　経済学者

There's no such thing as a free lunch.

> ただの昼飯なんて存在しない。

M・フリードマン

> **NOTES** ミルトン・フリードマンは、米国のレーガン大統領、英国のサッチャー首相、日本の小泉首相などが推し進めた市場主義・新自由主義経済政策の元祖。1976年にノーベル経済学賞を受賞している。

　1930年代、40年代のアメリカでは、酒場がドリンク1杯を注文した客に無料で昼食を振る舞うことが慣習となっていた。これでは店の持ち出しだが、ドリンクを1杯しか注文しない客はまれだし、夜の酒場のリピート客になってもらえば、採算は十分にとれる。つまり、客は昼食代をドリンク代という形で支払わされていたのである。

　ここから、上記の表現が生まれた。「There ain't no such thing as a free lunch.」の頭文字をとって「TANSTAAFL＝タンスターフル」と略されることもある。経済学では「ただでもどこかで対価を支払わされている」という意味で使われる。ミルトン・フリードマンは新自由主義経済を表す言葉として使った。

12　1880年のこの日、生誕
ヒーローを作るのが大好きなお国柄

H.・L.・メンケン
H. L. Mencken (1880–1956)　ジャーナリスト

Nowhere in the world is superiority more easily attained, or more eagerly admitted. The chief business of the nation, as a nation, is the setting up of heroes, mainly bogus.

> 「優越性」がこれほどやさしく到達でき、またすぐに認められるところは世界のどこにもない。国中一丸となって「ヒーロー」を作り上げることに一生懸命になっているのだ。ただその「ヒーロー」のほとんどはインチキなのだが。

> **NOTES** メンケンの言うとおり、アメリカ人は「英雄」作りが大好きだ。何か事件が起こるとすぐ「英雄」探しを始める。9.11事件では献身的に人命を救助した消防士たちがヒーローになった。福島原発事故では、処理にあたった50人の勇敢な作業員たちに「フクシマ・フィフティ」という称号が与えられ、アメリカのマスコミに載った。英雄作りは国境を越える。

　戦争の英雄は大統領にしてしまう。米英戦争のジャクソン、南北戦争のグラント、第2次世界大戦のアイゼンハワー、みんなウォー・ヒーローが人気にあやかって大統領になってしまった人たちだ。しかし大統領としての評価は総じて低い。

1926年、女性ではじめて英仏海峡を泳いで渡ったガートルード・エダルの歓迎パレード

また、「英雄」の歓迎の仕方もスゴイ。ブロードウェーの約1キロをパレードするヒーローを紙吹雪で祝福する。この紙吹雪の材料として株価を表示するティッカー・テープが使われたことから、ティッカー・テープ・パレードという。また紙吹雪が舞うビル街には「英雄の谷間＝Canyon of Heroes」という名前がつけられている。リンドバーグが大西洋横断飛行から帰ったときの紙吹雪は1800トンにもおよんだ。

13 ＊アメリカで賞賛され、拒否された
チャップリンの映画そのもの

チャーリー・チャップリン
Charlie Chaplin (1889–1977)　映画監督、俳優
Life is a tragedy when seen in close-up, but a comedy in long-shot.

人生はクローズアップすれば悲劇だが、ロングショットで見れば喜劇だ。

NOTES　チャップリンの人生は実に苦労の多い人生だった。母子家庭、母親の発狂、孤児院での暮らし、極貧生活、少女趣味に対するアメリカ社会の批判、そして赤狩り。1952年母国イギリスに帰国したチャップリンに対してアメリカ法務省は、女性の敵である、左翼とかかわりを持っている、アメリカに対して冷笑的であるという理由で再入国を認めなかった。それ以降、チャップリンはアカデミー賞特別賞受賞（1972年）で戻った以外は、40年近く暮らしたアメリカに足を踏み入れることはなかった。

そんなチャップリンだから言える味わい深い言葉だ。クローズアップとは当事者の視点、ロングショットとは他者の視点。チャップリン映画はそこからさらに引いた視点で、人間の愚かさや哀しみを温かく見守る。

大ヒットした『キッド』の1シーン

14 1799年のこの日、死去
「ダイ・ハード」ってこういう意味なんですね

ジョージ・ワシントン
George Washington (1732–99)　初代大統領
I die hard but I am not afraid to go.

往生際が悪いが、死ぬのを怖れているわけではない。（die hard＝なかなか死なない）

NOTES 1799年のこの日の深夜、初代大統領ワシントンは息を引き取った。これは彼の最後の言葉である。死因は急性の肺炎で、67歳だった。

　1860年、咸臨丸でアメリカに渡った福沢諭吉がふと思いついて、「今華盛頓(ワシントン)の子孫は如何なっておるか」とたずねると、子孫には女がいたはずだが、どうなっているか知らないという返事。日本でいえば源頼朝や徳川家康のような人物なのに、なんとも冷淡で不思議だと思ったということを『福翁自伝』に書いている。

ワシントン一家

　ワシントンは裕福な未亡人だったマーサと結婚したが子供はできなかった。ただマーサには男女ふたりの連れ子がいて、ワシントンもかわいがっていた。

15 ＊いろいろな言い方があります
アメリカは「るつぼ」ではなく、モザイク

ジミー・カーター
Jimmy Carter (1924–)　第39代大統領

We become not a melting pot but a beautiful mosaic. Different people, different beliefs, different yearnings, different hopes, different dreams.

J・カーター

> 私たちは坩堝（るつぼ）で溶け合ったのではない。美しいモザイクになったのだ。いろいろな人種、いろいろな信仰、いろいろな願い、いろいろな希望、いろいろな夢がおりなすモザイクに。

NOTES アメリカはいろいろな民族の文化が融合してひとつのアメリカ文化が生まれるメルティング・ポット（るつぼ）だとされてきたが、1960年代以降は、それぞれの民族がアメリカ人でありながら、別々の文化的アイデンティティを持って暮らす「サラダ・ボール」だと表現するようになった。サラダの野菜は、それぞれの形、色、味を残しながら、アメリカというドレッシングで混ぜ合わされてひとつの料理となる。カーターはその「サラダ・ボール」の代わりに「モザイク」という言葉を使ったのだ。

　カーターは在任中はパッとせず、1期でホワイトハウスを去ったが、退職後に大活躍をする。北朝鮮を訪問して金日成と会談したり、キューバでカストロと会ったりと外交面で活躍、2002年にはノーベル平和賞を受賞した。「史上最高の元大統領」といわれている。

16　1773年のこの日、ボストン茶会事件
ここから独立の気運が高まっていった

Anonymous（話者不詳）
Let every man do his duty, and be true to his country.

やるべきことをやって、国のためにつくそう。

NOTES　1773年のこの日、紅茶の販売独占権を東インド会社に与えたイギリス本国に抗議して、インディアンの扮装をした植民地人30～130人が、ボストン港に停泊していた東インド会社の船に乗り込み、積んでいた紅茶をボストン湾に投げ込むという事件が起きた。「ボストン茶会事件＝Boston Tea Party」である。

ボストン茶会事件（独立200周年記念切手）

　この言葉は事件に参加したジョージ・ヒューズが1834年に書いた『ボストン茶会事件の回想＝ *A Retrospect of the Boston Tea Party*』に出てくるもの。植民地の人々は紅茶を荷揚げさせるなと要求していたのだが、マサチューセッツ植民地知事が拒否したため、人々は口ぐちにこの言葉を叫んで港へと向かったという。この本が出るまでの60年間、「ボストン茶会事件＝Boston Tea Party」という言葉は一般に使われておらず、単に「茶の廃棄＝Destruction of the Tea」とされていたという。

　2009年から、オバマ大統領の「大きな政府」路線に反対して、「小さな政府」を推進する白人を中心とした保守回帰運動もティー・パーティー（茶会）運動と呼ばれ、政治を動かす勢力になりつつある。

17　1903年のこの日、初飛行
ライト兄弟、57秒間の飛行に成功

ウィルバー・ライト&オーヴィル・ライト
ウィルバー（左）とオーヴィル・ライト

Wilbur Wright (1867–1912) **& Orville Wright** (1871–1948)　飛行機発明家
Success. Four flights Thursday morning all against twenty-one mile wind. Started from level with engine power alone. Average speed through air thirty-one miles. Longest fifty-seven seconds. Inform press. Home Christmas. Oreville [*sic*] Wright.

> 成功。木曜日の朝、4回飛行、いずれも時速21マイルの逆風。地上からエンジンの力だけで飛行開始。空中での平均速度は31マイル。最長飛行57秒。報道各社に連絡されたし。クリスマスには帰宅。Oreville（ママ）Wright。

NOTES 1903年のこの日、世界ではじめて「空気より重い機械」が人を乗せて空を飛んだ。この電報は弟のオーヴィル・ライトが父親に成功を報告した電報である。興奮のせいか、はたまた電信技士の誤りかオーヴィルのつづりが間違っている。

この日の最長飛行距離は270メートルほどに過ぎなかったが、飛行機はこの後、驚異的な発達をとげる。8年後の1911年には早くもイタリアがトルコとの戦争で爆撃に使い、第1次世界大戦（1914-18）では「レッド・バロン」と呼ばれたドイツのリヒトホーフェン男爵が空中戦で80機を撃墜するという偉業を成し遂げている。リンドバーグが大西洋を横断するのは1927年である。

初飛行。オーヴィルが操縦、ウィルバーが伴走している

18 1946年のこの日、生誕
数々の話題作を生み出したこの人の問題点は

スティーブン・スピルバーグ
Steven Spielberg (1946–)　映画監督
My problem is that my imagination won't turn off.

> 困ったことに私の想像力は電源を切ることができないんだ。

S・スピルバーグ

NOTES 『E.T.』と『ジョーズ』を何十回も観たというマイケル・ジャクソンが、スピルバーグと休暇を一緒に過ごしたとき、スピルバーグがベータマックスのカメラを見つけると、それで映画を撮り始めたので驚いたと語っている。

ここに取りあげた言葉どおり、彼の想像力は尽きることがないようだ。月に1度は夢のなかで「空が頭の上に落ちてきて」、目覚めると映画の構想が湧いているという。「彼は自分の心のなかの10代の少年を楽しませるために映画を作っている」と言ったのは『アラビアのローレンス』の監督、デヴィッド・リーンだ。

そのスピルバーグも『カラーパープル』（1985年）でようやくお子様向けのハラハラドキドキ映画から脱却したといわれ、『シンドラーのリスト』（1993年度アカデミー賞受賞）、『プライベート・ライアン』（1998年）とシリアスな作品に挑戦するようになった。心のなかの少年は大人に成長したのだろうか。

19 ＊大統領の息子よりも人気があった母親
こんなことを言われたら、子供もたまらない

リリアン・ゴーディ・カーター
Lillian Gordy Carter (1898–1983)　カーター大統領の母親

Sometimes when I look at my four children, I say to myself, "Lillian, you should have stayed a virgin."

> 4人の子供を見ているとね、私、ときどき自分につぶやくのよ。「リリアン、あんたは処女のままでいるべきだった」ってね。

NOTES　カーター大統領の母親、リリアン・カーターは南部ジョージア州の貧しい黒人地区で看護婦として働き、黒人に対する差別意識のないリベラルな女性だった。68歳で平和部隊に応募してインドで活動したこともある。飾らない性格で、聞かれたことには何でもズバズバと答えるので報道関係者には人気があった。スピーチも巧みだった。

長女のグロリアは暴力的な男と駆け落ち、次女のルースは慢性的なうつ病患者、二男のビリーは大酒飲みで、飛行機のタラップで放尿したという武勇伝の持ち主。長男ジミーは、勉強もでき、親を困らせることはなかったが、大統領選挙に出るとき、「彼が今度はプレジデントになるっていうから、何のプレジデントになるのって聞いちゃったわ」と語っている。あまり期待はしていなかったようだ。

ジミーとリリアン

20 ＊1960年代、クルマのバンパーのステッカーに
言われてみれば確かにそうだ

Anonymous（作者不詳）
Work is a four-letter word.

> 仕事は四文字言葉である。

NOTES　「damn」「shit」のようなののしり言葉や、「fuck」「cunt」などのセックスにまつわる言葉が4つの文字から成っていることが多いので、下品な、汚い言葉を四文字言葉という。仕事が四文字言葉だというのは、「働くってことはくだらない＝ Work is shit.」ということ。マルクス流に言えば、労働は人間を疎外するというこ

とになるだろう。「労働がそんなに素敵なことだったら、金持ちも自分用にもっと労働をとっておいただろう」と言ったのはイギリス労働党の政治家だ。

　テネシー・ウィリアムズも「The loveliest of all four-letter words—Work! ＝もっとも素晴らしい四文字言葉は――仕事」と書いている。

21　スゴイふたりのスゴイ会話

1940年のこの日、フィッツジェラルド死去

F・スコット・フィッツジェラルド
F. Scott Fitzgerald (1896–1940)　作家
Let me tell you about the very rich. They are different from you and me.

　大金持ちについて教えてやろう。連中は君や僕とは違うんだ。

アーネスト・ヘミングウェー
Ernest Hemingway (1899–1961)　作家
Yes, they have more money.

　その通り、僕らよりも金を持っている。

NOTES　このふたりの大物作家がこんな会話をしたといわれているが、事実ではない。この会話はヘミングウェーの短編小説『キリマンジャロの雪』（1936年）の一節である。

　事実はさておき、ヘミングウェーがフィッツジェラルドの金持ちへの羨望を揶揄していることはよく分かる。タフな男の世界に生きるヘミングウェーは、喪失感と感傷に生きるフィッツジェラルドのことを、やわで、女々しいと思っていた。一方、フィッツジェラルド自身も自分とヘミングウェーをこんなふうに比較している。「アーネストは牡牛で、僕は蝶だ。蝶は美しい。しかし、牡牛は存在する」。「蝶」は名作『偉大なるギャッツビー』を残して、1940年、世間から忘れられ寂しく他界。「牡牛」は『老人と海』が評価されてノーベル文学賞を受賞するが、1961年、ライフル銃自殺した。

S・フィッツジェラルド　　E・ヘミングウェー

22 ＊ドラッグ解禁を説く弁護士
こういう考え方もあるんですね

デビッド・ボアズ
David Boaz (1953–)　評論家、弁護士

Alcohol didn't cause the high crime rates of the '20s and '30s, Prohibition did. Drugs don't cause today's alarming crime rates, but drug prohibition does.

> 20年代、30年代に犯罪率が高かったのはアルコールのせいではない。禁酒法が原因だった。ドラッグが今日の憂慮すべき犯罪率の原因ではない。ドラッグ禁止法が原因なのだ。

NOTES　デビッド・ボアズはリバタリアニズムという立場で、教育、政府の規模、同性愛者の結婚、麻薬などについて世相を切りまくっている人物。リバタリアニズムとは聞きなれない言葉だが、自由至上主義とも訳され、他人の権利を侵さないかぎり、個人の自由は最大限尊重されるべきだという政治思想である。

　ドラッグについての彼の意見はこうだ。ドラッグを法で禁止することによって、ドラッグの価格が吊り上がり、ドラッグ常用者はドラッグを買うために犯罪に走ってしまう。ドラッグは危険だが、アルコールやタバコのほうがもっと危険で、毎年それぞれ10万人、35万人が死亡している。ドラッグで死亡するのは3600人にすぎない。それでもアルコールやタバコは法で禁止されていないではないか。

23　1776年のこの日、この文章が読み上げられた
植民地軍の兵士を鼓舞したパンフレット

トマス・ペイン
Thomas Paine (1737–1809)　アメリカ建国の父

These are the times that try men's souls. The summer soldier and the sunshine patriot will, in this crisis, shrink from the services of their country; but he that stands it now deserves the love and thanks of man and woman.

T・ペイン
Matthew Pratt

> いまや人の魂が試される時である。夏だけの兵士や晴天のときだけの愛国者はこの危機のなかで、国のために尽くすことをやめてしまうだろう。この困難にたえる人間だけが人々の愛と感謝を受ける資格があるのだ。

NOTES　1775年に独立戦争は始まったものの、植民地軍にとって戦況は良くなく、気勢は上がらなかった。そんなとき『コモン・センス』に次いでペインが発

表したのが『アメリカン・クライシス』である。1776年から1783年にわたって書き継がれたパンフレット集だが、第1弾の書き出しの言葉がこれ。1776年のこの日、ワシントンは出来上がったばかりのパンフレットを兵士たちに読み上げて士気を鼓舞した。この3日後に彼の指揮する部隊は凍ったデラウェア川を渡り、トレントンの戦いで歴史的な勝利をおさめる。

第2代大統領アダムズは、「ペインのペンがなければ、ワシントンの剣は空振りに終わっただろう= Without the pen of Paine, the sword of Washington would have been wielded in vain.」と賞賛している。

デラウェア川を渡るワシントン

24 サンタさんて本当にいるの？
今も読み継がれる新聞記事

フランシス・ファーセラス・チャーチ
Francis Pharcellus Church (1839–1906)　新聞記者

Yes, Virginia, there is a Santa Claus. He exists as certainly as love and generosity and devotion exist, and you know that they abound and give to your life its highest beauty and joy. Alas! How dreary would be the world if there were no Santa Claus. It would be as dreary as if there were no Virginias.

F・P・チャーチ

そう、ヴァージニア、サンタクロースは本当にいます。愛する心、寛大な心、尽くす心がちゃんと存在するように、サンタクロースもちゃんと存在するのです。こうした気持ちはこの世にあふれていて、私たちの生活に最高の美と喜びを与えてくれています。ああ、サンタクロースがいなければ、世界はどんなにみじめなものでしょう。たくさんのヴァージニアがこの世からみんないなくなってしまったのと同じくらいみじめな世界になってしまいます。

NOTES　1897年、ニューヨークの新聞『ザ・サン』に投書がきた。「私は8歳です。私の友達のなかにはサンタクロースなんていないという子がいます。パパは『ザ・サン』に書いてあれば正しいといいます。どうかほんとうのことを教えてください。サンタクロースっているのですか？　ヴァージニア・オハンロン」。

この投書への返事を書いたのが、論説委員のチャーチだった。「ヴァージニア、あなたの友達は間違っています」と書き始め、「目に見えるものだけが存在するのではなく、見えなくても大切なものがあるのです」と説いてゆく。

このわずか70行の記事は当初そんなに注目されなかったが、根強い再掲の要望があり、1920年代からクリスマスのたびに掲載されるようになった。1950年『ザ・サン』は

廃刊となったが、この文章は今でもクリスマスのたびにマスコミで流され、単行本になり、クリスマス商戦の文句にも使われている。全文は「Is there a Santa Claus?」でインターネットで読むことができる。(→8月8日)

25 今日はクリスマス
『若草物語』の有名な書き出し

ルイザ・メイ・オルコット
Louisa May Alcott (1832–88) 作家

"Christmas won't be Christmas without any presents," grumbled Jo, lying on the rug.

L・M・オルコット

> 「プレゼントのないクリスマスなんてクリスマスじゃないわ」。床敷に寝そべったジョーが不満そうに言った。

NOTES この文章はオルコットの代表作『若草物語= *Little Women*』(1868年)の有名な書き出し。ピューリタンのマーチ家では、父親は南北戦争で北軍の従軍牧師として戦地に赴き、母親と4人の姉妹がつましい生活を送っている。今年の冬は厳しいし、戦時だから、節約のためにクリスマス・プレゼントはなしにしましょうと母親から提案されて、4姉妹がクリスマス・プレゼントについてあれこれ考えるところから小説は始まる。自分たちのわずかな貯金でそれぞれが自分の好きな小さなものを買おうと決めるが、結局は、そのお金で母親にプレゼントしようということになる。
　『若草物語』を読むと、人間の幸せや人生の意味はお金で測れないことがよく分かる。「若草物語」という邦題を考えたのは作家の吉屋信子だという。日本初訳は北田秋圃の『小婦人』(1906年、明治39年)。

26 1955年の今日、『スポーツ・イラストレイティッド』誌に
スポーツ界の名言として定着

ヘンリー・ラッセル・サンダース
Henry Russell Sanders (1905–58) フットボール・コーチ

Sure, winning isn't everything. It's the only thing.

> そう、勝つことがすべてではない。勝つことしかないんだ。

NOTES サンダースはヴァンダービルト大学、UCLAのフットボール・チームを率いて102勝41敗3分という成績を残した名コーチ。ウイットに富んだ発言で知ら

れる。この言葉は1955年のものだが、1950年、実際に語ったときはこうだった。「Men, I'll be honest. Winning isn't everything. (Long pause) Men, it's the only thing! = 諸君、ほんとうのことを言おう。勝つことがすべてじゃないんだ。(長い沈黙) 諸君、勝つことしかないんだ」

　競争のなかでいかなる犠牲を払っても勝ちにいくという考え方は、アメリカの企業、政治、日常生活のなかに浸透している。ニクソン大統領再選委員会のオフィスにもこの言葉がスローガンとして貼られていたという。勝つという目的が手段を正当化した結果がウォーターゲート事件となった。スポーツ王国アメリカで、スポーツの言葉がいかに大きな力を持っているかを示す一例である。

27　1845年のこの日、『モーニング・ニュース』紙に
「マニフェスト・デスティニー」はここから

ジョン・L・オサリバン
John L. O'Sullivan (1813–95) 弁護士、ライター

Our manifest destiny to overspread and possess the whole of the continent, which Providence has given us for the great experiment of liberty and federated self-government entrusted to us.

J・L・オサリバン

[アメリカ] 大陸のすべてを覆いつくし、所有するという、我々の明白な運命——それは自由と連邦による自治という私たちに託された壮大な実験のために神が我々にお与えになったもの。

NOTES　1845年のテキサス併合、1846年のオレゴン条約によるオレゴン獲得、1846年〜48年の米墨戦争によるメキシコ割譲地の獲得と、1840年代はアメリカの領土がほぼ現在の大きさまで拡大した時期である。この領土獲得を正当化したのがオサリバンによる「明白な運命= manifest destiny」という考え方であった。

　彼は、1845年12月27日、『モーニング・ニュース』紙に、英国が異議を唱えていた、オレゴン・テリトリーに対するアメリカの領土権は「明白な運命」によって正当化されるという内容の社説を掲載した。アメリカは共和制民主主義を広げる使命を神から与えられていると彼は主張したのだ。最初にアメリカに渡ったピューリタンたちも、自分たちは新大陸に神の国を建設するために神によって選ばれた民だと考えた。いまもアメリカは民主主義を世界に広めようとしているが、その原点がここにある。

電線を持った女神とともに西に進む

John Gast

28 1945年のこの日、死去
芸術は人間の魂に蓄えられた蜜

セオドア・ドライサー
Theodore Dreiser (1871–1945) 作家

Art is the stored honey of the human soul, gathered on wings of misery and travail.

> 芸術は、不幸と辛苦の羽根で集められ、人間の魂に蓄えられた蜜である。(travail＝苦難)

T・ドライサー

NOTES 蜜は甘美なものだが、「魂の蜜」となるとそれだけではない。痛ましさが加わる。それが芸術だとドライサーは言っている。「美しいものは痛ましいものから生まれる」というのは陶芸家河井寛次郎が、版画家棟方志功の作品について語った言葉だ。

ドライサーは物質的な成功にのみ価値を置くアメリカ社会に一貫して批判的だった。ピューリタン的なモラルがまだ幅をきかせていた20世紀初頭に、モラルに反する人間の姿を大胆に提示した。共産党に入党し、ソ連を訪問したこともあった。アメリカ社会はそんなドライサーに冷淡だった。しかし、彼は逆境のなかで「魂の蜜」を言葉で表現し続けた。貧しい青年クライドが出世に目がくらみ、恋人を殺害して死刑になるまでを描いた彼の代表作『アメリカの悲劇＝ *An American Tragedy*』(1925年) は、ドライサーにとって、個人の悲劇であると同時にアメリカという社会の悲劇でもあった。

29 1940年のこの日、「炉辺談話」で
第2次世界大戦への参加の決意表明

フランクリン・D・ローズベルト
Franklin D. Roosevelt (1882–1945) 第32代大統領

We must be the great arsenal of democracy.

> 私たち [アメリカ] は民主主義の大きな兵器庫であらねばならない。

NOTES ローズベルト大統領はラジオというメディアを使って、直接国民に分かりやすい言葉で訴えかける政治スタイルをとったことで知られ

民主主義のリーダーとしてチャーチル (左) とローズベルトを掲げたカナダの絵葉書

る。このラジオ演説は「炉辺談話＝fireside chats」と呼ばれ、通常の人気番組よりも聴取率は高かった。

　ローズベルトは1940年12月29日、この「炉辺談話」で、アメリカは独裁国の侵略に抗して戦う民主主義の国々を支援するために「民主主義の大兵器庫」にならなければいけないと訴えた。そして、翌年「武器貸与法」を成立させ、大戦最中のイギリスなどに兵器を供給し始めた。デトロイトの自動車工場は一挙に軍需工場に転換された。こうして、参戦に消極的だったアメリカは次第に第2次世界大戦へのかかわりを強め、1941年12月7日の日本軍による真珠湾攻撃を機に第2次世界大戦に参戦する。

30　1975年のこの日に生まれる
タイガー・ウッズって何人？

タイガー・ウッズ
Tiger Woods (1975–)　ゴルファー
Growing up, I came up with this name: I'm a Cablinasian.

T・ウッズ

大人になったとき、この言葉を思いつきました。私はカブリネイジアンです。

NOTES

　2009年、不倫騒動が持ち上がるまでは、タイガー・ウッズは黒人社会のヒーロー的存在だった。その彼が1997年、「オプラ・ウィンフリー・ショー」で自分は黒人ではなく、カブリネイジアン＝Cablinasianだと発言したので、黒人社会にちょっとした波乱を巻き起こした。

　Cablinasianとは、Caucasian（白人＝オランダ人）、Black（黒人）、Indian（インディアン）の頭の2文字とAsian（タイ人、中国人）をつなぎ合わせた造語である。ウッズの父親はアフリカ系アメリカ人だが、中国人、ネイティブ・アメリカンの血も引いており、タイ人の母親は中国人とオランダ人の血も引いている。一滴でも黒人の血が流れていれば黒人だとするアメリカ社会の人種主義を超えて、タイガー・ウッズは自分はカブリネイジアンという多文化的存在だと主張したのだ。

　またタイガーという名前は、ベトナム戦争で将校だった父親アール・ウッズが敬愛していた南ベトナム軍の将校のあだ名であり、息子のニックネームとしていたが、1996年のこの日、21歳の誕生日を機に正式なミドルネームとした。

31

1735年のこの日、生誕

さて、アメリカ人って何だろう？

ミシェル・ギヨーム・ジャン・ド・クレブクール
Michel Guillaume Jean de Crèvecoeur (1735–1813)　アメリカ評論家
What then is the American, this new man?

それでは、この新しい人間、アメリカ人とは何か？

NOTES　フランス生まれのクレブクールが著した評論『アメリカ農夫の手紙 = *Letters from an American Farmer*』（1782年）からの引用。クレブクールは19歳で単身フランスからカナダに渡り、フランス正規軍に入隊する。その後英領植民地を転々とし、ニューヨーク植民地の市民権を獲得して結婚、農夫としての暮らしを10年ほど送った。『アメリカ農夫の手紙』はこの時代の経験をもとにして書かれたものである。

M・G・J・クレブクール

　上記の問いに対する彼の答えはこうである。「ここでは、あらゆる国々から来た個人が溶け合い、ひとつの新しい人種となっている。彼等の努力や子孫たちはいつの日にか世界に大きな変革をもたらすだろう」。つまりアメリカが「人種の坩堝＝メルティング・ポット」であることを最初に唱えたのがクレブクールであるといえる。そしてまた世界に大きな影響をもたらす国になることを予言しているのだ。

　『アメリカ農夫の手紙』は同じフランス人トックビルの『アメリカの民主主義』とならんでアメリカ論の古典となっている。（→1月1日）

『アメリカ一日一言』関連年表

＊項目末尾の矢印と数字は、この事項に関連した言葉がある日付を示しています。

1 植民地建設とイギリスとの対立

16世紀、アメリカ先住民族が暮らす北米大陸にスペインが進出したが、本格的な植民が始まったのは17世紀で、イギリス、フランス、オランダが東海岸に植民地を建設した。フランス、オランダとの戦争に勝利したイギリスがミシシッピ以東の植民地を手に入れるが、その植民地とイギリス本国との間に対立がはじまる。

ピルグリム・ファーザーズ

後期旧石器時代　人類がアジアからベーリング海峡を経て北米大陸に到着(4万年前〜1万2000年前)。
1万2000年前〜　気候の温暖化に伴って南下したネイティブ・アメリカンの先祖は、北米大陸各地で地理・気候に適応し、アメリカで6つの文化圏を形成する。

1492	コロンブス、カリブ海のサン・サルバドル島に到着	→ 10/12
1607	イギリス人、バージニアにジェームズタウン植民地をつくる	
1619	最初の黒人奴隷がアフリカより到着、奴隷制はじまる	
1620	ピルグリム・ファーザーズがメイフラワー号でプリマスに入植	
1630	ピューリタンたちがマサチューセッツ植民地を建設	→ 1/12
1636	ハーバード大学創立	→ 8/23
1664	マンハッタン島をオランダがイギリスに譲渡、ニューヨークと改名	
1692	セーレムで魔女裁判、20人が処刑される	→ 8/23
1701	イェール大学創立	
1733	ジョージア植民地建設、13番目のイギリス領植民地となる	
1754	オルバニー会議で、植民地総督とアメリカ先住民族が会合 コロンビア大学創立	
1755	フレンチ・インディアン戦争、ミシシッピ川以東がイギリス領に	→ 5/3
1765	イギリス、植民地に対して印紙法を制定するが、植民地の抵抗で翌年撤回	
1770	ボストン虐殺事件、イギリス軍が5人の市民を射殺	→ 1/11

1773	ボストン茶会事件、植民地人がイギリス船の積荷の茶を海に投棄	→ 12/16
1774	フィラデルフィアで第1回大陸会議開催	

2 独立戦争から新国家建設へ

課税問題を契機に植民地が自治を求め、独立戦争が始まる。この戦争はフランス革命にさきがけた、専制君主政治に対抗する革命であるという位置づけで「American Revolutionary War＝アメリカ革命戦争」と呼ばれる。これに勝利したアメリカは主権国家の体裁を整え、民主主義を前進させる。1803年のルイジアナ購入、1848年のメキシコとの戦争勝利の結果、19世紀なかばには北米における現在の領土が確定した。

『1776年の魂』 A.M. Willard

1775	コンコード、レキシントンで独立戦争(～1781年)はじまる	→ 4/19
1776	トマス・ペイン『コモン・センス』出版	→ 1/10
	万人の平等、基本的人権、人民主権の理念を謳う独立宣言公布	→ 8/2
1781	ヨークタウンの戦いでイギリス軍降伏	→ 10/19
1783	パリ講和条約で東海岸からミシシッピ川までがアメリカの領土に	
1787	憲法制定会議	
	北西部土地条例制定、西部開拓のための諸規約を定める	
1789	アメリカ合衆国成立、人口は393万人だった	
	ジョージ・ワシントン、初代大統領となる	→ 6/7
1797	ジョン・アダムズ、第2代大統領となる	→ 11/2
1800	首都をフィラデルフィアからワシントンに移す。ホワイトハウス完成	→ 11/2
1801	トマス・ジェファソン、第3代大統領となる	→ 5/13
1803	フランスからルイジアナ購入、これで国土は2倍の大きさになった	→ 4/30
1807	フルトン、蒸気船の実用化に成功	→ 8/17
1817	ジェームズ・モンロー、第5代大統領となる	
1819	スペインからフロリダを購入	
1823	モンロー宣言、欧州大陸と米大陸間の相互不干渉主義	
1829	アンドリュー・ジャクソン、第7代大統領となる	→ 9/4
1830	インディアン強制移住法制定	
1836	アラモの戦い	→ 3/6
	テキサス共和国成立	→ 4/21
1845	「明白な運命」による西漸運動高まる、テキサス合併	→ 12/27
1846	米墨戦争(→48年)、米国勝利でニューメキシコとカリフォルニアを購入	
1848	カリフォルニアで金鉱発見	→ 1/24
1850	カリフォルニアが連邦加入	
1851	メルビル『白鯨』出版	→ 9/27
1852	ストウ夫人『アンクル・トムの小屋』出版	→ 3/20
1853	ペリー率いる黒船4隻、浦賀に入港	
1854	奴隷制拡大に反対し、共和党が結成される	

3　南北戦争と西部開拓

北部と南部が奴隷制を巡って対立し、南北戦争が勃発。5年にわたり、60万人余の死者を出した戦争は北軍の勝利に終わった。戦後は工業化と資本主義化が進み、カーネギーやロックフェラーなどの大資本家が台頭する一方で、拝金主義がはびこり、政界汚職が蔓延し、「金ぴか時代」と呼ばれる。大陸横断鉄道完成を契機に西部開拓が進み、1890年にフロンティアが消滅した。

ゲティスバーグの戦い

1860	共和党候補リンカーン、大統領に当選	1/16
1861	南部連合が結成される	
	南北戦争始まる	7/21
1862	ホームステッド法制定、公有地を無償で開拓民に与えた	
1863	奴隷解放宣言、ゲティスバーグの戦い、ゲティスバーグの演説	11/19
1865	リー将軍の降伏で南北戦争終結	4/9
	リンカーン暗殺	4/14
	憲法修正13条で奴隷制廃止	
1867	ロシアからアラスカを購入	1/3
1869	大陸横断鉄道完成、西部開拓が本格化	
1876	ベルによる電話発明	3/10
	カスター将軍ひきいる騎兵隊200余名、インディアンとの戦闘で全滅	
1879	エジソン、白熱電燈を発明	10/18
1985	トウェーン『ハックルベリー・フィンの冒険』出版	1/8
1886	フランスから贈られた自由の女神像の除幕式	10/28
1890	フロンティア消滅	11/14
	ウーンデッド・ニーでインディアン虐殺事件	

4　帝国主義的拡大の時代

フロンティアの消滅とともに、アメリカの関心は海外での領土拡大に向かう。第2次産業革命が起こり、工業力はイギリスを抜いて世界一となった。巨大独占企業が経済を支配し、労働争議が多発した。中国人移民の増大や日露戦争での日本の勝利などで、黄色人種に対する脅威が高まり、「黄禍論」が起こった。

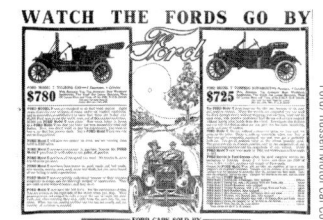

T型フォード発売

1896	最高裁、「分離するが平等」という人種差別に合法判決	
	黒人による公共施設の使用禁止・制限をするジム・クロー法が定着	
1898	スペインとの戦争に勝利し、フィリピン、キューバ、グアムなどを領土とする	8/13
	ハワイを併合、準州とする	8/21
1901	マッキンレー大統領暗殺により、セオドア・ローズベルト、第26代大統領となる。	9/3
1903	カナダとの間でアラスカ国境が確定	
	フォード自動車会社創立	
	ライト兄弟、初飛行に成功	12/17

1904	ローズベルト大統領、カリブ海諸国への介入を主張する「新モンロー主義」を発表
1907	年間移民数が史上最高となる（128万人）
1908	日本人移民制限に関する日米紳士協定成立
	T型フォード発売、自動車が身近なものに → 10/1
1911	ハリウッドに最初の撮影所設立
1913	ウッドロー・ウィルソン、「ニュー・フリーダム」を掲げ、第28代大統領に当選

5　第1次世界大戦、繁栄と大恐慌

第1次世界大戦後、債務国から債権国に転じ、世界経済の中心となった。都市化が進み、ビクトリア朝的な保守的価値観が大きく揺らぎ、新しい女性が登場し、ジャズが花開き、「失われた世代」と呼ばれる作家たちが活躍した。この「狂乱の20年代＝ジャズ・エイジ」は、29年の株価大暴落によって一転、大恐慌の時代に突入したが、ニューディール政策と第2次世界大戦によってアメリカ経済は回復に向かう。

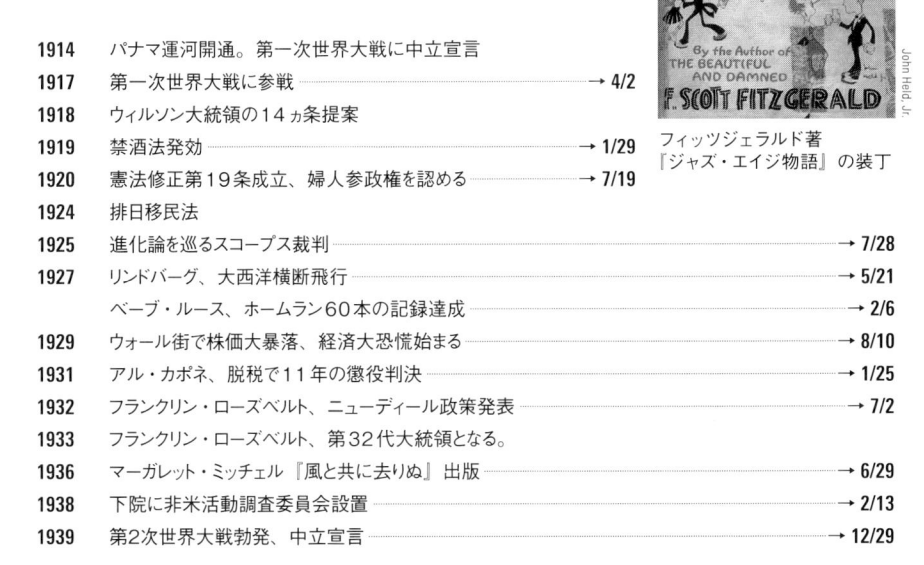

フィッツジェラルド著『ジャズ・エイジ物語』の装丁

1914	パナマ運河開通。第一次世界大戦に中立宣言
1917	第一次世界大戦に参戦 → 4/2
1918	ウィルソン大統領の14ヵ条提案
1919	禁酒法発効 → 1/29
1920	憲法修正第19条成立、婦人参政権を認める → 7/19
1924	排日移民法
1925	進化論を巡るスコープス裁判 → 7/28
1927	リンドバーグ、大西洋横断飛行 → 5/21
	ベーブ・ルース、ホームラン60本の記録達成 → 2/6
1929	ウォール街で株価大暴落、経済大恐慌始まる → 8/10
1931	アル・カポネ、脱税で11年の懲役判決 → 1/25
1932	フランクリン・ローズベルト、ニューディール政策発表 → 7/2
1933	フランクリン・ローズベルト、第32代大統領となる。
1936	マーガレット・ミッチェル『風と共に去りぬ』出版 → 6/29
1938	下院に非米活動調査委員会設置 → 2/13
1939	第2次世界大戦勃発、中立宣言 → 12/29

6　第2次世界大戦と冷戦

第2次世界大戦後、冷戦構造のもとで米ソの対立が激化。未曾有の経済発展のもとでアメリカン・ライフスタイルが確立。赤狩りに象徴される保守的な政治風土、体制順応主義がはびこる一方、ビート、ロックンロールなどの若者文化が生まれた。ケネディ大統領の誕生によってアメリカの政治風土はリベラルへと転換し、キング牧師をリーダーとする公民権運動が大きく前進する。

ワシントン大行進

1941	日本軍が真珠湾を攻撃、アメリカ参戦	→ 12/7 → 12/8
1942	原爆開発を目指すマンハッタン計画開始	→ 7/16 → 8/11
1944	ノルマンディー上陸作戦	→ 6/6
1945	ローズベルト死去、ハリー・トルーマン、第33代大統領となる	4/13
	ポツダム会談。日本に原爆投下、日本無条件降伏	→ 8/6 → 8/7
1947	冷戦激化。共産主義から世界を守るトルーマン・ドクトリンを発表	
1949	NATO成立、非米活動委員会による赤（共産主義者）狩り激化	→ 2/13
1950	マッカーシー旋風始まる	→ 2/9
	朝鮮戦争に介入	
1951	トルーマン、マッカーサー元帥を解任	→ 4/11
1953	ドワイト・アイゼンハワー、第34代大統領となる	
1954	最高裁、公立学校における人種差別に違憲判決	→ 5/17
1955	ローザ・パークス事件でモンゴメリー・バス・ボイコット運動	→ 12/1
1958	人工衛星の打ち上げ成功	
1960	ニクソンとケネディ、大統領選初のテレビ討論	
1961	ジョン・F・ケネディ、第35代大統領となる	→ 1/20
	キューバ侵攻失敗、平和部隊発足	
1962	アポロ計画の人間衛星船打ち上げ成功	
	核戦争につながるキューバ危機回避される	→ 10/24
	レイチェル・カーソン『沈黙の春』出版	→ 5/27
1963	人種差別反対ワシントン大行進、キング牧師の「私には夢がある」演説	→ 8/28
	ケネディ大統領暗殺。リンドン・ジョンソン、第36代大統領となる	→ 11/22
1964	公民権法成立	

7　ベトナム戦争と冷戦の終結

60年代後半から70年代前半はヒッピー運動などのカウンターカルチャー（対抗文化）と大学闘争の時代。泥沼化したベトナム戦争反対の運動が盛り上がった。ベトナム戦争終結とともに社会は保守に回帰。「強いアメリカ」をめざすレーガン大統領の登場によって、小さな政府、規制緩和、市場原理主義を標榜する新保守主義（ネオコン）が台頭。冷戦が終結、アメリカによる世界一極支配が強まる。

月面を探査するアポロ15号

1965	ベトナム戦争に本格的軍事介入	
1967	ワシントンでベトナム反戦集会、サンフランシスコで「サマー・オブ・ラブ」	
1968	キング牧師暗殺	→ 4/3
	ロバート・ケネディ暗殺	→ 6/5
1969	リチャード・ニクソン、第37代大統領となる	
	ウッドストック野外コンサートに30〜40万人の若者が参加	→ 8/20
	宇宙船アポロ11号月面着陸、人類はじめて月面に立つ	→ 7/20
1972	ウォーターゲート事件起こる	→ 11/12
1973	ベトナム和平協定締結。アメリカ軍撤退	→ 7/25
1974	ウォーターゲート事件でニクソン大統領辞任	→ 11/17
	ジェラルド・フォード、第38代大統領となる	

1975	ビル・ゲイツとポール・アレンがマイクロソフト社を設立	→ 8/9
1977	ジミー・カーター、第39代大統領となる	→ 4/7
	スティーブ・ジョブズ等がアップル・コンピューター社設立	→ 4/1 → 10/5
1979	米中国交樹立	
	スリーマイル島原発事故	
1981	ロナルド・レーガン、第40代大統領となる	
	レーガン大統領撃たれる	→ 3/13
1983	レーガン大統領、スターウォーズ政策発表	
1986	スペースシャトル「チャレンジャー号」打ち上げ直後に爆発	→ 1/28
1989	ジョージ・H・W・ブッシュ、第41代大統領となる	
	マルタ島で米ソ首脳による冷戦終結宣言	
1990	米ソ大統領が戦略兵器削減交渉（START）条約の基本合意声明を発表	

8　テロとの戦いから現在まで

クリントン大統領時代に好況だったアメリカ経済はITバブル崩壊により不況に転じた。9.11を機に愛国主義が高まり、ブッシュ大統領のアフガン派兵、イラク戦争開始は圧倒的な支持を受けたが、戦争が長引くにつれて反戦気分が広がる。「チェンジ」をスローガンにオバマ大統領が登場したが、経済不況と上院・下院での「ねじれ現象」によって苦戦を強いられている。

同時多発テロ事件

1991	対イラク湾岸戦争（1月〜4月）	
1993	ビル・クリントン、第42代大統領となる	
1995	ベトナムと国交回復	
1998	クリントン大統領不倫疑惑	→ 3/30
2000	ITバブル崩壊	
2001	ジョージ・W・ブッシュ、第43代大統領となる	
	同時多発テロ事件で世界貿易センタービル崩壊	→ 9/11
	国内外でのテロ対策に関する政府当局の権限を拡大する「愛国者法」制定	
	アメリカを中心とする有志連合国がアフガニスタンに侵攻	
2003	テロ対策のために国土安全保障省設置。イラク戦争始まる	→ 9/18
2006	人口が3億人を超える	
2008	証券会社リーマン・ブラザーズが倒産し、世界金融危機の引き金となる	
2009	バラク・オバマ、第44代大統領となる	→ 11/4
	小さな政府を推進する保守派の市民運動「ティーパーティ運動」が台頭	
	オバマ大統領、「核兵器なき社会」実現への努力でノーベル平和賞受賞	
2010	医療保険改革法成立し、人口の90%以上をカバーする公的保険制度が誕生	
	中間選挙で民主党が歴史的敗北、下院で過半数を割り込む	
2011	同時多発テロ事件首謀者ウサマ・ビンラディンを米軍が殺害	
	失業と格差に抗議する「ウォール・ストリートを占拠せよ」運動が台頭	
	米軍イラクからの撤退完了	

INDEX（人名・引用句索引）

＊引用句は理解しやすいように、抜粋したり、表現を変えているところがあります。
＊人名以外のもの、話者・作者不詳のものは索引末尾に。

A

Adams, John　アダムス、ジョン
　トマス・ジェファソンはまだ生きている　120
　この屋根の下では、正直で、賢明な人間だけが統治しますように　195
Alcott, Louisa May　オルコット、ルイザ・メイ
　プレゼントのないクリスマスなんてクリスマスじゃないわ　229
Ali, Muhammad　アリ、モハメド
　おれはスーパーマンだから、シートベルトなんか必要ないよ　13
　蝶のように舞い、蜂のように刺す　41
Arlen, Michael J.　アーレン、マイケル・J
　お茶の間戦争　114
Armstrong, Neil　アームストロング、ニール
　これはひとりの人間にとっては小さな一歩だが、人類にとっては巨大な飛躍である　130
Ash, Mary Kay　アッシュ、メアリー・ケイ
　どんな小さな「批判」でも分厚い「称賛」でサンドイッチにすること　186

B

Bacall, Lauren　バコール、ローレン
　あなたの全人生があなたの顔に出るのよ　166
Baldwin, James　ボールドウィン、ジェームズ
　映画のなかで殺されるインディアンが、じつは自分だったって気づいたんだ　184
Ball, George W.　ボール、ジョージ・W
　信頼できる相談相手を選ぶ才能が指導者には必要なのだ　29
Barnard, Frederick R.　バーナード、フレデリック・R
　1枚の絵は1万語に値する　85
Barzun, Jacques　バーザン、ジャック
　アメリカ人の心を知りたかったら野球を知るのがいい　160
Beamer, Todd　ビーマー、トッド
　みんな、準備はいいか。よし。さあ、やるぞ　163
Belden, Charles　ベルデン、チャールズ
　金がものを言うときは、耳の聞こえない人はほとんどいない　31
Bell, Alexander Graham　ベル、アレクサンダー・グラハム
　ワトソン君、来てくれないか。用事があるんだ　50
Bellamy, Francis　ベラミー、フランシス
　私はアメリカ合衆国の国旗と国旗が象徴する共和国に忠誠を誓います　161
Benedict, Ruth　ベネディクト、ルース
　日本は「しかしまた」の国　12

240

B

Berra, Yogi ベラ、ヨギ
終わるまでは終わらないんだ — 88

Bierce, Ambrose ビアス、アンブローズ
平和とは――戦争と戦争の間のだまし合いの期間 — 114

Blake, Eubie ブレイク、ユービー
こんなに長生きすると分かっていれば、もっと体を大事にしておくんだった — 34

Boaz, David ボアズ、デビッド
犯罪率が高いのはドラッグのせいではない。ドラッグ禁止法のせいなのだ — 227

Bogart, Humphrey ボガート、ハンフリー
国歌演奏中に尻を掻いただけで、逮捕されちまうんだ — 35

Bok, Derek ボク、デリク
教育に金がかかりすぎるというのなら、無知がどんなに高くつくか試してみるがいい — 57

Boone, Daniel ブーン、ダニエル
男が幸せになるには、たった3つのものしかいらない — 171

Boorstin, Daniel ブアスティン、ダニエル
何事も、テレビで起こってはじめて現実となるのである — 38

Booth, John Wilkes ブース、ジョン・ウィルクス
暴君は常にこうなるのだ！ 南部の恨み、思い知れ！ — 71

Boren, James H. ボーレン、ジェームズ・H
官僚のための3つの指針 — 198

Borman, Frank ボーマン、フランク
破産のない資本主義なんて、地獄のないキリスト教みたいなものさ — 191

Brown, H. Rap ブラウン、H・ラップ
暴力はアップルパイと同じくらいアメリカ的だ — 177

Brown, John ブラウン、ジョン
この罪深い国の恥ずべき行為は血で洗い流すしかない — 214

Bryan, William Jennings ブライアン、ウィリアム・ジェニングス
人類が劣等動物から進化したと信じるのは根拠のないことである — 135

Buffett, Warren バフェット、ウォーレン
潮が引いたときにこそ、誰が裸で泳いでいたのかが分かる — 155

Burnett, Tom バーネット、トム
ぼくたちはみんな死ぬってことは分かってる — 163

Burroughs, William S. バロウズ、ウィリアム・S
ケルアックのおかげで、何百万というコーヒー・ショップが開店したんだ — 30
誰がこんなひどい星にしたんだ — 76

Bush, George H. W. ブッシュ、ジョージ・H・W
私の言うことをよく聞けっていうこと — 148

Bush, George W. ブッシュ、ジョージ・W
「悪の枢軸」は武力で世界の平安を脅かそうとしている — 122

Byles, Mather バイルズ、メイザ
3000マイル離れたひとりの暴君のほうが1マイル離れた3000人の暴徒よりはまし — 14

C

Cabell, James Branch キャベル、ジェームズ・ブランチ
楽観主義者は「こんないい世界はない」と主張する。悲観主義者はそれを怖れる — 92

Capa, Robert キャパ、ロバート
あなたの写真が良くないのは被写体に十分寄っていないからだ — 96

Capone, Al カポネ、アル
　世界大戦の戦死者以外はぜんぶ俺が殺したことにされちまうんだ ─── 23
Carnegie, Dale カーネギー、デール
　他人の興味を自分にひきつけて友達を作ろうとするよりは ─── 194
Carson, Rachel カーソン、レイチェル
　米国では春になっても鳥が戻ってこない地域が増えている ─── 97
Carter, Jimmy カーター、ジミー
　私はこれまで多くの女性を情欲の目で見つめてきた ─── 67
　私たちは坩堝で溶け合ったのではない。美しいモザイクになったのだ ─── 222
Carter, Lillian Gordy カーター、リリアン・ゴーディ
　私は自分に言うの。「リリアン、あんたは処女のままでいるべきだった」って ─── 225
Chandler, Raymond チャンドラー、レイモンド
　タフでなければ、生きてはいけない。優しくなければ、生きる資格がない ─── 59
Chaplin, Charlie チャップリン、チャーリー
　人生はクローズアップすれば悲劇だが、ロングショットで見れば喜劇だ ─── 221
Chesterton, G. K. チェスタートン、G・K
　アメリカ人には欠点がない。彼らの理想を除けばの話だが ─── 28
Choate, Joseph Hodges チョウト、ジョセフ・ホッジス
　弁護士なくして生きることは出来ないし、弁護士なくして死ぬこともできない ─── 218
Church, Francis Pharcellus チャーチ、フランシス・ファーセラス
　そう、ヴァージニア、サンタクロースは本当にいます ─── 228
Clark, Ramsey クラーク、ラムゼイ
　権利とは誰かから与えられるものではない。それは誰も奪うことができないものだ ─── 176
Clark, William クラーク、ウィリアム
　海が見えた！ あー！ なんという喜び ─── 198
Clinton, Bill クリントン、ビル
　1、2度はマリファナをやったことはある。でも吸い込んではいない ─── 61
Collins, Wilkie コリンズ、ウィルキー
　アメリカ人が「家にいらっしゃい」と言うときは、本気で言っているんだ ─── 93
Columbus, Christopher コロンブス、クリストファー
　50人ほどの手勢があれば彼らすべてを服従させ、支配できるだろう ─── 181
Coolidge, Calvin クーリッジ、カルヴィン
　アメリカ人の主たる関心事（ビジネス）は商売（ビジネス）である ─── 18
Crèvecoeur, Michel Guillaume Jean de クレヴクール、ミシェル・ギョーム・ジャン・ド
　それでは、この新しい人間、アメリカ人とはなにか？ ─── 233
Crockett, Davy クロケット、デビー
　日記をつけている暇などなし。さあ、やろう！ ─── 47
Crowfoot クロウフット
　命とはなにか？ それは夜の蛍のつかのまの光 ─── 78
Cruise, Tom クルーズ、トム
　武士道について読んだときに心を打たれたのは憐憫の情です ─── 178
Cummings, E. E. カミングス、E・E
　黒人だから好きということは、白人でないから嫌いというのと同じことなのだ ─── 155
Cuomo, Mario クオモ、マリオ
　選挙は詩で行い、実際の政治は散文で行う ─── 22

D

Dana, Charles A. デイナ、チャールス・A
　犬が人間を噛んでもニュースにはならない ………………… 142
Davis, Philip J. デイヴィス、フィリップ・J
　第3次世界大戦は数学者の戦争になるだろう ……………… 214
Dean, James ジェームズ、ディーン
　あっという間に、きれいに、栄光の炎に包まれて死ぬんだ … 174
Dederich, Charles デードリック、チャールズ
　今日という日は残された人生の最初の日である ……………… 159
Depp, Johnny デップ、ジョニー
　ぼくが愛する人に危害を加えたら、そいつを食い殺してやる … 127
Díaz, Porfirio ディアス、ポーフィリオ
　ああ、哀れなメキシコ！ 神からははるかに遠く、アメリカにはこんなに近い … 124
Disney, Walt ディズニー、ウォルト
　1匹のネズミを作りだしたことで世界中の記憶に残るなんて … 204
Domino, Fats ドミノ、ファッツ
　B.A.やM.D.、Ph.Dを持っている奴はたくさんいるが、彼らはJ.O.B.を持っていない … 42
Dreiser, Theodere ドライサー、セオドア
　芸術とは不幸と辛苦の羽根で集められ、人間の魂に蓄えられた蜜である … 231
Drucker, Peter ドラッカー、ピーター
　企業目的のたしかな定義はひとつしかない。顧客を創造することである … 200
Du Bois, W. E. B. デュボイス、W・E・B
　20世紀の問題は皮膚の色による問題である ……………… 153
Dyke, Henry van ダイク、ヘンリー・ヴァン
　時の流れは待つ人にとっては遅すぎる ……………………… 160
Dylan, Bob ディラン、ボブ
　なぜなら、時代は変わりつつあるからだ ……………………… 95

E

Earhart, Amelia イヤハート、アメリア
　もし私が大西洋横断飛行をしたいといったら、気になさる？ … 11
Earp, Wyatt アープ、ワイアット
　[銃を抜くのに]早いのはいいが、大切なのは正確さだ …… 190
Edison, Thomas エジソン、トーマス
　ほんとうは無尽蔵にある自然のエネルギーを使わなければならない … 34
　天才とは1パーセントのひらめきと99パーセントの努力である … 185
Einstein, Albert アインシュタイン、アルバート
　解き放たれた原子の力はすべてのものを変えてしまった … 144
Eisenhower, Dwight D. アイゼンハワー、ドワイト・D
　合衆国大統領のところに易しい問題がくることはありえない … 67
　世界の目は君たちに注がれている ……………………………… 104
Ellison, Ralph エリソン、ラルフ
　私は見えない人間だ。理由は簡単。皆が私を見ようとしないからだ … 45
Emerson, Ralph Waldo エマソン、ラルフ・ウォルドー
　彼らが放った銃声は世界中に鳴り響いた ……………………… 74
　荷馬車を星につなげ ……………………………………………… 79
Epstein, Julius J. エプスタイン、ジュリアス・J
　君の瞳に乾杯 ……………………………………………………… 16

F

Faulkner, Willliam フォークナー、ウィリアム
〜だから愛するのではない。〜にもかかわらず愛するのである — 123

Feynman, Richard ファインマン、リチャード
科学を学ぶと世界がまったく違って見えてきます — 36

Fitzgerald, F. Scott フィッツジェラルド、F・スコット
大金持ちについて教えてやろう。連中は君や僕とは違うんだ — 226

Ford, Henry フォード、ヘンリー
T型フォードはどんな色でもお届けできます。黒である場合に限りますが — 175

Foster, Stephen フォスター、スティーブン
美しき夢見る人よ、目覚めておいで私のもとに — 16

Franklin, Benjamin フランクリン、ベンジャミン
賢者とは誰だ？＝誰からも学ぶことができる人である — 53
結婚前は目をしっかり見開き、結婚後は半分閉じておきなさい — 73
ハゲワシが私たちの国の象徴として選ばれたのは残念だ — 112
1円の節約は1円の儲け — 129
我々は団結しなければならない。さもないとバラバラに首を吊られる — 138

French, Marilyn フレンチ、マリリン
お皿を洗うのはどちらかというフェミニズムの議論は大嫌い — 83

Friedman, Milton フリードマン、ミルトン
ただの昼飯なんて存在しない — 219

Frost, Robert フロスト、ロバート
翻訳するとなくなってしまうのが詩である — 38

Frye, Mary E. フライ、メアリー・E
私のお墓の前に立って、泣かないで欲しい — 66

Fuller, Buckminster フラー、バックミンスター
宇宙船地球号について極めて重要な事実がひとつある — 119

Fulton, Robert フルトン、ロバート
オルバニーへ往復の蒸気船の航海は順調でした — 147

G

Gabor, Zsa Zsa ガボール、ザ・ザ
男は結婚するまでは完全じゃない。でも結婚したら、もうオワリね — 60

Galbraith, John Kenneth ガルブレイス、ジョン・ケネス
「トリクルダウン理論」とは、あまり品の良くないたとえのこと — 188

Gallup, George ギャラップ、ジョージ
私なら神の存在を統計的に証明できるかもしれない — 134

Garner, John Nance ガーナー、ジョン・ナンス
副大統領職なんてバケツ一杯の生温かい小便ほどの価値もない — 47

Gates, Bill ゲイツ、ビル
ファーストフードについての造詣では私の右に出るものはいないよ — 43

Geronimo ジェロニモ
かつては風のように動きまわったが、もう降伏する — 59

Getty, J. Paul ゲティ、J・ポール
自分の金を全部勘定できる人は、本当の金持ちとはいえない — 132

Ginsberg, Allen ギンズバーグ、アレン
私の世代の最良の知性が狂気によって破壊されているのを見た — 178

Giuliani, Rudolph ジュリアーニ、ルドルフ
　犠牲者の数は私たちが耐えられる数を超えるだろう ── 163
Goldberg, Isaac ゴールドバーグ、アイザック
　外交とは、もっとも嫌らしいことをもっとも上品に言うことである ── 60
Goldwater, Barry ゴールドウォーター、バリー
　兵士はまっすぐ（ストレート）に弾を撃てさえすればいい ── 113
Gore, Al ゴア、アル
　地球のもっとも傷つきやすい部分は薄い大気圏である ── 61
Graham, Billy グラハム、ビリー
　今朝も神様とお話ししたから確かです ── 199
Grant, Ulysses S. グラント、ユリシーズ・S
　私は動詞である ── 132
Greeley, Horace グリーリー、ホレス
　若者よ、西部を目指せ ── 127
Greenspan, Alan グリーンスパン、アラン
　イラク戦争は主として石油がらみだった ── 167
Guthrie, A. B., Jr. ガスリー、A・B、ジュニア
　銃が良いものか悪いものかは使う人によって決まるんだ ── 206

H

Haldeman, H.R. ハルデマン、H・R
　いちどチューブから出た練り歯磨きは、もうもどせない ── 201
Hale, Nathan ヘイル、ネイサン
　私がただ悔むのは、祖国のために失う命がひとつしかないことだ ── 169
Halsey, William, Jr. ハルゼー、ウィリアム、ジュニア
　撃沈されたわが諸艦は引き揚げられ、敵に向かって高速で退却中なり ── 182
Hamilton, Alexander ハミルトン、アレクサンダー
　私たちの本当の病は --- 民主主義である ── 125
Harkness, Richard ハークネス、リチャード
　委員会とは、必要のないことをする、不適格者たちの、やる気のない集まり ── 109
Hearst, William Randolph ハースト、ウィリアム・ランドルフ
　絵を送れ、こちらは戦争を送る ── 145
Hefner, Hugh ヘフナー、ヒュー
　自分だけの空想の世界を実現したつもりだったが、多くの人の空想だった ── 152
Hemingway, Ernest ヘミングウェー、アーネスト
　すべての現代アメリカ文学は『ハックルベリー・フィン』から始まっている ── 12
　金持ちたちは僕らより金を持っている ── 226
Henry, O. ヘンリー、オー
　「東は東、西はサンフランシスコ」とカリフォルニア人は言う ── 55
Henry, Patrick ヘンリー、パトリック
　我に自由を与えよ、さもなくば死を ── 57
Hepburn, Audrey ヘップバーン、オードリー
　与えることは生きることです ── 21
Hepburn, Katharine ヘップバーン、キャサリン
　ハリウッドの映画女優の夢は、アメリカ人に称賛され、イタリア人にくどかれ ── 170
Hersh, Reuben ハーシュ、ルーベン
　第3次世界大戦は数学者の戦争になるだろう ── 214

Hitchcock, Alfred ヒッチコック、アルフレッド
　ブロンドは犠牲者として最高なんだ ──────── 32
Hoover, Herbert フーバー、ハーバート
　資本主義の唯一の問題は資本家だ。彼らは強欲の固まりだ ──────── 143
Hope, Bob ホープ、ボブ
　銀行とは融資の必要がないことを証明できる場合にのみ融資してくれるところ ──────── 98
Hutchins, Robert ハッチンズ、ロバート
　テレビのあるべき姿を考えるのなら ──────── 90

I

Iacocca, Lee アイアコッカ、リー
　最終の決定に至るまでは民主的にやるというのが私の方針だ ──────── 183
Ingersoll, Robert G. インガーソル、ロバート・G
　宗教の力が弱い国は繁栄する国であり、強い国は繁栄しない国である ──────── 77

J

Jackson, Andrew ジャクソン、アンドリュー
　どんな言葉にだって、最低 2 通りの書き方がある ──────── 159
Jackson, Mahalia ジャクソン、マヘリア
　あの夢の話をするのよ、マーティン ──────── 154
Jackson, Michael ジャクソン、マイケル
　ハリウッドで整形手術した人がみんな休暇に行けば、町にはだれもいない ──────── 33
Jackson, Paris Katherine ジャクソン、パリス・キャサリン
　生まれてからずっと、パパは最高のお父さんでした ──────── 115
Jackson, Thomas "Stonewall" ジャクソン、トマス・ストーンウォール
　川を渡って、あの森の木陰で休もう ──────── 131
Jefferson, Thomas ジェファソン、トマス
　大統領職は壮大な悲惨でしかない ──────── 89
　今日は 4 日か？ ──────── 120
Jobs, Steve ジョブズ、スティーブ
　ハングリーであれ。馬鹿であれ ──────── 177
Johnson, Lyndon B. ジョンソン、リンドン・B
　テントのなかから外に向かって小便してもらったほうがいいからだ ──────── 193
Jolie, Angelina ジョリー、アンジェリーナ
　私のタトゥーはどれも調子のいい時期に入れたものなの ──────── 173
Jones, John Paul ジョーンズ、ジョン・ポール
　まだ戦いは始まってもいない ──────── 169
Joplin, Janis ジョプリン、ジャニス
　舞台の上で、2 万 5000 人の聴衆とセックスをして、ひとりぼっちで家に帰るの ──────── 146
Jordan, Michael ジョーダン、マイケル
　生涯で入らなかったシュートが 9000 以上、負けた試合がほぼ 300 試合 ──────── 37

K

Keating, Kenneth キーティング、ケネス
　ローズベルトは一生大統領でいられることを証明した ──────── 77
Keats, John キーツ、ジョン
　自動車によって、すべてが変わってしまった ──────── 157
Keller, Helen ケラー、ヘレン
　言葉の神秘が私の前に啓示されました ──────── 116
　毛皮にくるまった天使がいるとすれば、それは「神風」 ──────── 156

Kennedy, John F. ケネディ、ジョン・F
　国があなたに何ができるかではなく、あなたが国に何ができるかだ ― 20
　中国語で書くと、危機は「危険」と「好機」というふたつの漢字で表わされます ― 70
　49人のノーベル賞受賞者が集まっても、トマス・ジェファソンにはかなわない ― 80
　戦場の「たこつぼ」や墓場には「黒人用」も「白人用」もない ― 112
　私たちは新しいフロンティアの入り口に立っているのだ ― 128
Kennedy, Robert F. ケネディ、ロバート・F
　今夜、マーティン・ルーサー・キングが撃たれて亡くなりました ― 65
　5人にひとりはいつでも、何事にも反対するのです ― 85
　我々は旧約聖書の神なのだろうか ― 103
Kerouac, Jack ケルアック、ジャック
　そこは大陸の果てだった ― 51
Key, Francis Scott キー、フランシス・スコット
　ああ見ゆるや、朝まだき曙のなか ― 164
King, Martin Luther, Jr. キング、マーティン・ルーサー、ジュニア
　誰しもが望むように、私も長寿をまっとうしたい ― 64
King, Stephen キング、スティーブン
　私が働くのはビール時まで ― 168
Kinsey, Alfred キンゼイ、アルフレッド
　唯一、不自然なセックスとは、あなたが実行できないセックスのこと ― 21
Kipling, Rudyard キプリング、ラジャード
　アメリカ人は食事をしない。1日3回、10分間でガツガツ詰め込むだけだ ― 19
Kissinger, Henry キッシンジャー、ヘンリー
　正規軍は勝たなければ負けだが、ゲリラは負けなければ勝つのだ ― 133
　私はいつもひとりでカウボーイのように行動してきました ― 211
Kroc, Ray クロック、レイ
　丸いパンに美を感じるにはある種の想像力が必要だ ― 208
Kubrick, Stanley キューブリック、スタンリー
　大きな国はギャングのように、小さな国は娼婦のように振る舞ってきた ― 48
Kurz, Mordecai カーツ、モーディカイ
　あるのはひとつの真実とたくさんの意見。だから大部分のひとは間違っている ― 158

L

Lauren, Ralph ローレン、ラルフ
　私は服をデザインしているのではない。夢をデザインしているのです ― 162
Lazarus, Emma ラザラス、エマ
　我は黄金の扉によりてランプを掲ぐ ― 191
Le Corbusier ル・コルビジェ
　ニューヨークという街は大失敗作だと、100回も思った ― 82
Leary, Timothy リアリー、ティモシー
　スイッチを入れ、波長を合わせて、ドロップアウトせよ ― 100
Lee, Harper リー、ハーパー
　法廷の健全さはその陪審団の健全さでしかない ― 80
Lee, Robert E. リー、ロバート・E
　テントをたため ― 19
　グラント将軍に合うしかないな。1000回死ぬよりつらいがね ― 68
Legman, Gershon レグマン、ガーシオン
　戦争するよりセックスしよう ― 149

Lewis, Robert A. ルイス、ロバート・A
　まったく何が起こったのかわからない。いったい何人殺したのだろう ― 141
Lincoln, Abraham リンカーン、エイブラハム
　グラントがどんな銘柄のウィスキーを飲んでいるか教えてほしい ― 18
　禁酒法というものは道理の範囲を超えている ― 25
　私は笑わなかったら、命がもたないだろう ― 54
　川を渡っている最中に馬を乗り換えるのは良くない ― 105
　家の中で争っていては、家は崩壊する ― 108
　人民の、人民による、人民のための政治をなくさないようにすること ― 205
Lindbergh, Charles リンドバーグ、チャールズ
　午後10時少し前、はじめてパリの光が見えた ― 93
Livingston, Robert R. リビングストン、ロバート・R
　これは生涯においてもっとも貴い仕事であった ― 81
Longfellow, Henry Wadsworth ロングフェロー、ヘンリー・ワズワース
　お聞き、子供たちよ、ポール・リビアの深夜の遠乗りを ― 74

M

MacArthur, Douglas マッカーサー、ダグラス
　老兵は死なず、ただ消え去るのみ ― 23
　アイ・シャル・リターン ― 51
　彼ら（日本人）はまだ12歳の少年のようなものなのです ― 84
Madonna マドンナ
　少女時代からの私の目的、それは世界を支配すること ― 139
Mailer, Norman メイラー、ノーマン
　人は、ヒップかスクェアか、反逆者か順応者か ― 27
Malcolm X マルコム エックス
　アメリカで黒人として生まれるのは、牢獄のなかで生まれたということ ― 39
Marshall, James W. マーシャル、ジェームズ・W
　「金さ」と私は答えた ― 22
Mather, Increase マザー、インクリース
　雷鳴は神の声である。したがって、怖れなければならない ― 151
McCarthy, Joseph マッカーシー、ジョセフ
　今、この私の手のなかに、共産党員205人のリストがある ― 32
McCarthy, Mary マッカーシー、メアリー
　ハッピー・エンドはアメリカの国家的信念である ― 189
McInerney, Jay マキナニー、ジェイ
　男はベッドを共にしたいがために女と話をする。女は --- ― 54
Melville, Herman メルビル、ハーマン
　我々アメリカ人は特別な、選ばれし民、現代のイスラエルの民なのだ ― 138
　私の名前はイシュメルとしておこう ― 172
Mencken, H. L. メンケン、H・L
　ピューリタニズムとは ― 53
　愛とは、女はそれぞれ違うという妄想である ― 201
　国中が「ヒーロー」を作り上げるのに一生懸命だ ― 220
Miller, Henry ミラー、ヘンリー
　アメリカ人の理想は、ハンサムで空虚な若者なのだ ― 123

Mitchell, Margaret ミッチェル、マーガレット
　明日は明日の風が吹くのだから ……………………………………………… 117
　私の知ったことじゃない ………………………………………………………… 118
Mondale, Walter モンデール、ウォルター
　あなたのアイディアのどこに「牛肉が入っているの」 …………………… 202
Monroe, Marilyn モンロー、マリリン
　ラジオはつけていたわよ ………………………………………………………… 101
　私は女としては失敗者 …………………………………………………………… 140
Montagu, Ashley モンタギュー、アシュレイ
　ピル（避妊薬）は火の発見と同じくらい重要なものと信じている ……… 210
Muir, John ミュア、ジョン
　ひとつのものは宇宙のすべてのものとつながっている ……………………… 206
Murphy, Edward A., Jr. マーフィー、エドワード・A、ジュニア
　もし失敗する可能性があるとすれば、かならず失敗する …………………… 129
Murphy, Gerald マーフィー、ジェラルド
　優雅に生きることは最高の復讐である …………………………………………… 58
Myhrvold, Nathan ミューアボルド、ネイサン
　ほとんどの決定は勘と経験による ………………………………………………… 94

N

Nader, Ralph ネーダー、ラルフ
　どんなスピードでも危険 …………………………………………………………… 42
Newton, John ニュートン、ジョン
　驚くべき神の愛、なんと優しい響き、罪深い私も救われた ………………… 87
Niebuhr, Reinhold ニーバー、ラインホールド
　民主主義が可能なのは --- 民主主義が必要なのは --- ………………………… 113
Nixon, Richard ニクソン、リチャード
　大統領がやれば、それは違法ではないということ …………………………… 84
　俺の言葉が汚いというなら、LBJ の言うことを聞いてみろよ ……………… 88
　正直は最良の策ではないかもしれないが、たまには試す価値がある …… 137
　偉大なるサイレント・マジョリティの皆さん ………………………………… 195
　そう、私はペテン師じゃない ……………………………………………………… 204
Norquist, Grover ノーキスト、グローバー
　私は政府を廃止したいとは思わない …………………………………………… 96

O

Obama, Barack オバマ、バラク
　ヒップホップはさえてて、洞察に富んでいる ………………………………… 133
　リベラルなアメリカ、保守的なアメリカがあるのではない ………………… 139
　バラクはスワヒリ語で「あいつ」という意味です …………………………… 184
　今夜がその答えなのです ………………………………………………………… 196
　イエス・ウィ・キャン …………………………………………………………… 197
Onassis, Jacqueline Kennedy オナシス、ジャクリーン・ケネディ
　それから彼は私のひざに倒れこんできました ………………………………… 207
　もうキャメロット城が出現することはないでしょう ………………………… 211
　ところがダラスでは赤いバラをくれたの ……………………………………… 216
O'Neil, Eugene オニール、ユージン
　われわれは「アメリカの夢」を話したがる。しかし …………………… 210

Oppenheimer, J. Robert オッペンハイマー、J・ロバート
　私はいまや死神、世界の破壊者となった ································ 128
O'Sullivan, John L. オサリバン、ジョン・L
　明白な運命、それは神が我々にお与えになったもの ······················ 230

P Q

Paglia, Camille パーリア、カミール
　テレビの狂気は人間の暮らしの狂気なのです ···························· 41
Paine, Thomas ペイン、トマス
　私がここに提示するのはコモン・センスである ·························· 14
　いまや人の魂が試される時である ···································· 227
Parks, Rosa パークス、ローザ
　私はただ疲れていたのよ。「譲る」ことにね ···························· 213
Peters, Tom ピーターズ、トム
　もしあなたが混乱していないなら、それは注意をはらっていない証拠だ ········ 180
Pinkerton, Allan ピンカートン、アラン
　我々は眠らない ·· 152
Poe, Edgar Allan ポー、エドガー・アラン
　なにかを隠すのにいちばんいい場所は、よく見える場所だ ·················· 102
Post, Emily ポスト、エミリー
　隣人のやることをそっくり真似ること、それが唯一の良識あるルールです ······ 171
Prescott, William プレスコット、ウィリアム
　敵の白目が見えるまで撃つな ·· 110
Presley, Elvis プレスリー、エルビス
　「骨盤エルビス」って呼ばれるのは好きじゃない ·························· 147
Pulitzer, Joseph ピューリッツァー、ジョセフ
　わが共和国と報道産業は盛衰を共にするだろう ·························· 69
Queen Elizabeth II クイーン エリザベス2世
　悲しみは愛のために支払う代償です ·································· 168

R

Reagan, Ronald レーガン、ロナルド
　「神の御顔に触れよう」とする彼らの姿を ······························ 25
　ジェリービーンズの食べ方でどんな奴かが分かるんだ ···················· 26
　政治は、いちばん古い職業と非常に似ていることに気がついた ·············· 46
　増税主義者に言いたい。やれるものならやってみろ ······················ 52
　いま私は人生の日没へ向かう旅に出発します ···························· 196
Robinson, Jackie ロビンソン、ジャッキー
　やられてもやり返せないような弱虫選手が欲しいのかい ·················· 49
Rockefeller, John D. ロックフェラー、ジョン・D
　金儲けの能力は神から与えられたものだと信じている ···················· 95
Rogers, Will ロジャーズ、ウィル
　日本人が持っていないものがあったら見せてみな。すぐ作っちゃうから ········ 146
　みんな良心に従うべきところを弁護士に従っている ······················ 219
Roosevelt, Franklin D. ローズベルト、フランクリン・D
　ニューディール政策のために身を捧げましょう ·························· 120
　ガラガラ蛇が攻撃してくる前に叩きつぶすのがあたりまえだ ················ 162
　この日は「破廉恥な日」として記憶され続けるでしょう ···················· 218
　私たちは民主主義の兵器庫であらねばならない ·························· 231

Roosevelt, Theodore ローズベルト、セオドア
　私の名前が「熊の商売」に役立つとは思えませんが、お使いください — 11
　大きな棍棒を持ってやさしく話せ — 158

Root, George F. ルート、ジョージ・F
　そうだ、国旗のまわりに集まれ、みんな — 46

Rosenthal, Joe ローゼンタール、ジョー
　私は写真をとり、海兵隊は硫黄島をとったのさ — 40

Royko, Mike ロイコ、マイク
　魚だって、自尊心のある魚なら — 167

Rudofsky, Bernard ルドフスキー、バーナード
　日本人はそもそも床を汚さないことによって問題を解決している — 66

Rusk, Dean ラスク、ディーン
　我々は目ん玉がくっつくくらいに睨み合っていたんだ — 188

Ruth, Babe ルース、ベーブ
　もし野球に出会わなかったら、いまごろは刑務所か墓場にいたよ — 31

S

Salinger, J. D. サリンジャー、J・D
　「幸福」と「喜び」のもっとも大きな違いは — 116

Samuelson, Paul サミュエルソン、ポール
　消費者はお金を投票用紙として使う有権者なのだ — 107

Sanders, Henry Russell サンダース、ヘンリー・ラッセル
　勝つことがすべてではない。勝つことしかないんだ — 229

Segal, Erich シーガル、エリック
　愛って後悔しないことなのね — 106

Seidensticker, Edward サイデンステッカー、エドワード
　国境の長いトンネルを抜けると雪国であった — 125

Sherman, Sidney シャーマン、シドニー
　アラモを忘れるな！ — 48

Shuster, Joe & Siegel, Jerry シュスター、ジョー & シーガル、ジェリー
　見ろ！空を！鳥だ！飛行機だ！スーパーマンだ！ — 136

Spears, Britney スピアーズ、ブリトニー
　日本に行きたいなんて思ったことは一度もないわ — 56

Spielberg, Steven スピルバーグ、スティーブン
　困ったことに私の想像力は電源を切ることができないんだ — 224

Standing Bear, Luther ルーサー、スタンディング・ベア
　自然が荒野であると考えるのは白人だけだ — 124

Stanley, Henry Morton スタンリー、ヘンリー・モートン
　リビングストン博士とお見受けしましたが — 199

Stanton, Charles E. スタントン、チャールズ・E
　ラファイエット、我等ここに参上 — 121

Stanton, Elizabeth Cady スタントン、エリザベス・ケイディ
　男と女が平等に創られているということは自明の真理である — 130

Stein, Gertrude スタイン、ガートルード
　あなたたちはみんな「失われた世代」なのよ — 134

Steinem, Gloria スタイネム、グロリア
　アメリカの子供は過剰な母親と過小な父親の存在に傷ついている — 153
　魚に自転車が不用であるように、女に男は不用 — 182

Stevens, John L. スティーブンズ、ジョン・L
ハワイの梨は今や完熟。アメリカが摘み取る最高のときです ―― 150
Stevenson, Adlai, II スティーブンソン、アドレー、2世
もし共和党が民主党に関するデマを流すのをやめるなら ―― 86
Stowe, Harriet Beecher ストウ、ハリエット・ビーチャー
私が書いたのではありません。神様がお書きになったのです ―― 56
Stross, Randall E. ストロス、ランダル・E
ビル・ゲイツのお陰で、アメリカの反知性主義は変わった ―― 143

T

Taft, William Howard タフト、ウィリアム・ハワード
ホワイトハウスはこの世でいちばんさびしいところだ ―― 209
Tecumseh テクムセ
天の大いなる精霊はこの場所を我々の地としてお定めになった ―― 50
Thoreau, Henry David ソロー、ヘンリー・デイビッド
インディアンは自然をたやすく優雅に着こなしている ―― 78
私が森に入ったのは、熟慮しながら生きたかったからだ ―― 126
Thurber, James サーバー、ジェームズ
ウイットとは他人を物笑いの種にすることである ―― 208
Tocqueville, Alexis de トックビル、アレクシス・ド
白人と黒人の対立が悪夢のようにつきまとっている ―― 72
アメリカほど財産を愛する気持ちが強い国は世界にない ―― 135
アメリカ人の愛国心ほど困惑させられるものはない ―― 164
アメリカ人たちはこの世のものに執着する ―― 187
Toffler, Alvin トフラー、アルビン
変化に対する人間の生物学的許容力は限られている ―― 99
Truman, Harry S トルーマン、ハリー・S
マッカーサーがクソ野郎だったから解任したのではない ―― 69
昨夜は月や星や惑星が頭の上に落ちてきた ―― 71
16時間前に、広島にある爆弾を投下しました ―― 142
Tubman, Harriet タブマン、ハリエット
自由になった私が同じ人間なのか確かめたかったのです ―― 180
Turner, Frederick Jackson ターナー、フレデリック・ジャクソン
フロンティアの存在がアメリカの発展を説明してくれる ―― 202
Twain, Mark トウェーン、マーク
ボストン、ニューヨーク、フィラデルフィア、3つの都市の気質の違い ―― 39
私はハレー彗星と共に地球にやってきた ―― 212
私は一時に1本しか葉巻を吸わないことに決めている ―― 216

V

Vanderbilt, Cornelius ヴァンダービルト、コーネリアス
拝啓 私はあなたたちを破滅させてやる。敬具 ―― 10
Vreeland, Diana ブリーランド、ダイアナ
ビキニは原子爆弾の発明以来もっとも重要なものなのよ ―― 151

W

Wallace, George ウォレス、ジョージ
今日こそ人種隔離だ。明日も人種隔離。そして永遠に人種隔離だ。 ―― 106

Warner, Charles Dudley ワーナー、チャールズ・ダッドリー
　旅行でいちばんいいのは、家路の部分だな　187
Warren, Earl ウォレン、アール
　公教育の分野では、「分離するが平等」は存在し得ない　91
Washburn, Cadwallader C. ウォシュバーン、キャドワラダー・C
　犯罪者しか住まないような土地に720万ドルも支払うのか　9
Washington, George ワシントン、ジョージ
　ぼくは嘘をつけない。ぼくが斧で切ったんだ　40
　弾丸が飛び交う音は、どこか魅力的なのです　83
　大統領職につくのは、処刑場に向かう犯罪者の気持ちに似ている　104
　「正直は最良の策」という格言は公務にも当てはまる　166
　愛と感謝の念に満たされて、本日諸君とお別れします　215
　往生際が悪いが、死ぬのを恐れているわけではない　221
Webster, Noah ウェブスター、ノア
　単語のつづりを変えなければならない　98
Weinberg, Jack ワインバーグ、ジャック
　30歳以上の人間を信頼するな　92
Welles, Orson ウェルズ、オーソン
　「火星人襲来」パニックを引き起こしたラジオ放送　192
Wells, H. G. ウェルズ、H・G
　ニューヨークの物語を語ることは世界史を書くことである　28
Westmoreland, William ウェストモーランド、ウィリアム
　ベトナム戦争は検閲なしで戦われた最初の戦争だった　24
Whitman, Walt ホイットマン、ウォルト
　ああ船長！ わが船長！ 我らの恐ろしい旅は終わりぬ　72
　西の海を渡ってはるばる日本からやって来た　109
Wilde, Oscar ワイルド、オスカー
　ナイアガラにはがっかりした　144
Will, George ウィル、ジョージ
　フットボールはアメリカ現代生活の最悪の特徴を結びつけたもの　203
Williams, Serena ウィリアムズ、セレナ
　私はカントリー・クラブでテニスをやってきたんじゃない　101
Wilson, Charles E. ウィルソン、チャールズ・E
　私にとって我が国とゼネラルモーターズ社は一体だったのです　17
Wilson, Woodrow ウィルソン、ウッドロー
　正義は平和より尊い　63
　アメリカ人のなかには名前にハイフンが必要な人がいる　91
　大統領は高級な奴隷なのだ　179
Winfrey, Oprah ウィンフリー、オプラ
　倒れてみて。地面から見た世界は違って見えるのよ　117
Winthrop, John ウィンスロップ、ジョン
　我ら必ず丘の上の町とならん　15
Wolfe, Thomas ウルフ、トーマス
　アメリカ──いつも奇跡が起こる唯一の国である　165
Woods, Tiger ウッズ、タイガー
　私はカブリネイジアンです　232

253

Wright, Frank Lloyd ライト、フランク・ロイド
伝統的日本家屋は「削除」の努力の最たるものだ ─── 105

Wright, Wilbur & Wright, Orville ライト、ウィルバー & ライト、オーヴィル
成功、4回飛行、平均速度は31マイル、最長飛行時間57秒 ─── 223

Y / Z

Yzquierdo, Pedro イスキエルド、ペドロ
光だ！陸だ！ ─── 181

Zangwill, Israel ザングウィル、イズレイル
アメリカは神が作った大きなるつぼなのだ ─── 8

人名以外のもの

Apple Computer, Inc. アップルコンピュータ株式会社
世界を変えるのは、クレージーな人たちである ─── 63

The Bill of Rights: Amendment 2 憲法修正第2条
市民が武器を保有し、携帯する権利を侵してはならない ─── 75

The Bill of Rights: Amendment 22 憲法修正第22条
何人も2回を超えて大統領の職に選出されることはない ─── 58

The Great Law of Peace, the Iroquois Six Confederacy イロコイ6部族連合の法
自分たちの決定が次の7世代に与える影響を考慮しなければならない ─── 176

The Headquarters of Patrol Wing Two 哨戒本部
真珠湾空襲。これは演習ではない ─── 217

U. S. Motto アメリカのモットー
多から、ひとつへ。 われら神を信ず ─── 9

話者・作者不詳のもの

ブルースが好きじゃないのは、魂に穴が開いているからだ ─── 30
結婚とは、ヒーローが第1章で死んでしまう恋物語だ ─── 35
キルロイ参上 ─── 37
大の月、小の月を覚える詩 ─── 44
円周率を覚えるニーモニックス ─── 52
テキサスの黄色いバラ ─── 76
過つはトルーマンの常 ─── 86
セントルイスの西には法律が存在しない ─── 90
ワシントンで友達が欲しければ、犬を買え ─── 103
開拓時代の子供の祈り ─── 108
ボールかストライクを判定する3つの方法 ─── 111
幸福の黄色いハンカチと黄色いリボンの関係 ─── 149
ウソだと言ってよ、ジョー ─── 172
ヤンキー野郎が町にやって来た ─── 185
アメリカ合衆国の主たる文化活動はショッピングである ─── 190
ボストン茶会事件の合言葉 ─── 223
仕事は四文字言葉である ─── 225

BIBLIOGRAPHY（参考文献）

The Oxford Dictionary of American Quotations (Hugh Rawson and Margaret Miner, Oxford University Press, 2006)

The Oxford Dictionary of Quotations (Elizabeth Knowles, Oxford University Press, 2004)

Oxford Dictionary of Modern Quotations (Elizabeth Knowles, Oxford University Press, 2008)

Webster's New World Dictionary of Quotations (Wiley Publishing, 2005)

Respectfully Quoted: A Dictionary of Quotations (The Library of Congress, Dover Publications, 2010)

Random House Webster's "Quotationary" (Leonard Roy Frank, Random House, 2001)

The Morrow Book of Quotations in American History (Joseph R. Conlin, William Morrow and Company, 1984)

Dictionary of Catchphrases (Nigel Rees, Cassell Publishers Limited, 1996)

世界のトップリーダー英語名言集（デイビッド・セイン　佐藤淳子著　Jリサーチ出版　2009）

アメリカ大統領英語名言集（デイビッド・セイン　佐藤淳子著　Jリサーチ出版　2010）

アメリカの大統領はなぜジョークを言うのか（丸山孝男著　大修館書店　2011）

アメリカン・ポップ・フレーズ（ショーン・ホーリー編　渡辺洋一・人見憲司・小原平編訳　研究社出版　1996）

アメリカ人の心がわかる言葉（ジェームス・M・バーダマン　森本豊富編　中経出版　1996）

アメリカの小学生が学ぶ歴史教科書（ジェームス・M・バーダマン　村田薫編　ジャパンブック　2005）

アメリカ歴代大統領の通信簿（八幡和郎・米国政治研究会著　PHP研究所　2009）

アメリカ歴史探検365日（藤井基精著　ジャパンタイムズ　1993）

アメリカ史重要人物101（猿谷要編　新書館　2001）

この1冊でアメリカの歴史がわかる！（猿谷要著　三笠書房　1998）

アメリカを知る事典（斎藤眞・金関寿夫・亀井俊介・岡田泰男監修　平凡社　1986）

大村数一　Ohmura Kazuichi

1942年、静岡県浜松市生まれ。東京外国語大学英米語学科卒業、講談社に入社。各種雑誌を編集の後、『英文日本大事典』を編纂。出向した講談社インターナショナルでは『バイリンガル・ブックス』『バイリンガル・コミックス』『ルビー・ブックス』『パワー・イングリッシュ』等の英語シリーズを創刊した。自ら企画・執筆・編集した本に『これを英語で言えますか？』がある。2003年、株式会社ジャパンブックを設立。

寺地五一　Terachi Goichi

1943年生まれ。ニューヨーク州マッセナ高校卒業。東京外国語大学英米語学科卒業、同大学大学院修士課程修了(米文学専攻)。東京経済大学で長年教鞭をとり、2008年3月退職。1990/91年、コロラド大学ボルダー校を拠点に各地の先住民族居留地の現状を学ぶ。『ノーム』、『マーシャン・インカ』、『去年を待ちながら』、『ウッドストック1969年夏の真実』などの訳書、『私たちは何故先住民族について知らねばならないのか』(雑誌「社会問題」連載)などがある。

アメリカ一日一言（いちにちいちげん）
American Life and History Quoted

2012年7月30日　第1刷発行

編著者	大村数一
	寺地五一

発行者	大村数一
発行所	株式会社ジャパンブック
	〒189-0001　東京都東村山市秋津町 3-17-85
	電話　042-313-3555
	http://www.japanbook.co.jp

印刷所	大日本印刷株式会社
製本所	大日本印刷株式会社

定価はカバーに表示してあります。
乱丁・落丁本は送料小社負担にてお取替えいたします。
本書の無断複写（コピー）は著作権法上での例外を除き、禁じられています。

ISBN 978-4-902928-11-2